진짜
코딩하며 배우는
파이썬

바리스타 프로그램 만들기

앤써북
ANSWERBOOK

진짜
코딩하며 배우는
파이썬

바리스타 프로그램 만들기

초판 1쇄 발행 | 2020년 08월 15일

지은이 | 서민우, 박준원
펴낸이 | 김병성
펴낸곳 | 앤써북

출판사 등록번호 | 제 382-2012-0007 호
주소 | 경기도 고양시 일산 서구 가좌동 565번지
전화 | 070-8877-4177
FAX | 031-919-9852
도서문의 | 앤써북 http://answerbook.co.kr

가격 | 17,700원
ISBN | 979-11-85553-64-1 13000

Preface
머리말

파이썬은 미국은 물론 국내에서 현재 가장 인기 있는 프로그래밍 언어중 하나입니다. 그 배경에는 인공지능과 머신러닝이 있습니다. 이에 발맞추기 위해 필자도 파이썬 언어책을 준비하였습니다. 먼저 이 책이 파이썬 언어에 관심을 가진 모든 독자에게 도움이 되기를 바랍니다.

이 책은 문법 중심으로 파이썬 언어를 접근하고 있지 않습니다. 이 책은 프로그래밍 구성 관점에서 파이썬 언어의 문법을 설명하고 있습니다. 바리스타라는 주제로 일반적인 프로그래밍을 해 가며 필요한 문법을 설명하는 방식입니다. 그 과정에서 파이썬의 주요 문법이 대부분 다루어 집니다. 필자의 경험상 초보자들에게 문법 위주로 언어 교육을 진행했을 때, 정작 해당 언어로 프로그래밍을 수행하지 못하는 경우가 많았습니다. 이것은 경험상 영어에서도 마찬가지입니다. 많은 단어를 외운다고 영작이나 회화가 되지 않는 것과 같습니다. 프로그래밍은 집을 짓는 것과 같습니다. 문법을 배우는 것은 집의 재료를 공부하는 것과 같습니다. 벽돌, 창, 기와 등 집의 재료를 잘 아는 것과 집을 멋지게 잘 짓는 것은 서로 다른 문제입니다. 집을 짓는 것은 설계의 영역입니다. 우리가 파이썬 언어를 배우는 이유는 문법을 잘 알기 위해서가 아니고 궁극적으로 프로그래밍을 잘 하고 싶어서일 겁니다. 그래서 여기서는 순서를 바꾸었습니다. 집을 단계 단계 지으면서, 그때 그때 필요한 재료를 살펴보는 방식으로 파이썬 언어를 알아나갑니다. 때로는 재료에 대한 세밀한 관찰도 필요합니다. 이 책을 다 덮을 때 쯤이면 독자 여러분은 작은 집 정도는 직접 지을 수 있는 실력을 가지시게 될 겁니다.

이 책은 5개의 장으로 구성됩니다.

1장에서는 왜 사람들이 파이썬 언어에 관심이 많은지 알아보고, 파이썬 개발 환경을 구성하고, 프로젝트를 생성하고 실행하는 방법을 살펴봅니다.

2장에서는 파이썬이랑 친해지기 위해 print 함수, while 문을 위주로 여러 가지 예제를 수행해 봅니다. 또, 프로그램이란 무엇인지, 프로그램의 구성 요소, 프로그램 작성법을 살펴봅니다. 프로그램의 필수 구성 요소인 함수와 변수를 살펴보고, 값, 객체, 변수 할당에 대해서 살펴봅니다.

3장에서는 바리스타 프로그램 I 부분을 작성해 보면서 필요한 파이썬 언어 구성 요소와 문법을 정리해 갑니다. 이 과정에서 while, if, break, 목록, for~in, 튜플, 제너레이터를 활용하고 이해해 봅니다.

4장에서는 바리스타 프로그램 II 부분을 완성해 가면서 나머지 파이썬 언어 구성 요소와 문법을 정리합니다. 이 과정에서 sys.argv로 파이썬 프로그램에 인자를 주고 받는 방법, import를 이용해 모듈을 불러오는 방법과 원리를 설명합니다. 또 사물과 사람을 프로그래밍의 영역으로 끌어오는 과정에서 필요한 클래스를 설명하고 그 활용법을 배웁니다. 또 함수 인자로 단일 값 변수, 목록 값 변수, 클래스 객체 값 변수가 전달되는 과정도 소개합니다.

5장에서는 인공지능 라이브러리를 활용하여 영상인식, 음성인식을 수행해 봅니다. 파이썬이 인기 있는 이유 중 하나는 풍부한 라이브러리입니다. 라이브러리를 활용하면 프로그램을 빠른시간에 효율적으로 작성할 수 있습니다. 그래서 라이브러리를 자유롭게 활용할 줄 아는 능력도 파이썬 언어에서 배워야 할 요소입니다. 여기서는 최근에 독자들이 관심을 많이 갖고 있는 인공 지능 라이브러리 활용법을 소개합니다.

참고로, 독자 여러분께 도움이 될 수 있도록 이 책의 내용은 온라인 동영상 강의가 제공됩니다.

멀리서 숲을 보고, 필요한 부분에서 가까이 다가가 나무를 보고, 다시 멀리 가서 숲을 살펴보고 하는 과정을 반복하다 보면 독자 여러분은 어느새 숲과 나무를 파악하고 큰 산마저도 파악하게 될 것입니다. 같은 방식으로 이 책을 통해 독자 여러분이 파이썬의 숲과 나무를 알아가기를 바랍니다.

저자 서민우

독자 지원 센터

책 소스, 연습문제 및 맘스터치 프로그램 해답 소스 파일, 동영상 강의 파일, 독자 문의 등 책을 보시는데 필요한 사항들 독자지원센터에서 지원합니다.

책 소스 및 해답 소스 파일과 동영상 강의

이 책과 관련된 소스 파일과 동영상 강의 파일 경로는 앤써북 카페(http://answerbook.co/kr)의 [도서별 독자 지원 센터]–[진짜 코딩하며 배우는 파이썬] 게시판을 클릭한 후 [공지]《《진짜 코딩히며 배우는 파이썬_책 소스, 연습문제 및 맘스터치 프로그램 해답 소스 파일, 동영상 강의 파일 경로 안내》》 3149번 게시글을 클릭한 후 안내에 따라 다운로드 받을 수 있습니다.

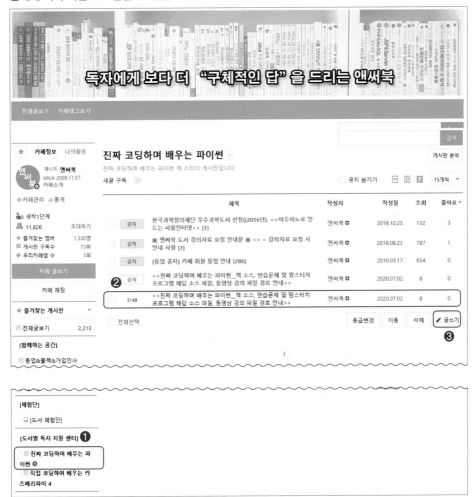

궁금한 내용 문의하기

책을 보면서 궁금한 내용은 [도서별 독자 지원 센터]–[진짜 코딩하며 배우는 파이썬] 게시판을 클릭한 후 우측 아래의 [글쓰기] 버튼을 클릭한 후 제목에 다음과 같이 "[문의]도서명 쪽수 질문 제목" 입력하고 궁금한 사항은 아래에 작성 후 [확인] 버튼을 클릭하여 등록합니다.

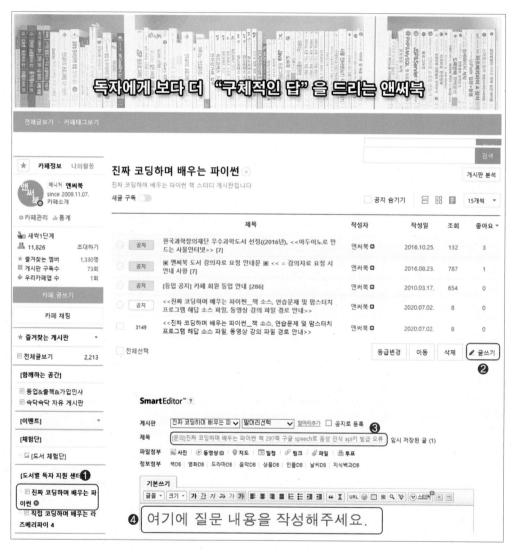

※ 등록된 질문 글은 최대한 빠른 시간에 저자의 답변을 받으실 수 있습니다. 단, 책 내용과 직접적이지 않은 질문 글은 답변이 늦거나 충분한 답변을 받지 못할 수도 있음을 안내드립니다.

Contents

목 차

Contents
목 차

Chapter
02

파이썬 기본 문법 익히기

Contents
목 차

Contents
목 차

Chapter 03

바리스타 프로그램 만들며 실력 키우기

Contents
목 차

Contents
목 차

Contents
목 차

Contents
목 차

Contents
목 차

Chapter 05
인공지능 라이브러리 활용하기

Contents
목 차

Contents
목 차

Barista Python

이번 장에서는 파이썬 언어에 대해 알아보고, 파이썬 개발 환경을 구성하고, 파이썬 프로젝트를 생성하고 실행하는 방법을 살펴봅니다.

Chapter 01

파이썬 살펴보기

01 _ 파이썬 기본기 다루기

파이썬은 미국은 물론 국내에서 현재 가장 인기 있는 프로그래밍 언어입니다. 그 배경에는 인공지능과 머신러닝이 있습니다. 여기서는 파이썬이 무엇인지 알아보고, 왜 파이썬이 유용한지, 또 어떤 회사들이 파이썬을 사용하는 지 살펴봅니다. 다음은 프로그래밍 언어의 점유도를 나타내는 TIOBE 지수입니다.

Jun 2020	Jun 2019	Change	Programming Language	Ratings	Change
1	2	^	C	17.19%	+3.89%
2	1	v	Java	16.10%	+1.10%
3	3		Python	8.36%	-0.16%
4	4		C++	5.95%	-1.43%
5	6	^	C#	4.73%	+0.24%

2020년 5월 현재 파이썬 언어는 8.36% 점유도를 가지고 있습니다. 다음 그림은 파이썬 언어의 연도별 TIOBE 지수입니다. 위 표에서 Python 항목을 선택하면 볼 수 있습니다.

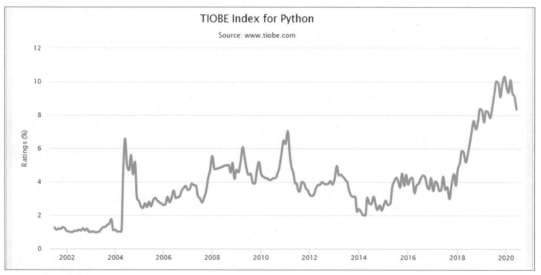

위 표는 다음 사이트에서 확인할 수 있습니다.

https://www.tiobe.com/tiobe-index/

여기서는 파이썬이 무엇인지 알아보고, 왜 파이썬이 유용한지, 또 어떤 회사들이 파이썬을 사용하는 지 살펴봅니다.

01-1 파이썬이란 무엇인가?

파이썬은 통역 방식, 고급, 일반 목적 프로그래밍 언어입니다. 통역 방식이란 통역 역할을 하는 프로그램이 작성된 프로그램을 직접 읽고 수행하는 방식을 말합니다. 파이썬의 경우 파이썬 쉘 프로그램이 통역 역할을 하며, 여러분이 작성한 파이썬 프로그램을 읽고 수행합니다. 참고로 C 언어의 경우 번역 방식의 프로그래밍 언어입니다. 번역 방식이란 작성된 프로그램을 컴파일러라고 하는 번역기 프로그램이 기계어로 번역한 후, CPU가 직접 읽고 수행하는 방식을 말합니다.

고급이란 컴퓨터가 직접 읽고 수행하기에 적합한 저급 프로그래밍 언어에 대비되는 말로 사람이 일반적으로 사용하는 자연어에 가깝다는 의미입니다. 고급 프로그래밍 언어는 자연어에 가깝기 때문에 이해하기 쉽고, 사용하기 쉽고, 프로그램 개발 과정을 쉽게 해줍니다. 저급 프로그래밍 언어의 경우 CPU가 직접 읽고 수행할 수 있는 기계어에 가까우며 사람이 바로 이해하기 어렵습니다.

일반 목적이란 다양한 영역에서 프로그램 작성이 가능하게 언어가 설계되었다는 의미입니다. 예를 들어, 인공지능, 머신러닝, 과학 프로그래밍, 게임 프로그래밍, 웹 프로그래밍 등 다양한 영역에서 활용할 수 있습니다.

▲ 파이썬의 로고

파이썬은 1991년 네덜란드의 프로그래머인 귀도 반 로썸(Guido van Rossum)이 발표한 인터프리터 프로그래밍 언어입니다. 1989년 크리스마스가 있던 주에 연구실 문이 닫혀 무료하던 차에 만들기 시작했다고 합니다. 파이썬의 설계 철학은 공백문자를 많이 사용하여 코드에 대한 가독성을 높이는 것을 바탕으로 합니다.

※ 인터프리터 언어란 한 라인씩 소스 코드를 해석해서 그때그때마다 실행해 그 결과를 바로 확인할 수 있는 언어입니다.

01-2 파이썬은 유용한가?

파이썬은 쉽다

파이썬은 문법 자체가 아주 쉽고 간결하여 사용하기 쉽고, 강력하고, 다양한 영역에서 프로그램 작성이 가능합니다. 그래서 파이썬은 초보자와 전문가들에 대하여 똑같이 아주 좋은 선택이 됩니다. 파이썬의 가독성은 파이썬을 첫 번째 프로그래밍 언어로 선택하는 아주 좋은 조건이 됩니다. 파이썬은 여러분을 빠른 시간에 프로그래머처럼 생각하도록 해 줍니다. 즉, 다른 프로그래밍 언어와 달리 복잡한 문법으로 시간을 낭비하지 않게 해 줍니다. 예를 들어, 자바와 파이썬에서 "hello world" 문자열을 출력하기 위한 다음 코드를 살펴봅니다.

```java
public class Main {
  public static void main(String[] args) {
    System.out.println("hello world");
  }
}
```

```python
print('hello world')
```

▲ 자바에서 "hello world" 문자열을 출력하기 위한 코드　　　　▲ 파이썬에서 "hello world" 문자열을 출력하기 위한 코드

파이썬을 시작하기 위한 최소의 설정은 또 다른 파이썬의 혜택입니다. 만약 여러분이 맥 컴퓨터를 사용 중이라면, 터미널 프로그램을 연 후, 다음과 같이 "python"을 입력한 후, [Enter] 키를 눌러봅니다.

```
pi@raspberrypi:~ $ python3 ◄
Python 3.7.3 (default, Dec 20 2019, 18:57:59)
[GCC 8.3.0] on linux
Type "help", "copyright", "credits" or "license" for more information.
>>>
```

만약 파이썬이 설치되어 있다면 여러분은 파이썬의 버전을 볼 것입니다. 아래 그림에서는 Python 2.7.10입니다. 그리고 파이썬 번역기(파이썬 쉘 프로그램)가 시작됩니다. 그리고 나면 여러분은 쉽게 여러분의 첫 파이썬 문장을 쓸 수 있습니다. print('Hello world!')

```
pi@raspberrypi:~ $ python3
Python 3.7.3 (default, Dec 20 2019, 18:57:59)
[GCC 8.3.0] on linux
Type "help", "copyright", "credits" or "license" for more information.
>>> print('Hello World!') ◄
Hello World!
>>>
```

이제 여러분은 여러분의 첫 파이썬 프로그램을 이처럼 쉽게 수행한 것입니다. 만약 파이썬이 설치되지 않았다면, 다운로드와 설치도 쉽습니다. 여러분의 코드를 수행하기 위한 환경을 구성하는 방법에 초점을 맞추는 대신에 여러분은 아주 빠른 시간에 실제 프로그래밍 개념을 배우는데 초점을 맞출 수 있을 것입니다. 여러분이 파이썬에 익숙해진 후, 다른 언어로 옮기려 할 경우에도, 여러분은 해당 언어를 쉽게 이해할 수 있을 것입니다.

파이썬은 강력하다!

파이썬은 오픈 소스이기 때문에 당연히 무료이고 언제든 다운로드하여 사용료 걱정없이 사용할 수 있고, 사용하기 쉽기 때문에 기능이 약한 언어라고 생각하지 마십시오. 파이썬은 믿을 수 없을 정도로, 엄청나게 강력합니다. 그런 이유로 구글, 드롭박스, 스포티파이, 넷플릭스와 같은 회사들이 파이썬을 사용합니다. 구글은 세계 최대의 인터넷 검색 서비스 기업이며, 드롭박스는 파일을 저장하고 공유하는 클라우드 스토리지 서비스 기업이며, 스포티파이는 세계 최대 음원 스트리밍 업체입니다. 넷플릭스는 온라인 동영상 스트리밍 서비스를 제공합니다.

드롭박스의 데스크탑용 클라이언트 프로그램은 전체가 파이썬으로 작성되었습니다. 파이썬으로 작성된 프로그램은 윈도우, 맥, 리눅스 등의 교차 플랫폼에서 호환이 됩니다. 드롭박스는 약 4억 명의 사용자를 가지고 있습니다. 윈도우, 맥, 리눅스 등과 같은 OS와 같이 묶여 배포되지 않는 것을 고려하면, 많은 사람들이 드롭박스를 다운로드하여 설치하고 있습니다. 드롭박스의 데스크탑 클라이언트 프로그램에 더하여 드롭박스의 서버 쪽 코드도 파이썬으로 작성되었습니다. 파이썬은 드롭박스 회사에서 사용되는 주요 언어입니다.

Google

구글은 프로그램 개발에 여러 언어를 사용합니다. C++, 파이썬을 주로 사용하며, Go 언어도 있습니다. 파이썬에 대해서 구글에서는 엔지니어적인 결정이 있었습니다. "가능한 한 파이썬, 꼭 필요한 곳에서만 C++". 파이썬은 빠른 개발을 통한 전달과 유지가 필요한 부분에서 사용되었습니다. 그리고 아주 정밀한 대기시간이나 강력한 메모리 제어가 중요한 부분에 대해서는 C++을 사용했습니다. 다음은 파이썬으로 작성한 구글 음성 인식 예제의 일부분입니다.

```
179     with MicrophoneStream(RATE, CHUNK) as stream:
180         audio_generator = stream.generator()
181         requests = (types.StreamingRecognizeRequest(audio_content=content)
182                     for content in audio_generator)
183
184         responses = client.streaming_recognize(streaming_config, requests)
185
186         # Now, put the transcription responses to use.
187         listen_print_loop(responses)
```

이 예제는 다음 사이트에서 찾아볼 수 있습니다.

https://github.com/GoogleCloudPlatform/python-docs-samples/blob/master/speech/microphone/transcribe_streaming_mic.py

이 예제는 구글 클라우드 플랫폼 라이브러리를 이용하여 음성인식을 수행합니다.

이 예제에서 사용하는 파이썬의 주된 문법 요소는 class, with~as, generator 등입니다. 이 예제는 [5장 인공지능 라이브러리 활용하기]-[05 구글 speech로 음성 인식하기]-[03 영어 음성 인식하기] 에서 파이썬 언어를 배우면서 직접 만들어 봅니다. 그 과정에서 class, with~as, generator 등의 파이썬 문법 요소를 실제로 활용해 봅니다.

구글처럼, 스포티파이도 여러 언어를 사용합니다. 스포티파이는 자바를 많이 사용합니다. 그러나 동시에 파이썬도 사용합니다. Web API와 또, 그것들과 상호 작용하는 API 콘솔 프로그램에 대해서, 파이썬은 개발자들이 사용하기 쉬운 인터페이스로 양 쪽 프로그램을 개발하게 해 줍니다. 데이터 분석, DNS 서버 복구 시스템, 지불 시스템, 라벨 콘텐츠 관리 시스템에도 파이썬을 사용합니다.

NETFLIX

넷플릭스는 자바, 스칼라, 파이썬을 섞어 사용합니다. 넷플릭스는 개발자들에게 자율성을 주어 어떤 언어가 그들이 개발하는 프로그램에 가장 맞는지 선택하도록 해 줍니다. 넷플릭스는 어디에 파이썬을 가장 많이 사용할까요? 그들은 파이썬과 아이파이썬(IPython : 강력한 파이썬 터미널 프로그램)을 그들의 실시간 분석 그룹에서 많이 사용합니다.
여러분은 이런 회사들이 파이썬을 활용함으로써 이익을 얻는 것을 볼 수 있습니다. 파이썬은 사용하기 쉽고 빠른 소프트웨어 원형 제작과 그 제작에 대한 반복에 강점이 있기 때문입니다.

파이썬은 라이브러리가 강력하다!

파이썬은 다양한 분야에서 앱 개발에 사용될 수 있습니다. 파이썬의 기본적인 것만 배워도 여러분은 원하는 거의 대부분을 만들 수 있을 것입니다. 많은 위대한 개발자들이 파이썬 라이브러리를 생성하면서 매일 파이썬 공동체에 기여를 합니다. 여러분은 이 라이브러리들을 활용하여 여러분이 원하는 프로그램을 쉽게 작성할 수 있습니다. 복잡한 이미지 처리를 하고 싶다면, Python Imaging Library가 여러분을 도울 것입니다. 게임을 만들기를 원하나요? PyGame은 파이썬 게임 엔진입니다. 만약 데이터 과학이 여러분이 해야할 일이라면, SciPy가 여러분을 위한 라이브러리입니다.

텐서플로우 라이브러리는 가장 인기있는 딥러닝 라이브러리로 구글에서 개발했으며 2015년 오픈소스로 공개됐습니다. 텐서플로우는 파이썬 기반 라이브러리로 다양한 CPU, GPU를 지원하며 PC, 스마트폰을 포함하여 모든 플랫폼에서 사용할 수 있습니다. 또한 C++, R과 같은 다른 언어도 지원하며 딥러닝 모델을 직접 작성하거나 Keras와 같은 래퍼 라이브러리와 같이 사용할 수도 있습니다. 텐서플로우는 훌륭한 딥러닝 라이브러리이지만 직접 사용하여 모델을 만드는 것은 복잡할 수 있습니다. 이러한 문제를 해결하기 위해 케라스는 효율적인 신경망 구축을 위한 단순화된 인터페이스를 지원합니다. 케라스는 텐서플로우 상에서 작동할 수 있습니다. 케라스는 파이썬 기반으로 작성되었으며 매우 가볍고 배우기 쉬우며 몇 줄의 코드로 신경망을 만들 수 있습니다.

이 외에도 파이썬으로는 다양한 라이브러리를 활용하여 여러분이 원하는 프로그램을 빠르게 만들어 낼 수 있습니다.

02 _ 파이썬 개발환경 구성하기

여기서는 파이썬 개발 환경을 구성해 봅니다. 파이썬은 다양한 개발 환경이 존재합니다. 예를 들어, 개발자들에게 많이 사용하는 PyCharm, 인공지능 개발에서 많이 사용하는 아나콘다, 파이썬에서 기본적으로 제공하는 IDLE 등이 있습니다. 여기서는 직관적이고 접근하기 쉬운 IDLE을 이용하여 파이썬 개발 환경을 구성해 봅니다. 책 후반부에서는 PyCharm 환경을 구성하고 활용해 봅니다.

02-1 파이썬 설치하기

01 다음과 같이 검색합니다.

02 다음을 클릭해서 파이썬 다운로드 페이지(https://www.python.org/downloads)로 들어갑니다.

www.python.org › downloads ▾ 이 페이지 번역하기
Download Python | Python.org

03 파이썬 다운로드 페이지가 열립니다.

04 조금 아래로 이동하여 ❶
[Looking for a specific release?]
를 찾습니다. ❷ [Python 3.8.3] 링
크를 마우스 클릭합니다.

※ 2020년 6월 기준 최신 버전은 Python
3.8.3입니다. 다운로드 시점에 따라 최신 버
전은 바뀔 수 있습니다.

05 다음 페이지가 열립니다.

> **Python 3.8.3**
>
> Release Date: May 13, 2020

06 조금 아래로 이동하여 ❶ [Files]를 찾습니다. ❷ [Windows X86–64 executable installer] 링크를 마우스 클릭합니다.

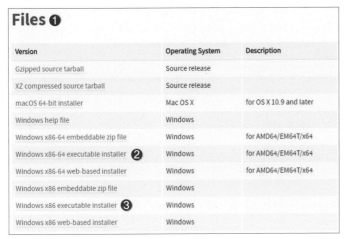

Files ❶		
Version	**Operating System**	**Description**
Gzipped source tarball	Source release	
XZ compressed source tarball	Source release	
macOS 64-bit installer	Mac OS X	for OS X 10.9 and later
Windows help file	Windows	
Windows x86-64 embeddable zip file	Windows	for AMD64/EM64T/x64
Windows x86-64 executable installer ❷	Windows	for AMD64/EM64T/x64
Windows x86-64 web-based installer	Windows	for AMD64/EM64T/x64
Windows x86 embeddable zip file	Windows	
Windows x86 executable installer ❸	Windows	
Windows x86 web-based installer	Windows	

❷ [Windows X86–64 executable installer]는 64비트 윈도우 용 설치 프로그램입니다. 32비트 윈도우의 경우 ❸ [Windows X86 executable installer] 링크를 마우스 클릭합니다.

여기서 잠깐! ▶ 내 운영체제 확인하기

내 운영체제가 32비트인지 64비트인지 모를 경우 다음과 같이 확인을 합니다.

01 컴퓨터 화면 좌측 하단에 있는 [파일 탐색기]를 마우스 클릭합니다.

파일 탐색기

02 [내 PC]를 마우스 오른쪽 클릭한 후, [속성]을 마우스 클릭합니다.

내 PC
- 축소(A)
- 관리(G)
- 시작 화면에 고정(P)
- 네트워크 드라이브 연결(N)...
- 새 창에서 열기(E)
- 바로 가기에 고정
- 네트워크 드라이브 연결 끊기(C)...
- 네트워크 위치 추가(L)
- 삭제(D)
- 이름 바꾸기(M)
- 속성(R) ←

03 그러면 다음과 같이 [시스템] 창이 뜹니다. 화살표 표시된 부분에서 시스템 종류를 확인합니다.

07 다운로드가 완료되면 설치 진행해서 프로그램을 실행시켜 설치합니다.

08 다음과 같이 설치 시작 창이 뜹니다. ❶ [Add Python 3.7 to PATH]를 체크한 후, ❷ [Install Now]를 눌러 설치를 진행합니다.

※ 필자의 경우 [C:\Users\edu\AppData\Local\Programs\Python\Python38] 디렉터리에 설치가 진행됩니다. IDLE, pip, 문서가 설치됩니다.

09 설치가 완료되면 다음과 같은 창이 뜹니다. [Close] 버튼을 눌러 설치를 완료합니다.

10 파이썬이 정상적으로 설치되었다면 내 컴퓨터의 [시작] 메뉴에서 [Python 버전] 프로그램을 확인할 수 있습니다.

※ 파이썬 버전은 설치 시점에 따라 달라질 수 있고, 프로그램의 괄호 안에 있는 64-bit는 내 컴퓨터 환경에 따라 32-bit로 나타날 수 있습니다.

02-2 파이썬 실습 환경 설정하기

여기서는 파이썬 실습 환경을 설정해 봅니다.

IDLE 실행하기

01 데스크 탑 좌측 하단에 있는 [검색] 아이콘(🔎)을 누른 후 검색 창이 나타나면 "IDLE"을 입력합니다.

02 다음 IDLE 앱을 클릭해서 실행합니다. 또는 [시작] 메뉴에서 [Python 3.8(○○-bit)] 프로그램을 선택합니다.

※ IDLE은 Python's Integrated Development and Learning Environment의 약자로 파이썬 통합 개발 학습 환경을 의미합니다. 이 책에서는 IDLE를 이용하여 파이썬 실습을 진행합니다.

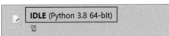

03 파이썬 명령어를 입력하고 실행 결과를 확인할 수 있는 파이썬 인터렉티브 셀이 실행됩니다.

```
Python 3.8.3 Shell                                    -  □  ×
File Edit Shell Debug Options Window Help
Python 3.8.3 (tags/v3.8.3:6f8c832, May 13 2020, 22:37:02) [MSC v.1924 64 bit (AM
D64)] on win32
Type "help", "copyright", "credits" or "license()" for more information.
>>> |
```

```
Python 3.8.3 (tags/v3.8.3:6f8c832, May 13 2020, 22:20:19) [MSC v.1925 64 bit (Intel)] on win32
Type "help", "copyright", "credits" or "license" for more information.
>>>
```

파이썬 셀에 직접 명령 줘보기

04 다음과 같이 >>> 프롬프트에 ❶ print("안녕 파이썬~")을 입력한 후, Enter 를 누르면 바로 실행결과를 확인할 수 있습니다. 창 우측 상단의 닫기 버튼(×)을 클릭하면 종료됩니다.

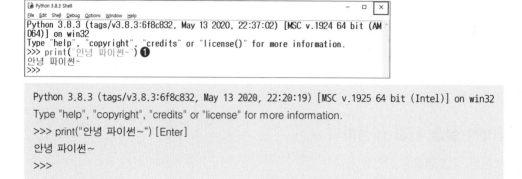

```
Python 3.8.3 (tags/v3.8.3:6f8c832, May 13 2020, 22:20:19) [MSC v.1925 64 bit (Intel)] on win32
Type "help", "copyright", "credits" or "license" for more information.
>>> print("안녕 파이썬~") [Enter]
안녕 파이썬~
>>>
```

print는 문자열을 출력하고자 할 때 사용하는 함수입니다. 여기서는 "안녕 파이썬~"을 출력해라는 의미입니다.

파이썬 프로그램 작성하기

05 다음과 같이 파일을 하나 생성합니다.

※ Ctrl + N 키를 눌러 간편하게 파일을 생성할 수도 있습니다.

06 다음과 같이 빈 파일이 하나 뜹니다.

07 다음과 같이 프로그램을 작성합니다.

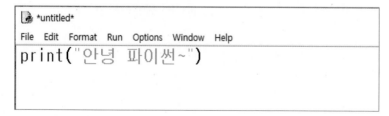

print는 문자열을 출력하고자 할 때 사용하는 함수입니다. 위 소스는 "안녕 파이썬~"을 출력해라는 의미입니다.

파이썬 프로그램 저장하기 1

08 다음과 같이 작성한 파일을 저장합니다.

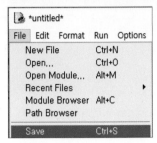

※ **Ctrl** + **S** 키를 눌러 간편하게 저장할 수도 있습니다.

09 처음엔 다음과 같은 창이 뜹니다.

파이썬 실습 디렉터리 생성하기

10 좌측 상단에 있는 [새 폴더] 버튼을 누릅니다.

11 다음과 같이 디렉터리 이름을 정합니다.

※ 독자 여러분이 원하는 이름을 사용해도 좋습니다.

파이썬 프로그램 저장하기 2

12 생성한 디렉터리로 이동합니다.

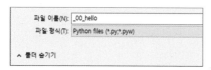

13 파일 이름을 다음과 같이 [_00_hello]로 입력합니다.

파일 이름(N): _00_hello
파일 형식(T): Python files (*.py;*.pyw)

∧ 폴더 숨기기

14 우측에 있는 다음 버튼을 누릅니다.

15 다음과 같이 파일이 저장됩니다.

```
_00_hello.py - C:/Users/edu/AppData/Local/Programs/Python/Python37/Labs/_00_hello.py (3.7.7)
File  Edit  Format  Run  Options  Window  Help
print("안녕 파이썬~")
```

파이썬 프로그램 실행하기

16 다음과 같이 프로그램을 실행시킵니다.

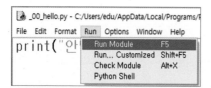

[Run]–[Run Module] 메뉴를 선택해 프로그램을 실행시킵니다.

※ F5 키를 눌러 간편하게 실행할 수도 있습니다.

17 다음은 실행 결과 화면입니다.

```
>>>
= RESTART: C:/Users/edu/AppData/Local/Programs/Python/Python38/Labs/_00_hello.py
안녕 파이썬~
```

C:/Users/edu/AppData/Local/Programs/Python/Python38/Labs/_00_hello.py 파일을 실행한 결과 화면 입니다. IDLE 창은 실행 결과를 보여 주기도 합니다.

02-3 파이썬 기본 코드 살펴보기

파이썬 언어는 직관적이며 간결합니다. 문법도 자연어에 가까워 많이 단순화되어 있습니다. 여기서는 주로 사용하는 파이썬 문법 요소를 10가지를 살펴봅니다.

❶ 주석문

다음은 docs 코드 조각입니다. docs 코드 조각은 주석문을 나타냅니다. 주석문은 설명글로 사람이 읽기 위한 코드 조각입니다. 파이썬 셸은 주석문을 수행하지 않습니다.

```
1  '''
2  # TODO: write some helpful comments here...
3  '''
```

할 일: 여기에 유용한 설명글을 쓰세요...

❷ while 문

다음은 wh 코드 조각입니다. wh 코드 조각은 while 문을 나타냅니다. while 문은 어떤 동작을 계속 수행하고자 할 때 사용합니다. 예를 들어, 파이썬 프로그램을 계속 수행하고자 할 때 while 문을 사용합니다. while 문을 멈추는 조건은 condition 부분에 넣습니다. while 문의 하위 문장은 같은 간격의 들여쓰기를 적용해 주어야 합니다.

```
1  while condition:
2      # TODO: write code...
```

※ 이 책에서는 스페이스 4칸을 이용하여 들여쓰기를 합니다.

❸ try 문

다음은 try 코드 조각입니다. try 코드 조각은 try~except 문을 나타냅니다. try~except 문은 오류 처리를 위한 제어문입니다. try 이하의 문장을 수행하는 동안에 오류가 발생하면 except 문장으로 이동하여 처리합니다. try 문의 하위 문장은 같은 간격의 들여쓰기를 적용해 주어야 합니다.

```
1  try:
2      # TODO: write code...
3  except Exception, e:
4      raise e
```

❹ if 문

다음은 if 코드 조각입니다. if 코드 조각은 if 문을 나타냅니다. if 문은 어떤 조건이 맞으면 어떤 동작을 수행하고자 할 때 사용합니다. 조건은 condition 부분에 넣습니다. if 문의 하위 문장은 같은 간격의 들여쓰기를 적용해 주어야 합니다.

❺ elif 문

다음은 ei 코드 조각입니다. ei 코드 조각은 elif 문을 나타냅니다. elif 문은 if 문과 함께 사용하며 이전 if 문이나 elif 문의 조건에 맞지 않고 다른 조건이 맞으면, 어떤 동작을 수행하고자 할 때 사용합니다. 조건은 condition 부분에 넣습니다. elif 문의 하위 문장은 같은 간격의 들여쓰기를 적용해 주어야 합니다.

❻ else 문

다음은 el 코드 조각입니다. el 코드 조각은 else 문을 나타냅니다. else 문은 if 문과 함께 사용하며 이전 if 문이나 elif 문의 조건에 맞지 않으면 나머지 조건에 대해, 어떤 동작을 수행하고자 할 때 사용합니다. 나머지 모든 조건이기 때문에 조건을 따로 넣지 않습니다. else 문의 하위 문장은 같은 간격의 들여쓰기를 적용해 주어야 합니다.

```
1 else:
2     # TODO: write code...
```

❼ for 문

다음은 for 코드 조각입니다. for 코드 조각은 for~in 문을 나타냅니다. for~in 문은 일반적으로 같은 형태의 항목의 모임에 있는 각각의 항목에 대해 같은 형태의 동작을 반복하고자 할 때 사용합니다. 즉, 집합 형태의 데이터를 처리하기 위한 제어문입니다. for~in 문의 하위 문장은 같은 간격의 들여쓰기를 적용해 주어야 합니다.

❽ def 문

다음은 def 코드 조각입니다. def 문은 이름이 있는 함수를 정의할 때 사용합니다. 그 함수는 0개 이상의 인자를 받습니다. def 문의 하위 문장은 같은 간격의 들여쓰기를 적용해 주어야 합니다.

```
1  def name(arguments):
2      """description for name"""
3      # TODO: write code...
```

❾ class 문

다음은 cl 코드 조각입니다. cl 코드 조각은 class 문을 나타냅니다. class 문은 어떤 목적을 갖는 변수와 함수를 묶어 상위 형태의 자료형을 만들 때 사용합니다. class 문의 하위 문장은 같은 간격의 들여쓰기를 적용해 주어야 합니다.

```
1  class ClassName(object):
2      """docstring for ClassName"""
3      def __init__(self, arg):
4          super(ClassName, self).__init__()
5          self.arg = arg
6
```

❿ with 문

다음은 with 코드 조각입니다. with 코드 조각은 with~as 문을 나타냅니다. with~as 문은 as 다음에 오는 이름에 할당된 어떤 것을 가지고 어떤 일을 수행합니다. 일반적으로 파일을 열거나 통신을 위해 소켓을 열 때 사용합니다. with~as 문이 끝나면 자동으로 파일 또는 통신 소켓을 닫습니다. with~as 문의 하위 문장은 같은 간격의 들여쓰기를 적용해 주어야 합니다.

```
1  with something as name:
2      # TODO: write code...
```

이상 파이썬에서 주로 사용하는 기본적인 코드 조각을 살펴보았습니다. 이러한 코드 조각은 뒤에서 하나씩 공부해 보기로 합니다.

Barista Python

이번 장에서는 파이썬 프로그램의 수행 상태를 보기위한 print 함수, 파이썬 프로그램을 무한 반복하기 위한 while 문을 살펴봅니다. 다음으로 프로그램은 무엇인지, 프로그램의 구성 요소는 무엇인지, 프로그램을 어떻게 작성해야 하는지를 살펴봅니다. 그리고 프로그램의 필수 구성 요소인 함수와 변수에 대해 살펴봅니다. 마지막으로 값, 객체, 변수 할당에 대해 살펴봅니다.

Chapter 02

파이썬 기본 문법 익히기

01 _ 파이썬 말하기 : print

화면 출력은 사용자에게 프로그램의 진행 상태를 알려주는 중요한 기능입니다. 예를 들어, 프로그램의 어느 부분을 수행하고 있는지, 변수의 값은 얼마인지 등을 알고 싶을 때가 있습니다. 이 때 화면 출력이 필요합니다. 화면 출력은 print 함수를 이용합니다.

01-1 print 함수 사용해 보기

print 함수는 문자열과 숫자를 출력해 주는 함수로 프로그램 내부의 중요한 정보를 사용자에게 알려 줍니다.

01 다음과 같이 예제를 수정합니다.

```
_01_hello.py
01 : print("안녕! 나는 파이썬 쉘이야~")
```

01 : print 함수를 호출하여 "안녕! 나는 파이썬 쉘이야~" 문자열을 출력합니다. 파이썬에서 문자열은 이중인용부호("") 또는 단일인용부호('')를 사용하여 표시합니다. 함수 호출은 함수를 사용한다는 의미입니다.

※ 문자열의 일부에 단일인용부호가 포함될 경우엔 이중인용부호를 사용하여 표시해 주고, 문자열의 일부에 이중 인용부호가 포함될 경우엔 단일인용부호를 사용하여 표시해 줍니다. 예를 들어, "What's your name?"이라든지 'He says "I love you!"'와 같은 경우입니다.

※ 함수는 수학에서 온 용어로 뒤에서 살펴봅니다. 여기서는 print 함수 사용법에 초점을 맞추도록 합니다.

02 [File]-[Save] 메뉴(또는 Ctrl + S)를 선택하여 파일을 저장한 후 [Run]-[Run Module] 메뉴(또는 F5 단축키)를 선택하여 파이썬 코드를 실행시켜 결과를 확인합니다. 다음과 같이 문자열이 출력됩니다.

```
안녕! 나는 파이썬 쉘이야~
```

01-2 파이썬 오류 대처하기

앞으로 여러분은 파이썬 프로그램을 실행하는 과정에서 몇 가지 정형화된 오류를 반복적으로 접하게 됩니다. 여기서는 코드 작성 시 주로 발생할 수 있는 오류를 살펴보고 발생한 오류를 읽는 방법을 알아보고 오류를 해결할 수 있는 능력을 키워보도록 합니다.

문법 오류 발생시켜 보기

먼저 문법 오류를 발생시켜 봅니다.

01 다음과 같이 소괄호 ')'을 실수로 빼 봅니다.

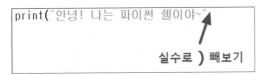

02 프로그램을 실행시켜 결과를 확인합니다. 다음과 같이 [SyntaxError] 창이 뜹니다.

빨간 줄 표시 자리에서 문법 오류가 발생했다고 표시됩니다. 코드를 분석하는 과정에서 예상치 못한 EOF(End Of File : 파일의 끝)를 만났다고 표시합니다.

이름 오류 발생시켜 보기

이번엔 없는 명령(함수)를 사용했을 경우 발생하는 오류를 살펴봅니다.

01 다음과 같이 print 함수의 소문자 'p'를 대문자 'P'로 잘 못 써 봅니다.

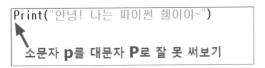

02 프로그램을 실행시켜 결과를 확인합니다. 다음과 같이 [NameError] 메시지가 표시됩니다.

```
>>>
= RESTART: C:\Users\edu\AppData\Local\Programs\Python\Python38\Labs\_01_print.py
Traceback (most recent call last):
  File "C:\Users\edu\AppData\Local\Programs\Python\Python38\Labs\_01_print.py",
line 1, in <module>                                                        ❶
  ❷ Print("안녕! 나는 파이썬 쉘이야~")
NameError: name 'Print' is not defined
>>> ❸
```

❶ _01_print.py 파일의 ❷ 1 번째 줄에 ❸ 이름 오류가 발생했다고 표시됩니다. 'Print'라는 이름이 정의되어 있지 않다고 파이썬 쉘이 표시하는 겁니다. 즉, 파이썬이 쉘 'Print'라는 이름을 가진 함수나 모듈을 모르겠다 라고 표시하는 겁니다. NameError는 미리 정의된 변수나 함수, 모듈을 찾지 못할 때 발생하는 오류입니다.

03 다음과 같이 IDLE 창에 직접 명령을 입력해 봅니다.

```
>>> print❶
<built-in function print>
>>> Print❷
Traceback (most recent call last):
  File "<pyshell#1>", line 1, in <module>
    Print
NameError: name 'Print' is not defined
>>>
```

❶ 소문자로 시작하는 print는 〈built-in function print〉로 표시합니다. 파이썬 쉘이 내부적으로 가지고 있는 print 함수라는 의미입니다. ❷ 대문자로 시작하는 Print는 앞에서 표시한 것과 같은 오류 메시지를 발생시킵니다.

들여쓰기 문법 오류 발생시켜 보기

여기서는 들여쓰기를 잘못 했을 경우 발생하는 오류를 살펴봅니다.

01 다음과 같이 탭 키를 잘 못 쳐서 들여쓰기가 되도록 해 봅니다.

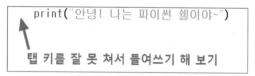

02 프로그램을 실행시켜 결과를 확인합니다. 다음과 같이 [SyntaxError] 창이 뜹니다.

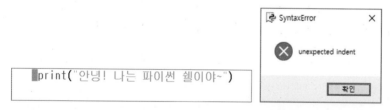

빨간 블럭 표시 자리에서 문법 오류가 발생했다고 표시합니다. 예상치 못한 들여쓰기라고 파이썬 쉘이 표시합니다. 파이썬 쉘은 처음에 수행되는 print 명령이 최상위 위치에 있어야 하는데, 들여쓰기에 의해 한 단계 범위가 줄어든 위치에 표시되어 오류를 발생시킨 겁니다. 뒤에서 반복적으로 살펴보겠지만 쌍점 :과 들여쓰기를 이용하여 코드의 범위를 표시하게 됩니다. 파이썬에서 쌍점 :과 들여쓰기는 주의해서 사용해야 할 문법 요소입니다.

03 다음과 같이 IDLE 창에 직접 명령을 입력해 봅니다. 엔터키를 쳐서 명령을 실행합니다.

```
>>>     print("안녕! 나는 파이썬 쉘이야~")
```

다음과 같이 문법 오류 메시지가 뜹니다.

```
>>>     print("안녕! 나는 파이썬 쉘이야~")
SyntaxError: unexpected indent
>>> |
```

빨간 블럭 표시 자리에서 문법 오류가 발생했다고 표시합니다. 예상치 못한 들여쓰기라고 파이썬 쉘이 표시합니다.

이상에서 오류가 발생했을 경우, 오류가 발생한 줄을 확인한 후, 문법 오류, 이름 오류, 들여쓰기 문법 오류를 차례대로 확인해 보았습니다.

01-3 문자열, 숫자 출력하기

파이썬 프로그램에서 일반적으로 사용하는 기본 자료(값)는 문자열, 정수, 실수입니다. 문자열은 문자를 나열한 단어나 문장을 표현하는데 사용합니다. 정수의 경우엔 기본적으로 10진수와 16진수 두 종류가 있습니다. 10진수의 경우엔 사물의 개수나 번호 등에 사용되며, 16진수는 메모리의 특정한 비트의 값을 나타낼 때 사용합니다. 10진수는 주로 사칙연산자나 비교연산자와 같이 사용되며, 16진수는 주로 비트연산자와 같이 사용됩니다. 실수는 소수점을 표시하여 나타내는 숫자입니다. 여기서는 파이썬에서 사용하는 기본 자료를 print 함수를 이용하여 살펴봅니다.

01 다음과 같이 이전 예제를 수정합니다.

```
_01_hello_2.py
01 : print("안녕! 나는 파이썬 쉘이야~")
02 : print(78)
03 : print(1.23456)
```

01 : "안녕! 나는 파이썬 쉘이야~" 문자열을 출력합니다.
02 : 정수 78을 출력합니다.
03 : 실수 1.23456을 출력합니다.

02 프로그램을 실행시켜 결과를 확인합니다. 다음과 같이 결과가 표시되는 것을 확인합니다.

```
안녕! 나는 파이썬 쉘이야~
78
1.23456
```

줄 번호 표시하기

예제에는 줄 번호를 추가하였습니다. 다음과 같이 예제 창에 줄 번호를 추가할 수 있습니다.

[Options]-[Show Line Numbers] 메뉴를 선택합니다. 그러면 다음과 같이 줄 번호가 표시됩니다.

```
1 print("안녕! 나는 파이썬 쉘이야~")
2 print(78)
3 print(1.23456)
4
```

01-4 변수 사용해 보기

여기서는 앞에서 살펴본 문자열, 정수, 실수를 변수에 할당하여 출력해 봅니다.

01 다음과 같이 이전 예제를 수정합니다.

```
_01_print_3.py

01 : string_message = "안녕! 나는 파이썬 쉘이야~"
02 : integer_number = 78
03 : real_number = 1.23456
05 :
06 : print(string_message)
07 : print(integer_number)
08 : print(real_number)
```

01 : string_message 변수를 생성하고, 문자열 "안녕! 나는 파이썬 쉘이야~"로 초기화합니다.
02 : integer_number 변수를 생성하고, 정수 78로 초기화합니다.
03 : real_number 변수를 생성하고, 실수 1.23456으로 초기화합니다.
06 : print 함수를 호출하여 string_message 변수 값을 출력합니다.
07 : print 함수를 호출하여 integer_number 변수 값을 출력합니다.
08 : print 함수를 호출하여 real_number 변수 값을 출력합니다.
※ 변수는 수학에서 온 용어로 변하는 수라는 의미입니다. 변수에 대해서는 뒤에서 자세히 살펴봅니다. 여기서는 변수 사용법에 초점을 맞추도록 합니다.
※ [변수를 생성한다]라는 표현은 다음과 같이 표현할 수도 있습니다.
[변수를 만든다]
[변수를 정의한다]
※ [값으로 초기화한다]라는 표현은 다음과 같이 표현할 수도 있습니다.
[값을 대입한다]
[값을 할당한다]
[값을 받게 한다]
[값을 가리키게 한다]
[값을 참조하게 한다]

02 프로그램을 실행시켜 결과를 확인합니다. 다음과 같이 결과가 표시되는 것을 확인합니다.

```
안녕! 나는 파이썬 쉘이야~
78
1.23456
```

01-5 형식 문자열 사용하기

여기서는 print 함수가 제공하는 문자열 형식을 이용하여 출력해 봅니다. 문자열 형식은 문자열, 십진수, 실수를 나타내는 형식을 말합니다. 다음 예제를 통해 자세히 살펴봅니다.

01 다음과 같이 이전 예제를 수정합니다.

```
_01_print_4.py

01 : string_message = "안녕 나는 파이썬 쉘이야~"
02 : integer_number = 78
03 : real_number = 1.23456
05 :
06 : print("%s" %string_message)
07 : print("%d" %integer_number)
08 : print("%f" %real_number)
```

06 : %s는 문자열 형식이라는 의미입니다. string_message 변수의 값을 문자열로 변환해서 출력하라는 의미입니다. 출력할 변수는 %를 앞에 붙여주어야 합니다.

07 : %d는 십진수 형식이라는 의미입니다. integer_number 변수의 값을 십진수로 변환해서 출력하라는 의미입니다. 출력할 변수는 %를 앞에 붙여주어야 합니다.

08 : %f는 실수 형식이라는 의미입니다. real_number 변수의 값을 실수로 변환해서 출력하라는 의미입니다. 출력할 변수는 %를 앞에 붙여주어야 합니다.

※ %를 이용한 형식 지정은 C에서 유래한 표현식입니다.

02 프로그램을 실행시켜 결과를 확인합니다. 다음과 같이 결과가 표시되는 것을 확인합니다.

```
안녕 나는 파이썬 쉘이야~
78
1.234560
```

01-6 한 줄에 출력하기

여기서는 형식 문자열을 이용하여 10진수와 16진수 정수를 한 줄에 출력해 봅니다. 또, 10진 실수의 소수점이하 출력을 조절해 봅니다. print 함수를 이용하여 출력하고자 하는 변수가 둘 이상일 때는 소괄호 ()를 이용하여 묶어 주도록 합니다.

01 다음과 같이 이전 예제를 수정합니다.

```
_01_print_5.py

01 : integer_number = 78
02 : real_number = 1.23456
03 :
04 : print("%d" %integer_number)
05 : print("%d %x" %(integer_number, integer_number))
06 : print("%.0f" %real_number)
07 : print("%.0f %.2f" %(real_number, real_number))
08 : print("%.0f %.2f %.4f" %(real_number, real_number, real_number))
```

01 : integer_number 변수를 생성하고 정수 78로 초기화합니다.
02 : real_number 변수를 생성하고 실수 1.23456으로 초기화합니다.
04 : integer_number 변수 값을 10진수로 출력합니다.
05 : integer_number 변수 값을 차례대로 10진수, 16진수로 출력합니다. 출력하고자 하는 값이 둘 이상일 때는 소괄호를 이용하여 묶어 주도록 합니다.
06 : real_number 변수 값을 소수점 이하 0개까지 10진 실수 문자열로 변환하여 출력합니다.
07 : real_number 변수 값을 소수점 이하 2개까지 10진 실수 문자열로 변환하여 출력하는 부분을 추가합니다. 출력하고자 하는 값이 둘 이상일 때는 소괄호를 이용하여 묶어 주도록 합니다.
08 : real_number 변수 값을 소수점 이하 4개까지 10진 실수 문자열로 변환하여 출력하는 부분을 추가합니다. 출력하고자 하는 값이 둘 이상일 때는 소괄호를 이용하여 묶어 주도록 합니다.

02 프로그램을 실행시켜 결과를 확인합니다. 다음과 같이 결과가 표시되는 것을 확인합니다.

```
78
78  4e
1
1  1.23
1  1.23  1.2346
```

01-7 변수 값 바꿔보기

여기서는 변수 값을 바꿔봅니다. 변수를 이용하면 여러 가지 값을 넣어 사용할 수 있습니다.

01 다음과 같이 이전 예제를 수정합니다.

```
_01_print_6.py

01 : integer_number = 178
02 : real_number = 3.14159
03 :
04 : print("%d" %integer_number)
05 : print("%d %x" %(integer_number, integer_number))
06 : print("%.0f" %real_number)
07 : print("%.0f %.2f" %(real_number, real_number))
08 : print("%.0f %.2f %.4f" %(real_number, real_number, real_number))
```

01 : integer_number 변수의 값을 178로 바꿉니다.
02 : real_number 변수의 값을 3.14159로 바꿉니다.

02 프로그램을 실행시켜 결과를 확인합니다. 다음과 같이 결과가 표시되는 것을 확인합니다.

```
178
178 b2
3
3 3.14
3 3.14 3.1416
```

01-8 str.format 함수 사용해 보기

이전 예제에서 살펴본 %를 이용한 문자열 출력은 C에서 사용하던 방식입니다. 여기서는 파이썬3 이후부터 지원하는 str.format 함수를 이용한 방법을 소개합니다.

01 다음과 같이 이전 예제를 수정합니다.

```
_01_print_7.py
01 : integer_number =178
02 : real_number =3.14159
03 :
04 : print("{}".format(integer_number))
05 : print("{} {:x}".format(integer_number, integer_number))
06 : print("{:.0f}".format(real_number))
07 : print("{:.0f} {:.2f}".format(real_number, real_number))
08 : print("{:.0f} {:.2f} {:.4f}".format(real_number, real_number, real_number))
```

04 : integer_number 변수의 값을 정수 178로 출력합니다. str.format 함수는 출력하고자 하는 문자열에 대해 format 함수를 붙여서 사용합니다. format 함수의 인자에 대응하는 문자열은 중괄호 {}로 표현합니다. 첫 번째 중괄호는 format 함수의 첫 번째 인자, 두 번째 중괄호는 두 번째 인자에 대응됩니다.

05 : integer_number 변수의 값을 십진수와 십육진수로 표현합니다. 십육진수로 표현하고자 할 경우엔 중괄호 {} 안에 형식 문자를 넣어줍니다. 십육진수의 형식 문자는 :x입니다. 이전 예제에서 %대신 :을 사용합니다.

06 : real_number 변수 값을 소수점 이하 0개까지 10진 실수 문자열로 변환하여 출력합니다. 실수의 기본 형식은 :f입니다. 이전 예제에서 %대신 :을 사용합니다.

07 : real_number 변수 값을 소수점 이하 2개까지 10진 실수 문자열로 변환하여 출력하는 부분을 추가합니다.

08 : real_number 변수 값을 소수점 이하 4개까지 10진 실수 문자열로 변환하여 출력하는 부분을 추가합니다.

02 프로그램을 실행시켜 결과를 확인합니다. 다음과 같이 결과가 표시되는 것을 확인합니다.

```
178
178 b2
3
3 3.14
3 3.14 3.1416
```

02 _ 파이썬의 무한 반복 : while True

일반적으로 프로그램은 사용자가 종료할 때까지 수행됩니다. while True 문은 파이썬 프로그램이 계속해서 실행되도록 합니다. while True 는 무한 반복이라는 의미입니다.

02-1 같은 동작 무한 반복하기

여기서는 while True 문을 이용하여 같은 동작을 무한 반복해 보도록 합니다.

01 예제를 다음과 같이 수정합니다.

```
_02_while.py

01 : while True:
02 :     print("안녕! 나는 파이썬 쉘이야~")
```

01: while True: 문은 :(쌍점) 이하의 한 단계 이상 들여쓰기한 동작을 무한 반복합니다. 일반적인 프로그램은 사용자가 종료하기 전까지 무한 반복을 수행합니다. 파이썬에서 무한 반복의 동작은 while True: 문에 의해서 가능합니다.
※ 일반적으로 들여쓰기는 스페이스 키를 4번 써서 띄우거나 탭 키를 1번 써서 띄우게 됩니다.

02 프로그램을 실행시켜 결과를 확인합니다. 다음과 같이 결과가 표시되는 것을 확인합니다.

```
안녕! 나는 파이썬 쉘이야~
안녕! 나는 파이썬 쉘이야~
안녕! 나는 파이썬 쉘이야~
안녕! 나는 파이썬 쉘이야~
안녕! 나는 파이썬 쉘이야~
```

02-2 파이썬은 얼마나 빠를까?

파이썬 프로그램은 얼마나 빨리 동작할까요? 여기서는 파이썬 쉘 상에서 파이썬 프로그램이 얼마나 빨리 동작하는지 테스트해보도록 합니다. 파이썬 프로그램의 속도는 파이썬 쉘이 수행되는 컴퓨터 사양에 큰 영향을 받습니다.

01 예제를 다음과 같이 수정합니다.

```
_02_while_2.py
01 : cnt =0
02 : while True:
03 :     print("안녕! 나는 파이썬 쉘이야~")
04 :
05 :     cnt = cnt +1
06 :     print(cnt)
```

01 : cnt 변수를 하나 생성한 후, 0으로 초기화합니다. cnt 변수는 while True : 문의 반복 횟수를 나타낼 변수입니다.

05 : cnt 변수 값에 1을 더해 cnt 변수에 할당합니다. while True : 문 이하를 한 번 수행할 때마다 cnt 변수 값은 1 증가합니다.

06 : cnt 변수 값을 출력합니다.

02 프로그램을 실행시켜 결과를 확인합니다. 다음과 같이 결과가 표시되는 것을 확인합니다.

```
안녕! 나는 파이썬 쉘이야~
465
안녕! 나는 파이썬 쉘이야~
466
안녕! 나는 파이썬 쉘이야~
467
안녕! 나는 파이썬 쉘이야~
468
안녕! 나는 파이썬 쉘이야~
469
```

아주 빠른 속도로 출력하는 것을 볼 수 있습니다.

02-3 한 줄로 출력하고 싶은데 어떻게 하지?

이전 예제는 cnt 값과 문자열이 다른 줄에 출력됩니다. 2 줄을 1 줄로 만들어 출력하려면 어떻게 해야 할까요?

01 이전 예제를 다음과 같이 수정합니다.

```
_02_while_3.py
01 : cnt =0
02 : while True:
03 :     print("안녕 나는 파이썬 쉘이야~",end ='\n')
04 :
05 :     cnt =cnt +1
06 :     print(cnt)
```

03 : end='₩n'는 마지막 문자가 '₩n'인 엔터 문자라고 알려줍니다. 즉, 문자열 출력 후에 자동으로 '₩n' 문자를 넣어 출력하도록 합니다. '₩n' 문자는 print 함수에 기본적으로 적용됩니다. print 함수는 문자열 출력 후, 다음 문자열의 출력 위치를 자동으로 다음 줄 앞으로 잡게 됩니다.

02 프로그램을 실행시켜 결과를 확인합니다. 다음과 같이 결과가 표시되는 것을 확인합니다.

```
안녕 나는 파이썬 쉘이야~
809
안녕 나는 파이썬 쉘이야~
810
안녕 나는 파이썬 쉘이야~
811
안녕 나는 파이썬 쉘이야~
812
안녕 나는 파이썬 쉘이야~
813
```

이전과 동작이 같습니다. print 함수는 기본적으로 마지막 문자가 '₩n'으로 설정되어 있습니다.

03 이전 예제를 다음과 같이 수정합니다.

```
_02_while_4.py
01 : cnt =0
02 : while True:
03 :     print("안녕 나는 파이썬 쉘이야~",end ='')
04 :
05 :     cnt =cnt +1
06 :     print(cnt)
```

03 : end=''(단일 인용부호)로 설정하여 마지막 문자가 없도록 만듭니다. 이중 인용부호("")를 사용해도 됩니다.

04 프로그램을 실행시켜 결과를 확인합니다. 다음과 같이 결과가 표시되는 것을 확인합니다.

```
안녕 나는 파이썬 쉘이야~626
안녕 나는 파이썬 쉘이야~627
안녕 나는 파이썬 쉘이야~628
안녕 나는 파이썬 쉘이야~629
안녕 나는 파이썬 쉘이야~630
```

한 줄로 출력되는 것을 볼 수 있습니다.

02-4 천천히 일 시키기 : time.sleep

시간에 대한 지연을 주고자 할 경우엔 time 라이브러리의 sleep 함수를 사용합니다.

01 다음과 같이 예제를 작성합니다.

```
_02_while_5.py
01 : import time
02 :
03 : cnt =0
04 : while True:
05 :     print("안녕! 나는 파이썬 쉘이야~",end ='')
06 :
07 :     cnt = cnt +1
08 :     print(cnt)
09 :
10 :     time.sleep(0.5)
```

01 : time 모듈을 불러옵니다. 10 줄에서 time 모듈이 제공하는 sleep 함수를 사용하기 위해 필요합니다.
10 : time 모듈이 제공하는 sleep 함수를 호출하여 0.5초간 지연을 줍니다. sleep 함수로 넘어가는 인자 0.5는 초 단위의 시간 값입니다.
※ 인자는 함수 호출시 함수로 넘어가는 입력 값입니다. 인자에 대해서는 뒤에서 자세히 살펴봅니다.

02 프로그램을 실행시켜 결과를 확인합니다. 문자열이 0.5초마다 반복해서 출력됩니다.

```
안녕! 나는 파이썬 쉘이야~1
안녕! 나는 파이썬 쉘이야~2
안녕! 나는 파이썬 쉘이야~3
안녕! 나는 파이썬 쉘이야~4
안녕! 나는 파이썬 쉘이야~5
```

※ 프로그램을 강제 종료하기 위해서는 [Ctrl] 키를 누른 채로 [C]키를 눌러줍니다.

03 0.5 초를 0.05, 0.005, 0.001로 바꿔봅니다.

```
time.sleep(0.05)
```

```
time.sleep(0.005)
```

```
time.sleep(0.001)
```

02-5 파이썬 수행 속도 측정하기

파이썬 쉘 상에서 파이썬 프로그램은 얼마나 빨리 동작할까요? 여기서는 파이썬 쉘 상에서 파이썬이 얼마나 빨리 동작하는지 시간을 측정해 보도록 합니다.

01 다음과 같이 예제를 작성합니다.

```
_02_while_6.py
01 : import time
02 : start = time.time()
03 :
04 : cnt =0
05 : while True:
06 :     cnt = cnt +1
07 :     if cnt >10000000:
08 :         break
09 :
10 : end = time.time()
11 : print(cnt)
12 : print(end - start)
```

01 : time 모듈을 불러옵니다. 2,10 줄에서 time 모듈이 제공하는 time 함수를 사용하기 위해 필요합니다.

02 : time.time 함수를 호출하여 현재 시간을 얻어와 start 변수로 받습니다.

04 : cnt 변수를 생성한 후, 0으로 초기화합니다.

05 : 계속해서 5~8 줄을 수행합니다.

06 : cnt 변수 값에 1을 더해 cnt 변수에 할당합니다.

07 : cnt 변수 값이 10000000(천만)보다 크면

08 : break 문을 이용하여 5 줄에 있는 while 문을 빠져나와 10줄로 이동합니다. break 문은 가장 가까운 while 문이나 for 문을 빠져 나옵니다.

10 : time.time 함수를 호출하여 현재 시간을 얻어와 end 변수로 받습니다.

11 : print 함수를 호출하여 cnt 변수 값을 출력합니다.

12 : print 함수를 호출하여 (end-start) 값을 출력합니다. 5~8 줄을 10000000(천만)번 수행하는데 걸리는 시간을 출력합니다.

02 프로그램을 실행시켜 결과를 확인합니다. 다음은 3회 실행한 결과 화면입니다.

```
>>>
= RESTART: C:\Users\edu\AppData\Local\Programs\Python\Python38\Labs\_02_while_6.
py
10000001
0.6762111186981201
>>>
= RESTART: C:\Users\edu\AppData\Local\Programs\Python\Python38\Labs\_02_while_6.
py
10000001
0.7001142501831055
>>>
= RESTART: C:\Users\edu\AppData\Local\Programs\Python\Python38\Labs\_02_while_6.
py
10000001
0.6283211708068848
>>>
```

cnt 변수를 천만번 세는데 0.676, 0.700, 0.628초 전후가 걸립니다. 이 예제는 i7-8750H CPU 기반의 PC에서 파이썬의 실행 속도입니다.

라즈베리파이 파이썬 실행 속도

※ 참고로 다음은 Raspberry Pi 4에서 파이썬 프로그램의 실행 속도입니다.

```
10000001
2.8729424476623535
```

cnt 변수를 천만번 세는데 2.873초 정도가 걸립니다. i7-8750H CPU 기반의 PC보다 2.6~3.6배 정도 느린 속도입니다.

※ 참고로 다음은 Raspberry Pi 3에서 파이썬의 실행 속도입니다.

```
10000001
8.56763482093811
```

cnt 변수를 천만번 세는데 8.568초 정도가 걸립니다. i7-8750H CPU 기반의 PC보다 7.9~10.7배 정도 느린 속도입니다.

C 언어 수행 속도 측정하기

※ 이 책의 주제와는 직접적으로 상관이 없는 예제이므로 그냥 넘어가셔도 됩니다.

그러면 C 언어 기반의 프로그램은 얼마나 빨리 동작할까요? C 프로그램은 번역된 프로그램을 CPU가 직접 읽고 수행합니다. 다음은 PC 상에서 C 언어가 얼마나 빨리 동작하는지 테스트하는 예제입니다.

01 다음과 같이 예제를 작성합니다.

_02_while_6.c

```
01 : #include <stdio.h>
02 : #include <sys/time.h>
03 :
04 : long micros()
05 : {
06 :     struct timeval currentTime;
07 :     gettimeofday(&currentTime, NULL);
08 :     return currentTime.tv_sec *1000000 + currentTime.tv_usec;
09 : }
10 :
11 : int main()
12 : {
13 :     int cnt =0;
14 :     long start, end;
15 :
16 :     start = micros();
```

```
17 :    while (1==1) {
18 :        cnt = cnt +1;
19 :        if (cnt>10000000)
20 :            break;
21 :    }
22 :    end = micros();
23 :    printf("%d\n", cnt);
24 :    printf("%f\n", (end-start)/1000000.0);
25 : }
```

01 : stdio.h 파일을 포함합니다. 23, 24 줄에 있는 printf 함수를 사용하기 위해 필요합니다.

02 : sys/time.h 파일을 포함합니다. 06, 07 줄에 있는 timeval 구조체와 gettimeofday 함수를 사용하기 위해 필요합니다.

04~09 : micros 함수를 정의합니다.

06 : timeval 구조체 변수인 currentTime 변수를 생성합니다.

07 : gettimeofday 함수를 호출하여 현재 시간을 currentTime 변수로 가져옵니다.

08 : 현재 시간의 초(tv_sec)에 1000000(=백만)을 곱한 후, 현재 시간의 마이크로 초(tv_usec)를 더해서 함수 결과 값으로 내어 줍니다. 이렇게 하면 현재 시간을 마이크로 초 단위의 결과 값으로 내어 주게 됩니다. 1초는 1000000(=백만)마이크로초입니다.

11~25 : main 함수를 정의합니다.

13 : cnt 정수 변수를 생성한 후, 0으로 초기화합니다.

14 : start, end 정수 변수를 생성합니다. start, end 변수는 long 형의 정수 변수입니다.

16 : micros 함수를 호출하여 현재 시간을 얻어와 start 변수에 저장합니다.

17 : 계속해서 17~21 줄을 수행합니다. (1==1)는 항상 맞는 상태를 나타냅니다.

18 : cnt 변수 값을 1 증가시킵니다.

19 : cnt 변수 값이 10000000(천만)보다 크면

20 : break 문을 이용하여 17줄에 있는 while 문을 빠져 나와 22 줄로 이동합니다.

22 : micros 함수를 호출하여 현재 시간을 얻어와 end 변수에 저장합니다.

23 : printf 함수를 호출하여 cnt 변수 값을 출력합니다.

24 : printf 함수를 호출하여 (end-start)/1000000.0 값을 출력합니다. 17~21 줄을 10000000(천만)번 수행하는데 걸리는 시간을 초 단위로 출력합니다.

02 Visual Studio 등을 이용하여 컴파일한 후 프로그램을 실행시켜 결과를 확인합니다. 다음은 3회 실행한 결과 화면입니다.

```
10000001
0.045880

10000001
0.015038

10000001
0.014990
```

cnt 변수를 천만번 세는데 0.0459, 0.0150, 0.0150초 전후가 걸립니다. 이 예제는 i7-8750H CPU 기반의 PC 에서 파이썬의 C언어 실행 속도입니다.

※ 참고로 다음은 Raspberry Pi 4에서 C 언어의 실행 속도입니다.

```
10000001
0.112558
```

cnt 변수를 천만번 세는데 0.11초 정도가 걸립니다.

※ 참고로 다음은 Raspberry Pi 30에서 C 언어의 실행 속도입니다.

```
10000001
0.112728
```

C 언어의 경우 Raspberry Pi 3와 4의 속도와 거의 같습니다.

02-6 파이썬 오류 발생 시켜보기

여기서도 파이썬 오류를 몇 가지 발생시켜 보도록 합니다. 오류 메시지에 익숙해지면 오류를 해결할
수 있는 능력도 키워질 것입니다. _02_while.py 파일을 이용합니다.

문법 오류 발생시켜 보기 1

먼저 문법 오류를 발생시켜 봅니다.

01 다음과 같이 쌍점 ':'을 실수로 빼 봅니다.

_02_while.py

```
while True       : 빼보기
    print("안녕! 나는 파이썬 쉘이야~")
```

02 프로그램을 실행시켜 결과를 확인합니다.

```
while True
    print("안녕! 나는 파이썬 쉘이야~")
```

SyntaxError ✕

❌ invalid syntax

[확인]

빨간색 표시 줄에 무효한 문법 오류가 발생했다고 표시됩니다. 1번째 줄에서 [쌍점 ':' 없네!]라고 파이썬 쉘
이 표시하는 겁니다.

들여쓰기 문법 오류 발생시켜 보기

여기서는 들여쓰기를 잘 못했을 경우 발생하는 오류를 살펴봅니다.

01 다음과 같이 들여쓰기를 빼 봅니다.

02 프로그램을 실행시켜 결과를 확인합니다.

빨간 표시 줄에 들여쓰기 문법 오류가 발생했다고 표시합니다. 들여쓰기가 와야 할 자리에 들여쓰기가 빠져 있어서 파이썬 쉘이 오류 메시지를 표시하는 겁니다.

이름 오류 발생시켜 보기

이번엔 없는 키워드를 사용했을 경우 발생하는 오류를 살펴봅니다. 키워드는 파이썬 쉘이 내부적으로 미리 정의해서 사용하는 단어로 while, if, for, True 등을 나타냅니다.

01 다음과 같이 True 키워드 대문자 'T'를 소문자 't'로 잘 못 써 봅니다.

> _02_while.py
>
> ```
> while true:◀━━True를 true로 잘 못 써보기
>     print("안녕! 나는 파이썬 쉘이야~")
> ```

02 프로그램을 실행시켜 결과를 확인합니다.

```
>>>
= RESTART: C:\Users\edu\AppData\Local\Programs\Python\Python38\Labs\_02_while.py
Traceback (most recent call last):
  File "C:\Users\edu\AppData\Local\Programs\Python\Python38\Labs\_02_while.py",
line 1, in <module>                                                          ❶
 ❷ while true:
NameError: name 'true' is not defined
>>> ❸
```

❶ _02_while.py 파일의 **❷** 1 번째 줄에 **❸** 이름 오류가 발생했다고 표시됩니다. 'true'라는 이름이 정의되어 있지 않다고 파이썬 쉘이 표시하는 겁니다.

문법 오류 발생시켜 보기 2

이번에도 없는 키워드를 사용했을 경우 발생하는 오류를 살펴봅니다.

01 다음과 같이 while 소문자 'w'를 대문자 'W'로 잘 못 써 봅니다.

_02_while.py

02 프로그램을 실행시켜 결과를 확인합니다.

빨간 블록 표시 줄을 분석하는 과정에서 문법 오류기 발생했다고 표시됩니다. 처음에 올 수 있는 키워드(=while)가 있는데, 해당 키워드(=while)가 없어서 발생하는 오류입니다.

03 _ 프로그램 맛보기

여기서는 프로그램의 일반적인 의미와 컴퓨터 프로그램의 의미를 알아보고, 라면 레시피를 이용하여 프로그램 구조를 잡는 방법을 살펴봅니다.

03-1 프로그램 이란?

프로그램이란 어떤 목적을 이루기 위해 차례대로 수행되는 동작의 집합을 말합니다. 예를 들어, 라면을 끓이는 방법, 빵을 만드는 방법, 커피를 타는 방법, 가전 기구의 설정 방법, 회사나 단체에서의 레크레이션 활동 순서 계획, 방송국에서 방송 순서 계획 등이 프로그램의 예입니다. 이러한 프로그램의 특징에는 일단 목적이 있습니다. 다음으로는 그 목적을 이루기 위해 순차적으로 수행되는 동작이 있습니다. 사람이 하는 대부분의 동작은 목적이 있습니다. 또, 그 동작들은 순차적으로 수행됩니다. 그래서 사람이 하는 대부분의 동작은 기억된 프로그램의 동작이라고 볼 수 있습니다. 예를 들어, 아침에 학교에 가거나 출근하기 위한 일련의 동작, 저녁을 준비하기 위한 일련의 동작들도 모두 프로그램이라고 볼 수 있습니다. 따라서 사람은 본능적으로 프로그램을 잘 할 수밖에 없습니다.

• 목적을 이루기 이루기 위해 수행되는 동작의 집합

▲ 커피를 타는 방법

▲ 라면을 끓이는 방법

• 목적을 이루기 위해 순차적으로 수행되는 동작

▲ 저녁을 준비하기 위한 동작

▲ 아침에 학교를 가기 위한 일련의 동작

03-2 컴퓨터 프로그램이란?

앞의 경우엔 프로그램의 주체가 사람이 됩니다. 일반적으로 우리가 말하는 프로그램은 컴퓨터 프로그램입니다. 컴퓨터 프로그램은 컴퓨터가 주체가 되어 어떤 목적을 수행하기 위한 일련의 동작의 집합을 말합니다. 컴퓨터 프로그램을 작성하는 언어는 C, C++, Java, 파이썬 등 다양합니다. 이 책에서는 파이썬 언어를 이용하여 컴퓨터 프로그램을 작성하고, 우리가 작성한 파이썬 프로그램은 파이썬 셸이 읽고 수행하게 됩니다.

03-3 프로그램의 형식

그러면 프로그램은 어떤 식으로 짜야 할까요? 사람은 본능적으로 프로그램에 적합하며, 프로그램을 잘 짤 수밖에 없습니다. 예를 들어, 다음에 보는 신라면 조리법은 프로그램의 한 예입니다. 이 조리법을 명확하게 정리하면 정리할수록 더욱더 정확한 프로그램이 됩니다. 조리법을 정확하게 정리하여 컴퓨터가 수행할 수 있는 형태로 만든다면 그것이 바로 컴퓨터 프로그램이 됩니다. 예를 들어, 컴퓨터가 끓이는 라면 자판기 프로그램이 될 수 있습니다.

▲ 그림_신라면 조리법

그러면 위의 조리법을 좀 더 정확하게 정리해 보겠습니다.

신라면 끓이는 법 : 순서를 붙여 레시피 정리하기

동작 하나 하나를 기준으로 순서대로 번호를 붙입니다.

❶ 물을 냄비에 끓인다.

❷ 면, 분말스프, 후레이크를 냄비에 넣는다.

❸ 4분30초간 냄비를 가열한다.

▲ 신라면 조리법을 순서대로 정리한 표

앞의 방법은 신라면 조리법 그림에 설명되어 있는 조리법을 번호를 붙여 순서대로 정리한 형태입니다. 이 프로그램은 일반적으로 사람이 읽고 수행하여 라면을 끓이지만, 우리는 컴퓨터를 이용하여 수행하게 할 수도 있습니다.

03-4 프로그램의 구성 요소 : 동작과 대상

프로그램의 한 동작은 동작과 그 동작의 대상으로 구성됩니다. 언어적 요소로 표현하면 동사와 목적어로 구성됩니다. 주체는 사람이나 컴퓨터가 됩니다. 목적어의 경우는 명사가 됩니다. 따라서 프로그램의 한 동작은 동사와 명사로 구성됩니다.

```
Program의 한 동작 = 동작과 그 동작의 대상으로 구성
─────────────────────────────────────────
언어적 요소로 표현 = 동사와 목적어로 구성,
                    주체는 사람이나 컴퓨터,
                    목적어는 명사
즉, Program의 한 동작 = 동사와 명사로 구성
```

C 프로그램에서 동사는 함수, 명사는 변수라고 합니다. 함수와 변수는 수학적인 용어에서 유래했습니다. 컴퓨터는 우리말로 계산기라는 뜻으로 수학적인 문제를 해결하기 위해 처음에 만들어졌습니다. 따라서 C 프로그램에서는 자연스럽게 동사와 명사를 수학적인 용어인 함수와 변수로 말합니다. 파이썬 프로그램도 C와 마찬가지로 함수와 변수라는 용어를 사용합니다. Java의 경우엔 동사는 방법, 명사는 속성이라고 합니다. Java의 경우엔 수학적인 문제 해결보다는 일반적인 업무 처리에 초점이 맞추어져 있다 보니 용어에도 변화가 있게 됩니다.

C 프로그램에서는 동사 = 함수, 명사 = 변수
파이썬 프로그램에서도 동사 = 함수, 명사 = 변수
Java 프로그램에서는 동사 = 방법, 명사 = 속성

위의 프로그램을 컴퓨터 프로그램을 위한 형태로 변경해 보겠습니다.

유사 코드 작성하기

❶ 우리말로 동작, 대상 순서로 나열하기

먼저 다음과 같이 변경할 수 있습니다.

```
끓인다. 냄비에, 물을
넣는다. 냄비에, 면, 분말스프, 후레이크를
가열한다. 냄비를
```

동사를 앞으로 명사를 뒤로 정리하였습니다.

❷ 우리말로 함수 호출 형태로 변경하기

위의 프로그램은 파이썬에서 사용하는 형태로 다음과 같이 변경할 수 있습니다.

```
끓인다(냄비, 물)
넣는다(냄비, 면, 분말스프, 후레이크)
가열한다(냄비)
```

변수에 해당하는 명사를 ( ) - 소괄호 안에 나열한 형태입니다.

실제 코드 작성하기

일반적으로 다음과 같은 순서로 코드를 작성합니다.

❶ 영어로 함수 호출 형태 변경하기

먼저 동작을 순서대로 나열합니다.

```
boil(pot, water)
put(pot, noodle, powder, flake)
heat(pot)
```

함수와 변수를 적당한 영어 단어로 표현합니다. 이 과정에서 함수의 이름과 변수의 이름이 결정됩니다.

작성한 코드를 다음과 같이 테스트해 보도록 합니다.

01 다음과 같이 예제를 작성합니다.

_03_recipe.py

```
boil(pot, water)
put(pot, noodle, powder, flake)
heat(pot)
```

프로그램의 흐름에 맞춰 동작을 순서대로 나열합니다.

02 프로그램을 실행시켜 결과를 확인합니다.

```
Traceback (most recent call last):
  File "C:\Users\edu\AppData\Local\Programs\Python\Python38\Labs\_03_recipe.py",
line 1, in <module>
❶ boil(pot, water)
NameError: name 'boil' is not defined ❷
```

❶ 1 번 줄에서 ❷ NameError가 발생합니다. boil이 정의되지 않았다는 메시지입니다. 즉, boil 함수가 정의되

지 않았다는 의미입니다.

❷ 함수 추가하기

동작을 정의합니다. 일단은 함수를 빠져나오기 위한 return 문만 추가합니다.

```python
def boil(pot, water):
    return

def put(pot, noodle, powder, flake):
    return

def heat(pot):
    return

boil(pot, water)
put(pot, noodle, powder, flake)
heat(pot)
```

함수는 def 키워드를 이용하여 정의합니다. def는 define의 약자로 함수를 정의할 때 사용합니다.
함수에 대해서는 뒤에서 자세히 살펴봅니다.

작성한 코드를 다음과 같이 테스트해 보도록 합니다.

01 다음과 같이 예제를 수정합니다.

_03_recipe_2.py

```python
def boil(pot, water):
    return
def put(pot, noodle, powder, flake):
    return
def heat(pot):
    return
boil(pot, water)
put(pot, noodle, powder, flake)
heat(pot)
```

함수를 추가합니다.

02 프로그램을 실행시켜 결과를 확인합니다.

```
Traceback (most recent call last):
  File "C:\Users\edu\AppData\Local\Programs\Python\Python38\Labs\_03_recipe_2.py
", line 10, in <module>
❶boil(pot, water)
NameError: name 'pot' is not defined ❷
```

❶ 10 줄에서 ❷ NameError가 발생합니다. pot이 정의되지 않았다는 메시지입니다. 즉, pot 변수가 정의되지
않았다는 의미입니다.

❸ 변수 추가하기

동작에 필요한 재료를 준비합니다. 즉, 변수를 준비합니다.

```python
def boil(pot, water):
    return

def put(pot, noodle, powder, flake):
    return

def heat(pot):
    return

pot = "pot"
water = "cold water"
noodle = "noodle"
powder = "powder"
flake = "flake"

boil(pot, water)
put(pot, noodle, powder, flake)
heat(pot)
```

변수를 준비하고 값을 할당합니다. 값은 일단 문자열로 시작합니다.

작성한 코드를 다음과 같이 테스트해 보도록 합니다.

01 다음과 같이 예제를 작성합니다.

_03_recipe_3.py

```python
def boil(pot, water):
    return

def put(pot, noodle, powder, flake):
    return

def heat(pot):
    return

pot = "pot"
water = "cold water"
noodle = "noodle"
powder = "powder"
flake = "flake"

boil(pot, water)
put(pot, noodle, powder, flake)
heat(pot)
```

변수를 추가합니다.

02 프로그램을 실행시켜 결과를 확인합니다. 오류 메시지가 없이 정상적으로 수행됩니다.

```
>>>
= RESTART: C:\Users\edu\AppData\Local\Programs\Python\Python38\Labs\_03_recipe_3
.py
```

❹ 함수 내용 추가하기

각각의 동작을 정의합니다. return은 생략할 수 있습니다.

```python
def boil(pot, water):
    print("1. boil", water, "in", pot)
    return
def put(pot, noodle, powder, flake):
    print("2. put", noodle, powder, flake,
"into", pot)
    return
def heat(pot):
    print("3. heat", pot, " up")
    return


pot = "pot"
water = "cold water"
noodle = "noodle"
powder = "powder"
flake = "flake"

boil(pot, water)
put(pot, noodle, powder, flake)
heat(pot)
```

함수의 내용을 레시피와 같은 형태로 출력하도록 채웁니다.

작성한 코드를 다음과 같이 테스트해 보도록 합니다.

01 다음과 같이 예제를 작성합니다.

```
_03_recipe_4.py
```
```python
def boil(pot, water):
    print("1. boil", water, "in", pot)
    return
def put(pot, noodle, powder, flake):
    print("2. put", noodle, powder, flake, "into", pot)
    return
def heat(pot):
    print("3. heat", pot, " up")
    return

pot = "pot"
water = "cold water"
noodle = "noodle"
powder = "powder"
flake = "flake"

boil(pot, water)
put(pot, noodle, powder, flake)
heat(pot)
```

함수의 내용을 채웁니다.

※ print 함수에서 출력할 인자를 쉼표를 이용하여 여러 개를 넘기면 출력할 인자 사이에 스페이스 한 칸이 들어갑니다.

02 프로그램을 실행시켜 결과를 확인합니다.

```
1. boil cold water in pot
2. put noodle powder flake into pot
3. heat pot  up
```

레시피와 같은 형태로 출력되는 것을 확인합니다.

03 put 함수의 print 함수를 다음과 같이 수정합니다.

```
print("2. put", noodle + ",", powder + ",", flake, "into", pot)
```

```
def put(pot, noodle, powder, flake):
    print("2. put", noodle + ",", powder + ",", flake, "into", pot)
    return
```

※ print 함수에서 출력할 인자를 +를 이용하여 묶으면 묶인 인자는 붙어서 출력됩니다.

04 프로그램을 실행시켜 결과를 확인합니다.

```
1. boil cold water in pot
2. put noodle, powder, flake into pot
3. heat pot  up
```

이상에서 여러분은 라면 끓이는 프로그램을 작성해 보았습니다. 이제 여러분에게 레시피만 있다면 위와 같은 순서로 프로그램을 작성할 수 있습니다.

03-5 파이썬 프로그램 용어 정리

파이썬 프로그램에 사용되는 키워드를 중·고등학교 때 배웠던 자연어 문장 구성 요소에 대응시켜 정리해 봅니다.

프로그램의 구성 요소

동사(명사) 〈=〉 움직씨(이름씨)

움직씨와 이름씨는 우리말 표현법으로 훨씬 직관적입니다.
파이썬의 관점에서는 다음과 같이 표현할 수 있습니다.

함수(변수)

Java 관점에서는 다음과 같이 표현할 수 있습니다.

객체.방법(속성)

※ Java 언어는 객체 중심의 프로그래밍 언어입니다. 객체는 클래스 변수로 변수의 한 형태입니다. 클래스에 대해서는 뒤에서 살펴보도록 합니다.

문장 구성 요소와 프로그램 구성 요소 비교

다음은 자연어 문장 구성 요소와 프로그램 구성 요소를 비교한 표입니다.

문장 구성 요소	동사(명사)
우리말 관점	움직씨(이름씨)
파이썬 관점	함수(변수)
JAVA 관점	객체.방법(속성)

03-6 커피 타는 프로그램 작성해 보기

다음은 카페 모카 레시피입니다. 이 레시피를 이용하여 파이썬 프로그램을 작성하시오.

카페모카

준비
- 에스프레소 1샷(30ml)
- 뜨거운 우유 120ml
- 초콜릿 소스 1~2테이블 스푼
- 휘핑 크림
- 토핑용 코코아 파우더

레시피
❶ 컵에 초콜릿 소스를 붓고 그 위에 추출된 에스프레소 1샷을 부어줍니다
❷ 잘 저어준 후 따뜻한 우유를 부어준 다음 다시 한번 저어줍니다.
❸ 휘핑 크림을 올려준 후 토핑용 코코아 파우더를 뿌려 마무리합니다.

다음 순서로 프로그램을 작성해 봅니다. 4~7단계는 테스트도 수행합니다.

1단계	카페 모카 타는 방법을 순서대로 정리합니다.
2단계	우리말로 동작. 대상 순서로 나열합니다. 동작 하나에 번호 하나를 붙입니다.
3단계	우리말로 함수 호출 형태로 변경합니다.
4단계	영어로 함수 호출 형태로 변경합니다.
5단계	함수를 추가합니다.
6단계	변수를 추가합니다.
7단계	함수 내용을 추가합니다. print 함수를 이용합니다.

04 _ 함수와 변수 이해하기

여러분은 이 책을 보면서 변수와 함수란 용어를 자주 접하게 됩니다. 이 책에서는 파이썬 언어를 이용하여 프로그램을 작성합니다. 파이썬 프로그램은 변수와 함수로 구성됩니다. 변수와 함수란 말은 수학에서 유래하였습니다. 중학교 때 우리는 여러 가지 수를 배웁니다. 자연수, 정수, 분수, 유리수, 무리수, 실수, 복소수 등을 배웁니다. 파이썬에서 다루는 수의 기본 형식은 크게 3가지입니다. 정수, 실수, 복소수가 그것들이며 여기서는 정수, 실수 값을 갖는 변수와 정수, 실수 값을 처리하는 함수에 대해서 살펴보며 변수와 함수의 기본적인 기능을 이해해 봅니다.

04-1 정수 변수와 함수

먼저 정수 값을 갖는 변수와 그것을 처리하는 함수에 대해 살펴봅니다.

다음은 중학교 때 배운 함수식입니다.

$y = f(x) = x + 1$ (x는 정수)

이 식에서
x가 1일 때 $y = f(1) = 1 + 1$이 되어 y는 2가 됩니다.
x가 2일 때 $y = f(2) = 2 + 1$이 되어 y는 3이 됩니다.
x가 −1일 때 $y = f(-1) = -1 + 1$이 되어 y는 0이 됩니다.

이와 같이 x는 정수 범위 내에서 임의의 값을 가질 수 있기 때문에 변수라고 합니다. f(x)는 x 값에 따라 내부적으로 1을 더해 그 결과 값을 주는 기능을 한다고 하여 함수라고 합니다.

이 함수를 그림으로 표현하면 다음과 같습니다.

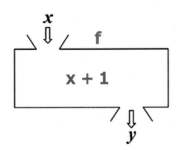

위의 수식에서 f 함수에 대한 정의는 파이썬에서 다음과 같이 표현합니다.

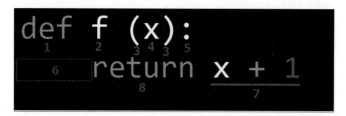

❶ 함수를 정의할 때는 def로 시작합니다. def는 define의 약자로 '정의한다'라는 의미입니다.

❷ f는 함수 이름입니다. 함수 이름은 그 기능에 맞게 적당히 이름을 정해주어야 합니다.

❸ 소괄호 ()는 f 함수의 매개변수의 자리입니다. 소괄호 안에 자리하는 변수를 매개변수라고 합니다. 매개변수는 함수 내부와 외부를 연결해 주는 중간변수 또는 연결변수 역할을 합니다.

❹ 함수 f를 호출할 때 넘어온 인자를 매개변수 x가 받습니다. 매개변수가 인자를 받는 방식은 뒤에서 자세히 살펴봅니다.

❺ 쌍점 :는 함수 정의 시작을 나타냅니다. 즉, 여기부터 함수의 정의를 시작해!라는 의미입니다.

❻ 함수 정의 부분은 들여쓰기를 해 줍니다. 일반적으로 스페이스 키 4개 또는 탭 키 한 개를 이용하여 들여쓰기를 합니다. 들여 쓴 정도에 따라 단계를 나타냅니다.

❼ 매개변수 x 값에 1을 더한다는 의미로 f 함수의 내부 동작입니다.

❽ return은 x + 1의 결과 값을 내어주며 함수를 빠져 나간다는 의미입니다.

위의 수식에서 f 함수에 대한 사용은 파이썬 스크립트에서 다음과 같이 표현합니다.

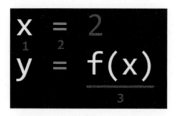

❶ 변수명입니다. 즉, x라는 변수를 생성한 것입니다.

❷ '=' 기호는 우측의 값을 좌측 변수에 할당하라는 의미입니다. 변수 할당 방식에 대해서는 뒤에서 자세히 살펴봅니다.

❸ 함수 f에 2 값을 갖는 x를 인자로 넣는다는 의미입니다. 이렇게 함수를 사용하는 것을 함수를 호출한다고 합니다. 2 값을 넘겨받은 함수 f는 결과 값으로 3을 내어주며 3은 y 변수에 할당됩니다. 즉, y는 f 함수를 수행한 결과 정수 3 값을 할당 받게 됩니다.

함수 정의하고 사용해 보기

이제 함수 f를 정의하고 사용해 봅니다.

01 다음과 같이 예제를 작성합니다.

```
_04_func.py
01 : def f (x) :
02 :     return x +1
03 :
04 : x =2
05 : y = f(x)
06 :
07 : print(y)
```

01, 02 : f 함수를 정의합니다.
04   : x 변수를 생성한 후, 2로 초기화합니다.
05   : f 함수에 x를 인자로 주어 호출한 후, 결과 값을 y 변수로 받습니다.
07   : print 함수를 호출하여 y 값을 출력합니다.

02 프로그램을 실행시켜 결과를 확인합니다. 3이 표시되는 것을 확인합니다.

```
>>>
= RESTART: C:\Users\edu\AppData\Local\Programs\Python\Python38\Labs\_04_func.py
3
```

04-2 실수 변수와 함수

다음은 실수 값을 갖는 변수와 그것을 처리하는 함수에 대해 살펴봅니다.
다음은 실수 값을 처리하는 함수입니다.

$y = g(x) = x + 1$ (x는 실수)

이 식에서
x가 1.1일 때 y = g(1.1) = 1.1 + 1이 되어 y는 2.1이 됩니다.
x가 2.2일 때 y = g(2.2) = 2.2 + 1이 되어 y는 3.2가 됩니다.
x가 −1.1일 때 y = g(−1.1) = −1.1 + 1이 되어 y는 −0.1이 됩니다.

이와 같이 x는 실수 범위 내에서 임의의 값을 가질 수 있기 때문에 변수라고 합니다. g(x)는 x 값에
따라 내부적으로 1을 더해 그 결과 값을 주는 기능을 한다고 하여 함수라고 합니다.

함수 정의하고 사용해 보기

이제 함수 g를 정의하고 사용해 봅니다.

01 다음과 같이 예제를 작성합니다.

```
_04_func_2.py
01 : def g (x) :
02 :     return x +1
03 :
04 : x =2.1
05 : y = g(x)
06 :
07 : print(y)
```

01, 02 : g 함수를 정의합니다.
04　　 : x 변수를 생성한 후, 2.1로 초기화합니다.
05　　 : g 함수에 x 값을 인자로 주어 호출한 후, 결과 값을 y 변수로 받습니다.
07　　 : print 함수를 호출하여 y 값을 출력합니다.

02 프로그램을 실행시켜 결과를 확인합니다. 3.1이 표시되는 것을 확인합니다.

```
>>>
= RESTART: C:\Users\edu\AppData\Local\Programs\Python\Python38\Labs\_04_func_2.py
3.1
```

04-3 둘 이상의 함수 인자

변수 값에도 정수, 실수가 있는 것처럼 함수도 여러 가지로 표현할 수 있습니다. 중학교, 고등학교 때 배웠던 수학에서도 여러 가지 형태의 함수가 있습니다. 예를 들어, 일차함수, 이차함수, 분수함수, 무리함수, 지수함수, 로그함수들이 있습니다. 또 다음과 같은 형태의 다항 함수도 있습니다.

$$z = h(x,y) = x^2 + y^2$$

이 함수들은 파이썬 스크립트에서 모두 표현할 수 있습니다.
다음은 2개의 인자를 받는 함수입니다.

z = h(x, y) = x + y (x, y는 정수)

이 식에서

x가 10이고 y가 1일 때 z = h(1, 1) = 1 + 10이 되어 z는 20이 됩니다.

x가 20이고 y가 2일 때 z = h(2, 2) = 2 + 2가 되어 z는 4가 됩니다.

x가 −10이고 y가 −1일 때 z = h(−1, −1) = −1 + −10이 되어 z는 −20이 됩니다.

이 함수를 그림으로 표현하면 다음과 같습니다.

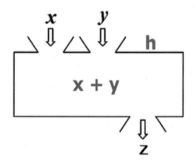

위의 수식에서 h 함수에 대한 정의는 파이썬에서 다음과 같이 표현합니다.

❶ 함수를 정의할 때는 def로 시작합니다. def는 define의 약자로 '정의한다'라는 의미입니다.

❷ h는 함수 이름입니다. 함수 이름은 그 기능에 맞게 적당히 이름을 정해주어야 합니다.

❸ 소괄호 ()는 h 함수의 매개변수의 자리입니다. 소괄호 안에 자리하는 변수를 매개변수라고 합니다. 매개변수는 함수 내부와 외부를 연결해 주는 중간변수 또는 연결변수 역할을 합니다.

❹ 함수 h를 호출할 때 넘어온 인자를 매개변수 x, y가 받습니다. 매개변수가 인자를 받는 방식은 뒤에서 자세히 살펴봅니다.

❺ 쌍점 :는 함수 정의 시작을 나타냅니다. 즉, 여기부터 함수의 정의를 시작해!라는 의미입니다.

❻ 함수 정의 부분은 들여쓰기를 해 줍니다. 일반적으로 스페이스 키 4개 또는 탭 키 한 개를 이용하여 들여쓰기를 합니다. 들여 쓴 정도에 따라 단계를 나타냅니다.

❼ 매개변수 x와 y를 더한다는 의미로 h 함수의 내부 동작입니다.

❽ return은 x + y의 결과 값을 돌려주며 함수를 빠져 나간다는 의미입니다.

위의 수식에서 h 함수에 대한 사용은 파이썬 스크립트에서 다음과 같이 표현합니다.

❶ 변수명입니다. 즉, x, y라는 변수를 생성한 것입니다.

❷ '=' 기호는 우측의 값을 좌측 변수에 할당하라는 의미입니다. 변수 할당 방식에 대해서는 뒤에서 자세히 살펴봅니다.

❸ 함수 h에 2 값을 갖는 x, y를 인자로 넣는다는 의미입니다. 이렇게 함수를 사용하는 것을 함수를 호출한 다고 합니다. 2 값을 2개 넘겨받은 함수 h는 결과 값으로 4를 내어주며 4는 z 변수에 할당됩니다. 즉, z는 h 함수를 수행한 결과 정수 4 값을 할당 받게 됩니다.

이상에서 둘 이상의 인자를 받을 수 있는 함수에 대해 살펴보았습니다.

함수 정의하고 사용해 보기

이제 함수 h를 정의하고 사용해 봅니다.

01 다음과 같이 예제를 작성합니다.

```
_04_func_3.py
01 : def h (x,y):
02 :     return x + y
03 :
04 : x =2
05 : y =2
06 : z = h(x,y)
07 :
08 : print(z)
```

01, 02 : h 함수를 정의합니다.

04 : x 변수를 생성한 후, 2로 초기화합니다.

05 : y 변수를 생성한 후, 2로 초기화합니다.

06 : h 함수에 x, y 값을 인자로 주어 호출한 후, 결과 값을 z 변수로 받습니다.

08 : print 함수를 호출하여 z 값을 출력합니다.

02 프로그램을 실행시켜 결과를 확인합니다. 4가 표시되는 것을 확인합니다.

```
>>>
= RESTART: C:\Users\edu\AppData\Local\Programs\Python\Python38\Labs\_04_func_3.p
y
4
```

04-4 둘 이상의 함수 반환 값

정수 19를 정수 5로 나누면 몫이 3이고 나머지는 4입니다. 이와 같은 관계를 임의의 두 정수나 두 다항식에 적용한 것을 나눗셈 정리라고 합니다. 다음은 정수에서의 나눗셈 정리입니다.

> 임의의 정수 a, b(b≠0)에 대하여
> $$a = bq + r, \ 0 \le r < |b|$$
> 를 만족하는 정수 q, r가 유일하게 존재한다.

나눗셈 정리를 그림으로 표현하면 다음과 같습니다. 수학에서의 함수는 입력에 대응되는 결과 값이 하나만 가능합니다. 그러나 파이썬의 함수는 입력에 대응되는 결과 값으로 하나 이상이 가능합니다.

위의 수식에서 k 함수에 대한 정의는 파이썬에서 다음과 같이 표현합니다.

```
def k (a, b):
    q = a//b
    r = a%b
    return q, r
```

❶ 함수를 정의할 때는 def로 시작합니다. def는 define의 약자로 '정의한다'라는 의미입니다.

❷ k는 함수 이름입니다. 함수 이름은 그 기능에 맞게 적당히 이름을 정해주어야 합니다.

❸ 소괄호 ()는 k 함수의 매개변수의 자리입니다. 소괄호 안에 자리하는 변수를 매개변수라고 합니다. 매개변수는 함수 내부와 외부를 연결해 주는 중간변수 또는 연결변수 역할을 합니다.

❹ 함수 k를 호출할 때 넘어온 인자를 매개변수 a, b가 받습니다. 매개변수가 인자를 받는 방식은 뒤에서 자세히 살펴봅니다.

❺ 쌍점 :는 함수 정의 시작을 나타냅니다. 즉, 여기부터 함수의 정의를 시작해라는 의미입니다.

❻ 함수 정의 부분은 들여쓰기를 해 줍니다. 일반적으로 스페이스 키 4개 또는 탭 키 한 개를 이용하여 들여쓰기를 합니다. 들여 쓴 정도에 따라 단계를 나타냅니다.

❼ 매개변수 a 값을 b 값으로 나누어 몫을 q에 넣는다는 의미로 k 함수의 내부 동작입니다. //은 몫을 구하는 산술 연산자입니다. 예를 들어 5//2 == 2(몫)이 됩니다.

❽ 매개변수 a 값을 b로 나누어 나머지를 r에 넣는다는 의미로 k 함수의 내부 동작입니다. %는 나머지를 구하는 산술 연산자입니다. 예를 들어 5%2 == 1(나머지)이 됩니다.

❽ return은 q, r 값을 돌려주며 함수를 빠져 나간다는 의미입니다.

위의 수식에서 k 함수에 대한 사용은 파이썬 스크립트에서 다음과 같이 표현합니다.

```
a = 19
1 2
b = 5
1 2
q, r = k(a, b)
      3
```

❶ 변수명입니다. 즉, a, b라는 변수를 생성한 것입니다.

❷ '=' 기호는 우측의 값을 좌측 변수에 할당하라는 의미입니다. 변수 할당 방식에 대해서는 뒤에서 자세히 살펴봅니다.

❸ 함수 k에 각각 19, 5 값을 갖는 a, b를 인자로 넣는다는 의미입니다. 이렇게 함수를 사용하는 것을 함수를 호출한다고 합니다. a, b의 값을 넘겨받은 함수 k는 결과 값으로 3, 4를 동시에 내어주며 3은 q, 4는 r 변수에 할당됩니다. 즉, q, r은 k 함수를 수행한 결과 정수 3, 4 값을 할당 받게 됩니다.

이상에서 둘 이상의 반환 값을 받을 수 있는 함수에 대해 살펴보았습니다.

함수 정의하고 사용해 보기

이제 함수 k를 정의하고 사용해 봅니다.

01 다음과 같이 예제를 작성합니다.

_04_func_4.py

```
01 : def k (a, b):
02 :     q = a //b
03 :     r = a%b
04 :     return q, r
05 :
06 : a =19
07 : b =5
08 : q, r = k(a, b)
09 :
10 : print(q, r)
```

01~04 : k 함수를 정의합니다.

06   : a 변수를 생성한 후, 19로 초기화합니다.

07   : b 변수를 생성한 후, 5로 초기화합니다.

08   : k 함수에 a, b 값을 인자로 주어 호출한 후, 결과 값을 q, r 변수로 받습니다.

10   : print 함수를 호출하여 q, r 값을 출력합니다. print 함수에 쉼표(,)를 사용하면 스페이스로 출력됩니다.

02 프로그램을 실행시켜 결과를 확인합니다. 3 4가 표시되는 것을 확인합니다. 3은 몫, 4는 나머지를 나타냅니다.

```
>>>
= RESTART: C:\Users\edu\AppData\Local\Programs\Python\Python38\Labs\_04_func_4.py
3 4
```

04-5 함수의 형식

함수의 형식은 아래와 같습니다.

```
1  def name(arguments):
        함수 이름    인자(들)    쌍점
2      """description for name"""
     들여쓰기            함수 설명
3      # TODO: write code...
            실행문
4
```

함수 외부에서 함수 호출시 넣어주는 변수나 값들을 인자라고 하며 함수의 내부에서 인자를 받는 변수를 매개변수라고 합니다. 인자는 0개 이상 넘어갈 수 있습니다. 또 함수 수행 후, 0개 이상의 값을 내어줄 수 있습니다.

이상에서 파이썬 프로그램은 함수와 변수를 이용하여 작성되며 독자 여러분은 함수와 변수에 대해 익숙해져야 합니다.

05 _ 값, 객체, 변수 할당 이해하기

일반적으로 변수는 값을 직접 가지는 개념이지만, 파이썬에서 변수는 값을 가진 객체의 위치 값을 가집니다. 값을 가진 메모리 공간을 의미합니다. 따라서, 파이썬에서 변수는 값을 가진 메모리 공간을 가리킵니다.

여기서는 파이썬에서의 변수 할당 방식에 대해서 자세히 살펴봅니다. 변수를 할당하는 과정에는 변수, 값, 객체가 필요합니다. 그래서 먼저 값에 대해서 살펴보고, 객체에 대해서 살펴보고, 마지막으로 변수 할당 과정에 대해서 살펴봅니다.

05-1 값 살펴보기

먼저 값에 대해서 살펴보도록 합니다. 파이썬에서 주로 다루는 기본 값들은 다음과 같습니다.

값의 종류	값의 예	비고
정수	3, 4	class 'int'
실수	3.14, 3.15	class 'float'
진리 값	True, False	class 'bool'
문자열	"Hello", "Goodbye"	class 'str'
목록	[1,2,3,4]	class 'list'
클래스 객체	Coffee()	class '__main__.Coffee'

객체의 경우 사용자가 정의한 클래스의 형태로 생성된 메모리 공간을 말합니다. 클래스에 대해서는 뒤에서 살펴봅니다. 실제로 파이썬에서는 값을 가진 메모리 공간을 객체라고 합니다. 즉, 값의 종류인 정수, 실수, 진리 값, 문자열, 목록, 클래스 객체 모두 객체입니다. 객체에 대해서는 여기서 살펴보도록 합니다.

05-2 값의 형태 살펴보기 : type

이러한 값들은 파이썬 쉘의 메모리상에서 모양과 구조를 갖습니다. 값의 모양과 구조를 값의 형태 또는 값의 형이라고 합니다. 또는 자료 형이라고 합니다. 여기서는 앞에서 본 값들의 자료 형을 살펴봅니다. 값들의 자료 형은 type 클래스를 이용하여 확인할 수 있습니다.

01 다음과 같이 예제를 작성합니다.

```
_05_variable.py
01 : class Coffee:
02 :     pass
03 :
04 : print(type(3), ": 3")
05 : print(type(4), ": 4")
06 : print(type(3.14), ": 3.14")
07 : print(type(3.15), ": 3.15")
08 : print(type(True), ": True")
09 : print(type(False), ": False")
10 : print(type("Hello"), ": Hello")
11 : print(type([1,2,3,4]), ": [1,2,3,4]")
12 : print(type(Coffee()), ": Coffee()")
13 : print(type(Coffee), ": Coffee")
```

01, 02 : Coffee 클래스를 정의합니다. 클래스는 관련된 변수와 함수를 하나로 묶는 자료 형입니다. 예를 들어, Coffee 클래스는 커피를 표현하기 위한 변수와 커피를 마시거나 끓이기 위한 함수를 하나로 묶은 자료 형입니다. 여기서는 빈 클래스를 정의하고 있습니다. pass는 아무것도 수행하지 않는다는 의미입니다. class의 사전적인 의미로 종류, 부류라는 의미가 있습니다. 클래스에 대해서는 뒤에서 자세히 나루도록 합니다.

04 : 3의 자료 형을 출력합니다. type은 객체의 자료 형을 출력하는 클래스입니다. 여기서는 3 값을 가진 객체의 자료 형을 출력합니다. type(3) 하게 되면 파이썬 쉘은 3을 저장할 수 있는 메모리 공간을 할당하고 이 메모리 공간에 3을 저장한 후, 이 메모리 공간에 대한 자료 형을 출력합니다. 이 메모리 공간을 객체라고 합니다. 그리고 이 과정을 3 값에 대한 객체 생성이라고 합니다. 다음 그림은 3 값을 갖는 객체를 생성하는 과정을 나타냅니다.

3 값 객체 생성 과정

값   메모리 할당   객체 : 3을 저장할 수 있는 메모리 공간

05 : 4의 자료 형을 출력합니다.
06 : 3.14의 자료형 을 출력합니다.
07 : 3.15의 자료 형을 출력합니다.
08 : True의 자료 형을 출력합니다.
09 : False의 자료 형을 출력합니다.
10 : "Hello"의 자료 형을 출력합니다.
11 : [1,2,3,4]의 자료 형을 출력합니다.
12 : Coffee 객체의 자료 형을 출력합니다.
13 : Coffee 클래스의 자료 형을 출력합니다.

02 프로그램을 실행시켜 결과를 확인합니다.

```
<class 'int'> : 3
<class 'int'> : 4        ❶
<class 'float'> : 3.14
<class 'float'> : 3.15   ❷
<class 'bool'> : True
<class 'bool'> : False   ❸
<class 'str'> : Hello    ❹
<class 'list'> : [1,2,3,4] ❺
<class '__main__.Coffee'> : Coffee() ❻
<class 'type'> : Coffee  ❼
```

❶ 3, 4의 자료 형은 int 클래스입니다. 즉, 정수 종류 또는 정수형이라는 의미입니다. int는 integer의 약자로
정수를 의미합니다.

❷ 3. 14, 3. 15의 자료 형은 float 클래스입니다. 즉, 실수 종류 또는 실수 형이라는 의미입니다. float는 floating
point number의 약자로 실수를 의미합니다.

❸ True, False의 자료 형은 bool 클래스입니다. 즉, 진리 값 종류 또는 진리 값 형이라는 의미입니다. bool은
boolean의 약자로 참과 거짓을 나타내는 값을 의미합니다.

❹ "Hello"의 자료 형은 str 클래스입니다. 즉, 문자열 종류 또는 문자열 형이라는 의미입니다. str은 string의
약자로 문자열을 의미합니다.

❺ [1, 2, 3, 4]의 자료 형은 list 클래스입니다. 즉, 목록 종류 또는 목록 형이라는 의미입니다. list는 목록을 의
미합니다. 목록은 0개 이상의 값들이 순서대로 모여 있는 형태의 객체입니다.

❻ Coffee()의 자료 형은 __main__.Coffee 클래스입니다. 즉, __main__ 파일에 정의된 Coffee 종류 또는
Coffee 형이라는 의미입니다. Coffee 클래스의 객체를 생성할 때는 Coffee()와 같이 표현합니다. __main__
은 파이썬 쉘이 명령 행에서 입력받아 수행하는 파이썬 프로그램 파일을 의미합니다.

❼ Coffee의 자료 형은 자료형 클래스입니다. 즉, 자료 형의 종류라는 의미입니다. 자료형 클래스는 객체를
만들 수 있는 틀입니다. 예를 들어, 붕어빵 틀로 붕어빵을 만들 때, 붕어빵 틀은 클래스에 해당하며 붕어빵
은 객체가 됩니다.

다음 그림은 값, 메모리 할당, 객체의 관계를 나타냅니다. 도형의 모양은 자료 형을 시각적으로 표현
하기 위한 것이며, 실제 자료 형이나 메모리의 모양과는 관련은 없습니다.

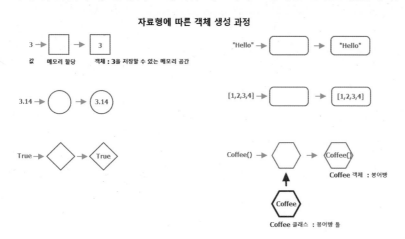

자료형에 따른 객체 생성 과정

※ 문자열 객체와 목록 객체의 모
양은 같은 형태로 표현했지만 특
별한 의미는 없습니다.

05-3 객체의 주소 살펴보기 : id

앞에서 살펴본 객체들은 파이썬 쉘의 메모리상에 존재하며, 파이썬 쉘이 관리하는 논리적인 주소 값을 갖습니다. 주소 값은 객체의 고유한 id가 됩니다. 객체의 id는 주민 등록 번호와 같은 역할을 합니다. 우리나라에서 국민 개개인의 고유한 id는 주민 등록 번호가 됩니다. 우리가 사용하는 이름은 주민등록 번호에 대한 별명과 같은 역할을 합니다. 그래서 주민등록 번호는 고유하지만 같은 이름을 갖는 사람은 있습니다. 여기서는 앞에서 본 객체들의 id를 살펴봅니다. 객체들의 주소를 나타내는 id는 파이썬 쉘이 내부적으로 제공하는 id 함수를 이용하여 확인할 수 있습니다.

01 다음과 같이 예제를 작성합니다.

```
05_variable_2.py
01 : class Coffee:
02 :     pass
03 :
04 : print(id(3), ": 3")
05 : print(id(4), ": 4")
06 : print(id(3.14), ": 3.14")
07 : print(id(3.15), ": 3.15")
08 : print(id(True), ": True")
09 : print(id(False), ": False")
10 : print(id("Hello"), ": Hello")
11 : print(id([1,2,3,4]), ": [1,2,3,4]")
12 : print(id(Coffee()), ": Coffee()")
13 : print(id(Coffee), ": Coffee")
```

01, 02 : Coffee 클래스를 정의합니다.

04 : 3의 주소를 출력합니다. id는 객체의 주소를 내어주는 함수입니다. 여기서는 3 값을 가진 객체의 주소를 출력합니다.

05 : 4의 주소를 출력합니다.

06 : 3.14의 주소를 출력합니다.

07 : 3.15의 주소를 출력합니다.

08 : True의 주소를 출력합니다.

09 : False의 주소를 출력합니다.

10 : "Hello"의 주소를 출력합니다.

11 : [1,2,3,4]의 주소를 출력합니다.

12 : Coffee 객체의 주소를 출력합니다.

13 : Coffee 클래스의 주소를 출력합니다.

02 프로그램을 실행시켜 결과를 확인합니다.

```
140725225159808 : 3       ❶
140725225159840 : 4
1874267771472 : 3.14      ❷
1874269239312 : 3.15
140725224657424 : True
140725224657456 : False   ❸
1874269938160 : Hello     ❹
1874263239432 : [1,2,3,4] ❺
1874269256328 : Coffee()  ❻
1874265739000 : Coffee    ❼
```

❶ 3, 4 값을 가진 정수 객체의 주소를 나타냅니다.

❷ 3.14, 3.15 값을 가진 실수 객체의 주소를 나타냅니다.

❸ True, False 값을 가진 진리 값 객체의 주소를 나타냅니다.

❹ "Hello" 문자열 값을 가진 문자열 객체의 주소를 나타냅니다.

❺ [1,2,3,4] 값을 가진 목록 객체의 주소를 나타냅니다.

❻ 빈값을 가진 Coffee 객체의 주소를 나타냅니다.

❼ Coffee 클래스의 주소를 나타냅니다. Coffee 클래스는 Coffee 객체 생성에 사용하는 자료 형입니다.

다음 그림은 객체의 주소를 나타냅니다. 도형의 앞에 붙은 숫자는 편의상 붙인 주소를 나타냅니다.

[객체의 주소]

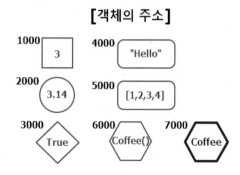

05-4 객체의 크기 살펴보기 : sys.getsizeof

앞에서 살펴본 객체들은 크기를 갖습니다. 자료 형에 따라 할당되는 메모리의 크기는 다릅니다. 여기서는 앞에서 본 객체들의 크기를 살펴봅니다. 객체들의 크기는 sys 모듈의 getsizeof 함수를 이용하여 확인할 수 있습니다. getsizeof 함수는 객체의 크기를 바이트 단위로 내어줍니다.

01 다음과 같이 예제를 작성합니다.

```
_05_variable_3.py
01 : import sys
02 :
03 : class Coffee:
04 :     pass
05 :
06 : print(sys.getsizeof(3), ": 3")
07 : print(sys.getsizeof(4), ": 4")
08 : print(sys.getsizeof(0), ": 0")
09 : print(sys.getsizeof(3.14), ": 3.14")
10 : print(sys.getsizeof(3.15), ": 3.15")
11 : print(sys.getsizeof(True), ": True")
12 : print(sys.getsizeof(False), ": False")
13 : print(sys.getsizeof("Hello"), ": Hello")
14 : print(sys.getsizeof([1,2,3,4]), ": [1,2,3,4]")
15 : print(sys.getsizeof(Coffee()), ": Coffee()")
16 : print(sys.getsizeof(Coffee), ": Coffee")
```

01   : sys 모듈을 불러옵니다. 06~16 줄에서 getsizeof 함수를 사용하기 위해 필요합니다.

03, 04 : Coffee 클래스를 정의합니다.

06   : 3의 크기를 출력합니다. sys.getsizeof는 객체의 크기를 바이트 단위로 내어주는 함수입니다. 여기서는 3 값을 가진 객체의 바이트 크기를 출력합니다.

07   : 4의 크기를 출력합니다.

08   : 0의 크기를 출력합니다. 0은 12 줄의 False의 크기와 비교하기 위해 추가하였습니다.

09   : 3.14의 크기를 출력합니다.

10   : 3.15의 크기를 출력합니다.

11   : True의 크기를 출력합니다.

12   : False의 크기를 출력합니다.

13   : "Hello"의 크기를 출력합니다.

14   : [1,2,3,4]의 크기를 출력합니다.

15   : Coffee 객체의 크기를 출력합니다.

16   : Coffee 클래스의 크기를 출력합니다.

※ 클래스도 메모리 공간상에 형태로서 존재해야하기 때문에 크기를 갖습니다.

02 프로그램을 실행시켜 결과를 확인합니다.

```
28 : 3      ❶
28 : 4
24 : 0      ❷
24 : 3.14
24 : 3.15   ❸
28 : True   ❹
24 : False  ❺
54 : Hello  ❻
88 : [1,2,3,4]❼
48 : Coffee()  ❽
1064 : Coffee ❾
```

❶ 3, 4 값을 가진 정수 객체의 크기를 나타냅니다. 값에 따라 정수 객체의 크기는 커질 수 있습니다.

❷ 0 값을 가진 정수 객체의 크기를 나타냅니다. 0 값을 가진 정수 객체의 크기는 30이나 4 값을 가진 정수 객체의 크기보다 4바이트 작습니다.

❸ 3.14, 3.15 값을 가진 실수 객체의 크기를 나타냅니다.

❹ True 값을 가진 진리 값 객체의 크기를 나타냅니다. True 값은 내부적으로 정수 1로 처리가 되기 때문에 정수 1 값을 가진 객체의 크기와 같습니다.

❺ False 값을 가진 진리 값 객체의 크기를 나타냅니다. False 값은 내부적으로 정수 0으로 처리가 되기 때문에 정수 0 값을 가진 객체의 크기와 같습니다.

❻ "Hello" 문자열 값을 가진 문자열 객체의 크기를 나타냅니다.

❼ [1,2,3,4] 값을 가진 목록 객체의 크기를 나타냅니다.

❽ 빈값을 가진 Coffee 객체의 크기를 나타냅니다.

❾ Coffee 클래스의 크기를 나타냅니다. Coffee 클래스는 Coffee 객체 생성에 사용하는 자료 형입니다.

※ 객체의 크기는 값을 저장하기 위한 공간 외에도 객체 자체에 대한 정보를 위한 공간도 가지고 있기 때문에 값의 크기에 의존하지 않습니다. 여기서는 객체가 공간을 차지하는 크기가 있다는 정도로만 이해합니다.

05-5 변수와 객체의 관계 살펴보기

여기서는 객체를 변수에 할당하는 과정에 대해 자세히 살펴봅니다. 파이썬에서 변수는 객체를 가리키는 역할을 합니다. 대입 연산자(=)를 화살표 기호(=>)라고 생각하면 이해하기 쉽습니다. 가리키는 것을 참조한다 또는 부른다라고도 표현합니다. 그래서 파이썬에서 변수는 객체의 이름이 됩니다.

01 다음과 같이 예제를 작성합니다.

```
_05_variable_4.py
01 : class Coffee:
02 :     pass
03 :
04 : print(id(3), ": 3")
05 : print(id(4), ": 4")
06 : print(id(3.14), ": 3.14")
07 : print(id(3.15), ": 3.15")
08 : print(id(True), ": True")
09 : print(id(False), ": False")
10 : print(id("Hello"), ": Hello")
11 : print(id([1,2,3,4]), ": [1,2,3,4]")
12 : print(id(Coffee()), ": Coffee()")
13 : print(id(Coffee), ": Coffee")
14 :
15 : print()
```

```
16 :
17 : r1 =3
18 : r2 =4
19 : r3 =3.14
20 : r4 =3.15
21 : r5 =True
22 : r6 =False
23 : r7 ="Hello"
24 : r8 =[1,2,3,4]
25 : r9 =Coffee()
26 : r10 =Coffee
27 :
28 : print(id(r1), ":", r1, "<= r1")
29 : print(id(r2), ":", r2, "<= r2")
30 : print(id(r3), ":", r3, "<= r3")
31 : print(id(r4), ":", r4, "<= r4")
32 : print(id(r5), ":", r5, "<= r5")
33 : print(id(r6), ":", r6, "<= r6")
34 : print(id(r7), ":", r7, "<= r7")
35 : print(id(r8), ":", r8, "<= r8")
36 : print(id(r9), ":", r9, "<= r9")
37 : print(id(r10), ":", r10, "<= r10")
```

01, 02 : Coffee 클래스를 정의합니다.

04~13 : 앞에서 본 예제와 같습니다.

15   : print 함수를 호출하여 한 줄을 출력합니다. 4~13 줄의 출력과 28~37 줄의 출력을 구분하기 위해서입니다.

17   : r1 변수를 생성한 후, 정수 객체 3으로 초기화합니다.

18   : r2 변수를 생성한 후, 정수 객체 4로 조기화합니나.

19   : r3 변수를 생성한 후, 실수 객체 3.14로 초기화합니다.

20   : r4 변수를 생성한 후, 실수 객체 3.15로 초기화합니다.

21   : r5 변수를 생성한 후, 부울 객체 True로 초기화합니다.

22   : r6 변수를 생성한 후, 부울 객체 False로 초기화합니다.

23   : r7 변수를 생성한 후, 문자열 객체 "Hello"로 초기화합니다.

24   : r8 변수를 생성한 후, 목록 객체 [1,2,3,4]로 초기화합니다.

25   : r9 변수를 생성한 후, Coffee 객체로 초기화합니다.

26   : r10 변수를 생성한 후, Coffee 클래스로 초기화합니다.

28   : r1의 주소를 출력합니다. r1은 3 값을 가진 객체를 가리키고 있으며, 3 값 객체의 이름이 됩니다. 여기서는 r1이 가리키는 3 값을 가진 정수 객체의 주소를 출력합니다.

29   : r2의 주소를 출력합니다. r2는 4 값을 가진 객체를 가리키고 있으며, 4 값 객체의 이름이 됩니다. 여기서는 r2가 가리키는 4 값을 가진 정수 객체의 주소를 출력합니다.

30   : r3의 주소를 출력합니다. r3은 3.14 값을 가진 객체를 가리키고 있으며, 3.14 값 객체의 이름이 됩니다. 여기서는 r3이 가리키는 3.14 값을 가진 실수 객체의 주소를 출력합니다.

31   : r4의 주소를 출력합니다. r4는 3.15 값을 가진 객체를 가리키고 있으며, 3.15 값 객체의 이름이 됩니다. 여기서는 r4가 가리키는 3.15 값을 가진 실수 객체의 주소를 출력합니다.

32 : r5의 주소를 출력합니다. r5는 True 값을 가진 객체를 가리키고 있으며, True 값 객체의 이름이 됩니다. 여기서는 r5가 가리키는 True 값을 가진 부울 객체의 주소를 출력합니다.

33 : r6의 주소를 출력합니다. r6은 False 값을 가진 객체를 가리키고 있으며, False 값 객체의 이름이 됩니다. 여기서는 r6이 가리키는 False 값을 가진 부울 객체의 주소를 출력합니다.

34 : r7의 주소를 출력합니다. r7은 "Hello" 값을 가진 객체를 가리키고 있으며, "Hello" 값 객체의 이름이 됩니다. 여기서는 r7이 가리키는 "Hello" 값을 가진 문자열 객체의 주소를 출력합니다.

35 : r8의 주소를 출력합니다. r8은 [1,2,3,4] 값을 가진 객체를 가리키고 있으며, [1,2,3,4] 값 객체의 이름이 됩니다. 여기서는 r8이 가리키는 [1,2,3,4] 값을 가진 목록 객체의 주소를 출력합니다.

36 : r9 객체의 주소를 출력합니다. r9는 Coffee 객체를 가리키고 있으며, Coffee 객체의 이름이 됩니다. 여기서는 r9가 가리키는 Coffee 객체의 주소를 출력합니다.

37 : r10 클래스의 주소를 출력합니다. r10은 Coffee 클래스를 가리키고 있으며, Coffee 클래스의 이름이 됩니다. 여기서는 r10이 가리키는 Coffee 클래스의 주소를 출력합니다.

02 프로그램을 실행시켜 결과를 확인합니다.

```
140725225159808 : 3 ❶
140725225159840 : 4 ❷
1157168468560 : 3.14 ❸
1157169936400 : 3.15 ❹
140725224657424 : True ❺
140725224657456 : False ❻
1157170619120 : Hello ❼
1157163871048 : [1,2,3,4] ❽
1157169953544 : Coffee() ❾
1157166375272 : Coffee ❿

140725225159808 : 3 <= r1 ⓫
140725225159840 : 4 <= r2 ⓬
1157168468560 : 3.14 <= r3 ⓭
1157169936400 : 3.15 <= r4 ⓮
140725224657424 : True <= r5 ⓯
140725224657456 : False <= r6 ⓰
1157170619120 : Hello <= r7 ⓱
1157163873160 : [1, 2, 3, 4] <= r8 ⓲
1157169953544 : <__main__.Coffee object at 0x0000010D6CB43B08> <= r9 ⓳
1157166375272 : <class '__main__.Coffee'> <= r10 ⓴
```

❶ 3 값을 가진 정수 객체의 주소를 나타냅니다.

❷ 4 값을 가진 정수 객체의 주소를 나타냅니다.

❸ 3.14 값을 가진 실수 객체의 주소를 나타냅니다.

❹ 3.15 값을 가진 실수 객체의 주소를 나타냅니다.

❺ True 값을 가진 진리 값 객체의 주소를 나타냅니다.

❻ False 값을 가진 진리 값 객체의 주소를 나타냅니다.

❼ "Hello" 문자열 값을 가진 문자열 객체의 주소를 나타냅니다.

❽ [1,2,3,4] 값을 가진 목록 객체의 주소를 나타냅니다.

❾ 빈값을 가진 Coffee 객체의 주소를 나타냅니다.

❿ Coffee 클래스의 주소를 나타냅니다. Coffee 클래스는 Coffee 객체 생성에 사용하는 자료 형입니다.

⑪ r1 변수는 3 값을 가진 정수 객체를 가리킵니다. r1 변수는 내부적으로 객체의 주소 값을 가집니다. r1 변수가 가리키는 객체의 주소 값은 ❶에 표시된 주소 값과 같습니다. 같은 값을 가진 서로 다른 객체라면 주소 값은 다를 수도 있습니다.

⑫ r2 변수는 4 값을 가진 정수 객체를 가리킵니다. r2 변수는 내부적으로 객체의 주소 값을 가집니다. r2 변수가 가리키는 객체의 주소 값은 ❷에 표시된 주소 값과 같습니다. 같은 값을 가진 서로 다른 객체라면 주소 값은 다를 수도 있습니다.

⑬ r3 변수는 3.14 값을 가진 실수 객체를 가리킵니다. r3 변수로 객체의 주소 값을 가집니다. r3 변수가 가리키는 객체의 주소 값은 ❸에 표시된 주소 값과 같습니다. 같은 값을 가진 서로 다른 객체라면 주소 값은 다를 수도 있습니다.

⑭ r4 변수는 3.15 값을 가진 실수 객체를 가리킵니다. r4 변수는 내부적으로 객체의 주소 값을 가집니다. r4 변수가 가리키는 객체의 주소 값은 ❹에 표시된 주소 값과 같습니다. 같은 값을 가진 서로 다른 객체라면 주소 값은 다를 수도 있습니다.

⑮ r5 변수는 True 값을 가진 진리 값 객체를 가리킵니다. r5 변수는 내부적으로 객체의 주소 값을 가집니다. r5 변수가 가리키는 객체의 주소 값은 ❺에 표시된 주소 값과 같습니다. 같은 값을 가진 서로 다른 객체라면 주소 값은 다를 수도 있습니다.

⑯ r6 변수는 False 값을 가진 진리 값 객체를 가리킵니다. r6 변수는 내부적으로 객체의 주소 값을 가집니다. r6 변수가 가리키는 객체의 주소 값은 ❻에 표시된 주소 값과 같습니다. 같은 값을 가진 서로 다른 객체라면 주소 값은 다를 수도 있습니다.

⑰ r7 변수는 "Hello" 문자열 값을 가진 문자열 객체를 가리킵니다. r7 변수는 내부적으로 객체의 주소 값을 가집니다. r7 변수가 가리키는 객체의 주소 값은 ❼에 표시된 주소 값과 같습니다. 같은 값을 가진 서로 다른 객체라면 주소 값은 다를 수도 있습니다.

⑱ r8 변수는 [1,2,3,4] 값을 가진 목록 객체를 가리킵니다. r8 변수는 내부적으로 객체의 주소 값을 가집니다. r8 변수가 가리키는 객체의 주소 값은 ❽에 표시된 주소 값과 다릅니다. 같은 값을 가진 서로 다른 객체라면 주소 값은 다를 수도 있습니다.

⑲ r9 변수는 빈값을 가진 Coffee 객체를 가리킵니다. r9 변수는 내부적으로 객체의 주소 값을 가집니다. r9 변수가 가리키는 객체의 주소 값은 새로 생성한 객체이므로 ❾에 표시된 주소 값과 같습니다. Coffee()는 Coffee 형의 객체를 생성하는 표현식입니다.

⑳ r10 변수는 Coffee 클래스를 가리킵니다. r10 변수가 가리키는 클래스의 주소 값은 ❿에 표시된 주소 값과 같습니다.

다음 그림은 객체의 변수 할당을 나타냅니다.

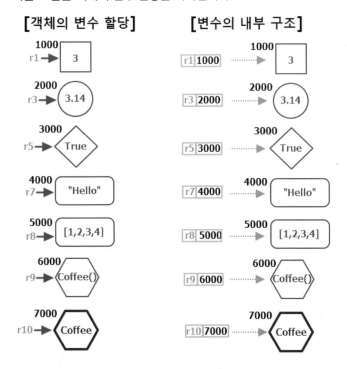

왼쪽 그림은 변수가 객체를 가리키는 그림이고, 오른쪽 그림은 변수가 내부적으로 객체의 주소 값을 가지고 있는 것을 나타낸 그림입니다. 객체의 주소는 객체의 id로 객체의 고유한 이름이 되며 변수는 객체의 id값을 갖는 별명과 같은 역할을 합니다. 변수는 객체의 이름으로 기억하기 편합니다.

05-6 변수에 변수 값 할당하기

여기서는 변수에 변수 값을 할당하는 과정을 자세히 살펴봅니다.

정수 변수 할당하기

먼저 정수 변수를 할당하는 과정을 살펴봅니다.

01 다음과 같이 예제를 작성합니다.

```
_05_variable_5.py
01 : r1 =3
02 : r2 =4
03 : r11 =r1
04 :
05 : print(id(r1), ":", r1, "<= r1")
```

```
06 : print(id(r11), ":", r11, "<= r11")
07 :
08 : r11 =r11 +1
09 :
10 : print(id(r2), ":", r2, "<= r2")
11 : print(id(r11), ":", r11, "<= r11")
```

01 : r1 변수를 생성한 후, 정수 객체 3으로 초기화합니다.

02 : r2 변수를 생성한 후, 정수 객체 4로 초기화합니다.

03 : r11 변수를 생성한 후, r1 값으로 초기화합니다. 이렇게 하면 r1 변수가 가리키는 객체를 r11 변수가 가리키게 됩니다.

05 : r1의 주소를 출력합니다. r1은 3 값을 가진 객체를 가리키고 있으며, 3 값 객체의 이름입니다. 여기서는 r1이 가리키는 3 값을 가진 정수 객체의 주소를 출력합니다.

06 : r11의 주소를 출력합니다. r11은 r1이 가리키는 객체를 가리키고 있으며, 3 값 객체의 다른 이름입니다. 여기서는 r11이 가리키는 3 값을 가진 정수 객체의 주소를 출력합니다.

08 : r11 변수를 r11 값에 1을 더한 4 값의 객체로 초기화합니다. 이렇게 하면 4 값을 가진 객체를 r11 변수가 가리키게 됩니다.

10 : r2의 주소를 출력합니다. r2는 4 값을 가진 객체를 가리키고 있으며, 4 값 객체의 이름입니다. 여기서는 r2가 가리키는 4 값을 가진 정수 객체의 주소를 출력합니다.

11 : r11의 주소를 출력합니다. r11은 4 값을 가진 객체를 가리키고 있으며, 4 값 객체의 이름입니다. 여기서는 r11이 가리키는 4 값을 가진 정수 객체의 주소를 출력합니다.

02 프로그램을 실행시켜 결과를 확인합니다.

```
140725225159808 : 3 <= r1   ❶
140725225159808 : 3 <= r11  ❷
140725225159840 : 4 <= r2   ❸
140725225159840 : 4 <= r11  ❹
```

❶ r1 변수는 3 값을 가진 정수 객체를 가리킵니다.

❷ r11 변수가 가리키는 객체의 주소 값은 ❶에 표시된 r1 변수가 가리키는 객체의 주소 값과 같습니다.

❸ r2 변수는 4 값을 가진 정수 객체를 가리킵니다.

❹ r11 변수가 가리키는 객체의 주소 값은 ❸에 표시된 r2 변수가 가리키는 객체의 주소 값과 같습니다. 같은 값을 가진 서로 다른 객체라면 주소 값은 다를 수도 있습니다.

실수 변수 할당하기

다음은 실수 변수를 할당하는 과정을 살펴봅니다.

01 다음과 같이 예제를 작성합니다.

```
_05_variable_6.py
01 : r3 =3.14
02 : r4 =3.15
03 : r12 =r3
```

```
04 :
05 : print(id(r3), ":", r3, "<= r3")
06 : print(id(r12), ":", r12, "<= r12")
07 :
08 : r12 =r12 +0.01
09 :
10 : print(id(r4), ":", r4, "<= r4")
11 : print(id(r12), ":", r12, "<= r12")
```

01 : r3 변수를 생성한 후, 실수 객체 3.14로 초기화합니다.

02 : r4 변수를 생성한 후, 실수 객체 3.15로 초기화합니다.

03 : r12 변수를 생성한 후, r3 값으로 초기화합니다. 이렇게 하면 r3 변수가 가리키는 객체를 r12 변수가 가리키게 됩니다.

05 : r3의 주소를 출력합니다. r3은 3.14 값을 가진 객체를 가리키고 있으며, 3.14 값 객체의 이름입니다. 여기서는 r3이 가리키는 3.14 값을 가진 실수 객체의 주소를 출력합니다.

06 : r12의 주소를 출력합니다. r12는 r3이 가리키는 객체를 가리키고 있으며, 3.14 값 객체의 다른 이름입니다. 여기서는 r12가 가리키는 3.14 값을 가진 실수 객체의 주소를 출력합니다.

08 : r12 변수를 r12 값에 0.01을 더한 3.15 값의 객체로 초기화합니다. 이렇게 하면 3.15 값을 가진 객체를 r12 변수가 가리키게 됩니다.

10 : r4의 주소를 출력합니다. r4는 3.15 값을 가진 객체를 가리키고 있으며, 3.15 값 객체의 이름입니다. 여기서는 r4가 가리키는 3.15 값을 가진 실수 객체의 주소를 출력합니다.

11 : r12의 주소를 출력합니다. r12는 3.15 값을 가진 객체를 가리키고 있으며, 3.15 값 객체의 이름입니다. 여기서는 r12가 가리키는 3.15 값을 가진 실수 객체의 주소를 출력합니다.

02 프로그램을 실행시켜 결과를 확인합니다.

```
2126294087696  : 3.14 <= r3   ❶
2126294087696  : 3.14 <= r12  ❷
2126292623952  : 3.15 <= r4   ❸
2126294087952  : 3.15 <= r12  ❹
```

❶ r3 변수는 3.14 값을 가진 실수 객체를 가리킵니다.

❷ r12 변수가 가리키는 객체의 주소 값은 ❶에 표시된 r3 변수가 가리키는 객체의 주소 값과 같습니다.

❸ r4 변수는 3.15 값을 가진 실수 객체를 가리킵니다.

❹ r12 변수는 3.15 값을 가진 실수 객체를 가리킵니다. r12 변수가 가리키는 객체의 주소 값은 ❸에 표시된 r4 변수가 가리키는 객체의 주소 값과 다릅니다. 즉, 값은 같지만 객체의 주소는 다릅니다. 같은 값을 가진 서로 다른 객체라면 주소 값은 다를 수도 있습니다.

05-7 변수 값 변경해 보기

여기서는 하나의 변수를 여러 가지 값으로 변경해 보면서 변수의 동작을 살펴봅니다.

01 다음과 같이 예제를 작성합니다.

```
__05_variable_7.py
01 : class Coffee:
02 :     pass
03 :
04 : r13 =3
05 : print(id(r13), ":", r13, "<= r13")
06 : r13 =4
07 : print(id(r13), ":", r13, "<= r13")
08 : r13 =3.14
09 : print(id(r13), ":", r13, "<= r13")
10 : r13 =3.15
11 : print(id(r13), ":", r13, "<= r13")
12 : r13 =True
13 : print(id(r13), ":", r13, "<= r13")
14 : r13 =False
15 : print(id(r13), ":", r13, "<= r13")
16 : r13 ="Hello"
17 : print(id(r13), ":", r13, "<= r13")
18 : r13 =[1,2,3,4]
19 : print(id(r13), ":", r13, "<= r13")
20 : r13 =Coffee()
21 : print(id(r13), ":", r13, "<= r13")
22 : r13 =Coffee
23 : print(id(r13), ":", r13, "<= r13")
```

01, 02 : Coffee 클래스를 정의합니다.

04 : r13 변수를 생성한 후, 정수 객체 3으로 초기화합니다.

05 : r13의 주소를 출력합니다. r13은 3 값을 가진 객체를 가리키고 있으며, 3 값 객체의 이름입니다. 여기서는 r13이 가리키는 3 값을 가진 정수 객체의 주소를 출력합니다.

06 : r13 변수를 정수 객체 4를 가리키게 바꿉니다.

07 : r13의 주소를 출력합니다. 현재 r13은 4 값을 가진 객체를 가리키고 있으며, 4 값 객체의 이름입니다. 여기서는 r13이 가리키는 4 값을 가진 정수 객체의 주소를 출력합니다.

08 : r13 변수를 실수 객체 3.14를 가리키게 바꿉니다.

09 : r13의 주소를 출력합니다. 현재 r13은 3.14 값을 가진 객체를 가리키고 있으며, 3.14 값 객체의 이름입니다. 여기서는 r13이 가리키는 3.14 값을 가진 실수 객체의 주소를 출력합니다.

10 : r13 변수를 실수 객체 3.15를 가리키게 바꿉니다.

11 : r13의 주소를 출력합니다. 현재 r13은 3.15 값을 가진 객체를 가리키고 있으며, 3.15 값 객체의 이름입니다. 여기서는 r13이 가리키는 3.15 값을 가진 실수 객체의 주소를 출력합니다.

12 : r13 변수를 부울 객체 True를 가리키게 바꿉니다.

13 : r13의 주소를 출력합니다. 현재 r13은 True 값을 가진 객체를 가리키고 있으며, True 값 객체의 이름입니다. 여기
서는 r13이 가리키는 True 값을 가진 부울 객체의 주소를 출력합니다.

14 : r13 변수를 부울 객체 False를 가리키게 바꿉니다.

15 : r13의 주소를 출력합니다. 현재 r13은 False 값을 가진 객체를 가리키고 있으며, False 값 객체의 이름입니다. 여
기서는 r13이 가리키는 False 값을 가진 부울 객체의 주소를 출력합니다.

16 : r13 변수를 문자열 객체 "Hello"를 가리키게 바꿉니다.

17 : r13의 주소를 출력합니다. 현재 r13은 "Hello" 값을 가진 객체를 가리키고 있으며, "Hello" 값 객체의 이름입니다. 여
기서는 r13이 가리키는 "Hello" 값을 가진 문자열 객체의 주소를 출력합니다.

18 : r13 변수를 목록 객체 [1,2,3,4]를 가리키게 바꿉니다.

19 : r13의 주소를 출력합니다. 현재 r13은 [1,2,3,4] 값을 가진 객체를 가리키고 있으며, [1,2,3,4] 값 객체의 이름입니다.
여기서는 r13이 가리키는 [1,2,3,4] 값을 가진 목록 객체의 주소를 출력합니다.

20 : r13 변수를 Coffee 객체를 가리키게 바꿉니다.

21 : r13 객체의 주소를 출력합니다. 현재 r13은 Coffee 객체를 가리키고 있으며, Coffee 객체의 이름입니다. 여기서는
r13이 가리키는 Coffee 객체의 주소를 출력합니다.

22 : r13 변수를 Coffee 클래스를 가리키게 바꿉니다.

23 : r13 클래스의 주소를 출력합니다. 현재 r13은 Coffee 클래스를 가리키고 있으며, Coffee 클래스의 이름입니다. 여
기서는 r13이 가리키는 Coffee 클래스의 주소를 출력합니다.

02 프로그램을 실행시켜 결과를 확인합니다.

```
140725225159808 : 3 <= r13 ❶
140725225159840 : 4 <= r13 ❷
2361768605712 : 3.14 <= r13 ❸
2361767137872 : 3.15 <= r13 ❹
140725224657424 : True <= r13 ❺
140725224657456 : False <= r13 ❻
2361769288048 : Hello <= r13 ❼
2361762476936 : [1, 2, 3, 4] <= r13 ❽
2361768919752 : <__main__.Coffee object at 0x00000225E465C2C8> <= r13 ❾
2361765013416 : <class '__main__.Coffee'> <= r13 ❿
```

❶ r13 변수는 3 값을 가진 정수 객체를 가리킵니다.

❷ r13 변수는 4 값을 가진 정수 객체를 가리킵니다.

❸ r13 변수는 3.14 값을 가진 실수 객체를 가리킵니다.

❹ r13 변수는 3.15 값을 가진 실수 객체를 가리킵니다.

❺ r13 변수는 True 값을 가진 진리 값 객체를 가리킵니다.

❻ r13 변수는 False 값을 가진 진리 값 객체를 가리킵니다.

❼ r13 변수는 "Hello" 문자열 값을 가진 문자열 객체를 가리킵니다.

❽ r13 변수는 [1,2,3,4] 값을 가진 목록 객체를 가리킵니다.

❾ r13 변수는 빈값을 가진 Coffee 객체를 가리킵니다.

❿ r13 변수는 Coffee 클래스를 가리킵니다.

다음 그림은 변수 값 변경시의 변수의 내부 동작을 나타냅니다.

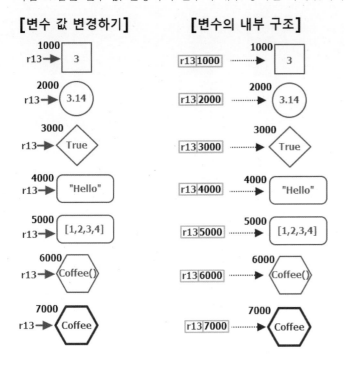

[변수 값 변경하기]

[변수의 내부 구조]

이와 같이 변수는 그 값을 바꾸면 가리키는 객체가 바뀌게 됩니다.

Barista

Python

여기서는 바리스타 기능을 하는 파이썬 프로그램을 작성해 봅니다. 그 과정에서 프로그램 작성에 필요한 파이썬 언어의 구성 요소를 살펴보고 이해하고 활용할 수 있도록 합니다. 첫 번째로 while, if, break 문을 사용해보고, 그 역할을 정리하며 이해해 봅니다. 두 번째로 목록, for~in 문을 사용해 보고, 그 역할을 정리하며 이해해 봅니다. 세 번째로 목록, 튜플, 제너레이터에 대해 살펴보고 이해해 봅니다.

Chapter 03

바리스타 프로그램 만들며 실력 키우기

01 _ 파이썬 기초 다지기

여기서는 바리스타 프로그램의 기능을 정의하고, print 함수, while True, try~except 문, 주석, input 함수, if~elif~else 문, break 문을 사용해 봅니다. 또, 바리스타 프로그램의 어떤 부분에서 이러한 요소들이 사용되는지 살펴보고 이해해 보도록 합니다. 그래서 다른 프로그램 작성 시 이러한 요소들을 활용할 수 있도록 합니다.

01-1 프로그램 기능 정의하기

먼저 바리스타 프로그램의 기능을 정의해 봅니다. 바리스타 프로그램은 다음의 메뉴를 주문하고 만들 수 있습니다.

❶ 아메리카노
❷ 카페라떼
❸ 에스프레소

01-2 파이썬의 화면 출력 : print

화면 출력은 사용자에게 프로그램의 진행 상태를 알려주는 중요한 기능입니다. 화면 출력은 print 함수를 이용하여 할 수 있습니다.

01 다음과 같이 예제를 작성합니다.

_06_barista.py

```
01 : print("스타벅스에 오신걸 환영합니다~")
```

01 : 화면 출력은 print 함수를 이용합니다. 문자열은 이중 인용 부호 또는 단일 인용 부호 내에 둡니다.

02 프로그램을 실행시켜 결과를 확인합니다.

스타벅스에 오신걸 환영합니다~

01-3 프로그램의 지속 실행 : while True

while True 문은 파이썬 프로그램이 계속해서 실행되도록 합니다. 즉, 사용자가 프로그램을 종료할 때까지 프로그램은 계속 수행됩니다.

01 다음과 같이 예제를 작성합니다.

_06_barista_2.py

```
01 : print("스타벅스에 오신걸 환영합니다~")
02 :
03 : while True:
04 :     print("저는 열심히 일하고 있습니다~")
```

03, 04 : while True 문은 : 이하 한 칸 이상의 들여쓰기의 동작을 무한 반복합니다. 대부분의 프로그램은 사용자가 종료하기 전까지 무한 반복을 수행합니다. 파이썬에서 무한 반복의 동작은 while True 문에 의해서 가능합니다.

02 프로그램을 실행시켜 결과를 확인합니다.

```
저는 열심히 일하고 있습니다~
저는 열심히 일하고 있습니다~
저는 열심히 일하고 있습니다~
저는 열심히 일하고 있습니다~
저는 열심히 일하고 있습니다~
```

03 Ctrl + C 키를 눌러 종료시킵니다. 다음과 같은 메시지가 뜹니다.

```
Traceback (most recent call last):
  File "C:\Users\edu\AppData\Local\Programs\Python\Python38\Labs\_06_barista_2.py", line 4, in <module>
    print("저는 열심히 일하고 있습니다~")
KeyboardInterrupt
>>>
```

작성한 파이썬 프로그램의 ❶ 4 번 줄을 수행하는 도중에 ❷ KeyboardInterrupt가 발생했다는 메시지입니다.

01-4 예외 처리 : try~except

이전 예제의 경우 try~except 문을 이용하여 예외 처리를 해 주면 오류 메시지가 발생하지 않습니다. try~except 문은 프로그램의 정상적 수행과 수행 중 발생할 수 있는 오류를 분리해 코드에 대한 가독성을 높이는 역할을 합니다. try 문 이하에 정상적 수행을 위한 루틴을 except 문 이하에 오류에 대한 처리를 모아놓습니다.

01 다음과 같이 예제를 작성합니다.

_06_barista_3.py

```
01 : print("스타벅스에 오신걸 환영합니다~")
02 :
03 : try:
04 :     while True:
05 :         print("저는 열심히 일하고 있습니다~")
06 :
07 : except KeyboardInterrupt:
08 :     print("Ctrl+C pressed!")
```

03~05 : try 문 이하를 수행하다가 예외가 발생하면
07, 08 : except에서 해당 예외에 대한 처리를 합니다.

02 프로그램을 실행시켜 결과를 확인합니다. ctrl+c 키를 눌러 종료시킵니다. 다음과 같이 출력됩니다.

```
Ctrl+C pressed!
```

※ 이 예제는 try~except 문을 소개하는 예제입니다. 일반적으로 파이썬 프로그램을 작성할 때는 try~except 문을 사용하여 오류를 처리하도록 합니다. 이후에는 예제를 단순하게 하기 위해 try~except 문을 뺀 상태로 예제를 작성하도록 합니다.
※ 예외의 종류가 2개 이상일 경우엔 try~except~except와 같이 except 문을 2개 이상 이용하여 처리할 수 있습니다.

01-5 작업 순서 정하기 : 주석

여기서는 일반적인 파이썬 프로그램의 작업 순서를 살펴봅니다. 일반적으로 프로그램의 작업 순서는 다음과 같습니다.

1단계	사용자에게 프로그램이 수행할 수 있는 메뉴를 보여줍니다.
2단계	사용자로부터 메뉴 선택을 받습니다.
3단계	선택한 메뉴에 대한 처리를 수행합니다.

01 다음과 같이 예제를 수정합니다.

```
_06_barista_4.py

01 : while True:
02 :     # 메뉴 보여주기
03 :     # 주문 받기
04 :     # 주문 처리하기
```

02~04 : 예제에서는 주석 문을 이용하여 작업 순서를 설명하고 있습니다. 파이썬에서 주석은 한 줄 주석과 여러 줄 주석이 있습니다. 한 줄 주석은 #주석내용, 여러 줄 주석은 "주석내용" 또는 """주석내용""" 과 같습니다.

02 프로그램을 실행시켜 결과를 확인합니다. 다음과 같이 오류가 발생합니다.

예상지 않게 파일이 끝나서 문법 오류가 발생합니다. while True 문에 하위 문장이 없기 때문에 발생하는 오류입니다. 하위 문장을 추가하면 오류 메시지가 없어집니다. EOF는 End Of File의 약자로 파일의 끝이라는 의미입니다.

여러 줄 주석

다음은 여러 줄 주석의 예입니다. 단일 인용부호 3개를 사용합니다.

```
01 : while True:
02 :     '''메뉴 보여주기
03 :     주문 받기
04 :     주문 처리하기'''
```

다음은 이중 인용부호 3개를 사용한 여러 줄 주석의 예입니다.

```
01 : while True:
02 :     """메뉴 보여주기
03 :     주문 받기
04 :     주문 처리하기"""
```

01-6 메뉴 보여주기 : print

이제 메뉴를 화면에 보여주도록 합니다. 메뉴는 다음과 같이 구성됩니다.

❶ 아메리카노
❷ 카페라떼
❸ 에스프레소

01 다음과 같이 예제를 수정합니다.

```
_06_barista_5.py

1 : while True:
2 :     # 메뉴 보여주기
3 :     print("==<< 메뉴 >>==")
4 :     print("1. 아메리카노")
5 :     print("2. 카페라떼")
6 :     print("3. 에스프레소")
7 :
8 :     # 주문 받기
9 :     # 주문 처리하기
```

03~06 : 화면 출력은 print 함수를 이용합니다.

02 프로그램을 실행시켜 결과를 확인합니다. 다음과 같은 메뉴가 반복해서 출력됩니다.

```
==<< 메뉴 >>==
1. 아메리카노
2. 카페라떼
3. 에스프레소
==<< 메뉴 >>==
1. 아메리카노
2. 카페라떼
3. 에스프레소
```

01-7 사용자 입력 받기 : input

메뉴를 보여주었다면 사용자로부터 입력을 받도록 합니다. 사용자 입력은 사용자로부터 받는 명령입니다.

01 다음과 같이 예제를 수정합니다.

```
_06_barista_6.py
01 : while True:
02 :     # 메뉴 보여주기
03 :     print("==<< 메뉴 >>==")
04 :     print("1. 아메리카노")
05 :     print("2. 카페라떼")
06 :     print("3. 에스프레소")
07 :
08 :     # 주문 받기
09 :     order = input("무엇을 주문하시겠어요? ")
10 :     print(order, "주문하셨습니다.")
11 :
12 :     # 주문 처리하기
```

09 : 사용자 입력은 input 함수를 사용할 수 있습니다. input 함수는 키보드로부터 한 줄을 읽습니다. 한 줄은 엔터키를 이용하여 구분하게 됩니다. 여기서는 숫자 키를 이용하여 메뉴의 번호를 입력합니다.

10 : print 함수에 쉼표(,)를 사용하면 스페이스로 대체되어 출력됩니다.

※ 파이썬 2.7에서는 raw_input 함수를 사용합니다.

02 프로그램을 실행시켜 결과를 확인합니다. 다음과 같이 사용자 입력을 기다립니다.

```
==<< 메뉴 >>==
1. 아메리카노
2. 카페라떼
3. 에스프레소
무엇을 주문하시겠어요? |
```

차례대로 1, 2, 3을 입력해 봅니다. 아래와 같이 표시되는 것을 확인합니다.

출력할 내용은 다음과 같이 변경할 수도 있습니다.

```
08 :     # 주문 받기
09 :     order = input("무엇을 주문하시겠어요? ")
10 :     print("%s 주문하셨습니다." %order)
```

또는 다음과 같이 변경할 수도 있습니다.

```
08 :     # 주문 받기
09 :     order =int(input("무엇을 주문하시겠어요? "))
10 :     print("%d 주문하셨습니다." %order)
```

input 함수는 문자열을 돌려주며 int 클래스를 이용하여 정수로 변경할 수 있습니다. 이 경우 order 변수는 정수 값을 갖게 됩니다.

01-8 사용자 입력 처리 : if~elif~else

이제 사용자 입력을 처리해보도록 합니다. 사용자 입력에 대한 처리는 if~elif~else 문을 이용합니다.

01 다음과 같이 예제를 수정합니다.

_06_barista_7.py
```
01 : while True:
02 :     # 메뉴 보여주기
03 :     print("=<< 메뉴 >>=")
04 :     print("1. 아메리카노")
05 :     print("2. 카페라떼")
06 :     print("3. 에스프레소")
07 :
```

```
08 :        # 주문 받기
09 :        order = input("무엇을 주문하시겠어요? ")
10 :        print(order, "주문하셨습니다.")
11 :
12 :        # 주문 처리하기
13 :        if order =="1":
14 :            print("아메리카노를 만들고 있습니다~")
15 :        elif order =="2":
16 :            print("카페라떼를 만들고 있습니다~")
17 :        elif order =="3":
18 :            print("에스프레소를 만들고 있습니다~")
19 :        else:
20 :            print("다시 주문해주세요~")
```

13~20 : 사용자 입력 처리는 if~elif~else 문이 적당합니다.

13 : order 값이 "1"과 같으면

14 : "아메리카노를 만들고 있습니다~"를 출력하고,

15 : 그렇지 않고 order 값이 "2"와 같으면

16 : "카페라떼를 만들고 있습니다~"를 출력하고,

17 : 그렇지 않고 order 변수 값이 "3"과 같으면

18 : "에스프레소를 만들고 있습니다~"를 출력하고,

19 : 그렇지 않으면

20 : "다시 주문해주세요~"를 출력합니다.

※ ==는 비교 연산자라고 하며 오른쪽에 있는 값이 왼쪽에 있는 값과 똑같은지를 비교하는 연산자입니다. 주로 if~elif~else 문과 while 문과 같이 사용합니다.

02 프로그램을 실행시켜 결과를 확인합니다. 차례대로 1, 2, 3, 4를 입력해 봅니다. 아래와 같이 표시되는 것을 확인합니다.

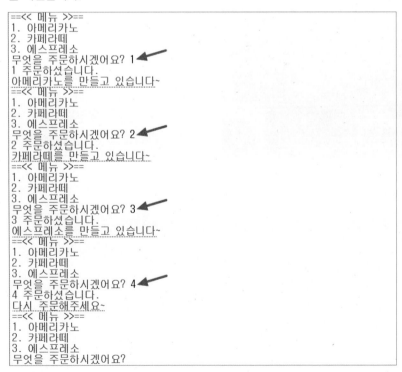

01-9 프로그램 종료 : if, break

이제 프로그램을 종료시켜 봅니다. 여기서는 if, break 문을 사용합니다.

01 다음과 같이 예제를 수정합니다.

```
_06_barista_8.py
01 : while True:
02 :     # 메뉴 보여주기
03 :     print("==<< 메뉴 >>==")
04 :     print("1. 아메리카노")
05 :     print("2. 카페라떼")
06 :     print("3. 에스프레소")
07 :
08 :     # 주문 받기
09 :     order = input("무엇을 주문하시겠어요?(q.종료) ")
10 :     if order =="q":
11 :         print("오늘은 이만! 안녕~")
12 :         break
13 :     print(order, "주문하셨습니다.")
14 :
15 :     # 주문 처리하기
16 :     if order =="1":
17 :         print("아메리카노를 만들고 있습니다~")
18 :     elif order =="2":
19 :         print("카페라떼를 만들고 있습니다~")
20 :     elif order =="3":
21 :         print("에스프레소를 만들고 있습니다~")
22 :     else:
23 :         print("다시 주문해주세요~")
```

10~12 : 주문 변수 값이 "q"이면 break 문을 이용하여 while True: 문 밖으로 나옵니다. break 문은 가장 가까운 while 문 또는 for 문 다음 줄로 나오게 됩니다. 이것을 while 문이나 for 문을 깨고 빠져 나온다고 합니다.

02 프로그램을 실행시켜 결과를 확인합니다. q를 입력해 봅니다. 프로그램이 종료되는 것을 확인합니다.

```
==<< 메뉴 >>==
1. 아메리카노
2. 카페라떼
3. 에스프레소
무엇을 주문하시겠어요?(q.종료) q
오늘은 이만! 안녕~
```

연습문제

손님들이 새로운 메뉴를 원합니다. 다음과 같이 메뉴를 2가지 추가해 봅니다.

```
2 :    # 메뉴 보여주기
3 :    print("==<< 메뉴 >>==")
4 :    print("1. 아메리카노")
5 :    print("2. 카페라떼")
6 :    print("3. 에스프레소")
7 :    print("4. 녹차")
8 :    print("5. 망고쥬스")
```

추가한 메뉴를 처리할 수 있도록 나머지 루틴을 완성해 봅니다. 메뉴 변경에 따라 어떤 부분들이 바뀌는지

살펴봅니다.

해답 소스 파일 경로는 5쪽을 참조합니다.

01-10 중간 결과 파일 (1)

다음은 지금까지 작성한 파일의 내용입니다.

```
_06_barista_8.py
01 : while True:
02 :     # 메뉴 보여주기
03 :     print("=《 메뉴 》=")
04 :     print("1. 아메리카노")
05 :     print("2. 카페라떼")
06 :     print("3. 에스프레소")
07 :
08 :     # 주문 받기
09 :     order = input("무엇을 주문하시겠어요?(q.종료) ")
10 :     if order =="q":
11 :         print("오늘은 이만! 안녕~")
12 :         break
13 :     print(order, "주문하셨습니다.")
14 :
15 :     # 주문 처리하기
16 :     if order =="1":
17 :         print("아메리카노를 만들고 있습니다~")
18 :     elif order =="2":
19 :         print("카페라떼를 만들고 있습니다~")
20 :     elif order =="3":
21 :         print("에스프레소를 만들고 있습니다~")
22 :     else:
23 :         print("다시 주문해주세요~")
```

02 _ while, if, break 정리하기

파이썬 프로그램을 무한 반복하기 위해서는 파이썬의 어떤 키워드가 필요할까요? 파이썬 프로그램이 무한히 실행되기 위해서는 일반적으로 while True 문을 사용합니다. 또 while 문에 의해 무한히 실행되는 동작을 빠져 나가고자 할 경우에 어떤 키워드를 사용해야 할까요? if와 break 문을 사용하여 빠져 나갈 수 있습니다. 여기서는 while 문과 if 문에 대해서 살펴봅니다. 먼저 while 문과 if 문을 사용해 보고 그 역할을 정리해 봅니다.

02-1 while 문 : 계속해서 반복해!

while 문은 주어진 조건이 만족될 때까지 반복적인 동작을 수행할 때 사용합니다. 다음은 파이썬에서 사용하는 while 문의 한 형태로 앞에서 수행했던 while 문의 동작을 10회 반복하는 예제입니다.

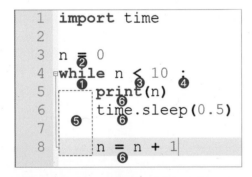

❶ while 문을 나타냅니다.
❷ 조건 변수의 초기 값을 나타냅니다. 즉, n 변수의 초기 값은 0입니다.
❸ 조건을 나타냅니다. 즉, n 변수의 값이 10보다 작아야 ❹ 쌍점 :과 ❺ 한 단계 이상 들여쓰기에 해당하는 ❻ 부분을 수행합니다.
❹ while 조건문의 시작을 나타냅니다.
❺ while 문의 범위를 나타냅니다. 일반적으로 스페이스 4 번 또는 탭 1 번을 이용하여 들여쓰기를 합니다.
❻ while 문에서 반복적으로 실행할 동작을 나타냅니다.

while 문은 뒤에서 살펴볼 for 문에 비해 상대적으로 언제까지 수행될지 모를 때 주로 사용합니다. 예를 들어, 프로그램의 종료는 사용자가 결정하는데 언제 결정할지 모릅니다. 이 때, while 문이 주로 사용됩니다.

02-2 if 문 : 이 경우는 이거해!

위의 예제는 if 문을 이용하여 다음과 같이 변경할 수 있습니다.

```
1   import time
2
3   n = 0
4   while True :
5       print(n)
6       time.sleep(0.5)
7
8       n = n + 1
9       if n >= 10 :
10          break
```

❶ while True는 계속해서라는 의미입니다. 예제에서는 계속해서 ❷ 쌍점 :과 ❸ 한 단계 이상 들여쓰기에 해당하는 부분을 수행합니다. while 문을 빠져 나오는 조건은 ❹ 부분으로 옮겨갑니다. while 문은 상대적으로 언제까지 수행될지 모르기 때문에 while True로 시작한 다음 ❹와 같이 조건을 넣는 것이 생각하기 편합니다. 주의할 점은 앞의 예제의 조건의 반대가 되어야 합니다. 앞의 예제에서는 조건 부분이 n<10이었지만, 현재 예제에서는 n>=10이 됩니다.

❹ if 문을 나타냅니다. 만약이라는 의미입니다.

❺ if 문의 조건을 나타냅니다. ❹와 ❺를 합치면 [만약 n값이 10보다 크거나 같으면]의 의미가 됩니다. n 변수의 값이 10보다 크거나 같으면 ❽을 수행하고 그렇지 않으면 ❽을 수행하지 않습니다.

❻ if 조건문의 시작을 나타냅니다.

❼ if 문의 범위를 나타냅니다. 일반적으로 스페이스 4 번 또는 탭 1 번을 이용하여 들여쓰기를 합니다.

❽ break 문은 반복된 동작을 깨고 나가라는 의미로 예세에서는 while 문을 빠져 나가 11 줄로 가라는 의미입니다.

02-3 while 문 실행해 보기

이제 while 문에 대한 테스트를 수행해 봅니다.

01 다음과 같이 예제를 작성합니다.

```
_07_while.py
01 : import time
02 :
03 : n =0
04 : while n <10 :
05 :     print(n)
06 :     time.sleep(0.5)
07 :
08 :     n =n +1
```

03 : n 변수를 하나 만든 후, 0으로 초기화합니다.

04 : n 변수 값이 10보다 작은 동안에 05~08 줄을 수행합니다.

05 : print 함수를 호출하여 n 값을 화면에 출력합니다.

06 : time 모듈에 있는 sleep 함수를 호출하여 0.5 초간 기다립니다.

08 : n 변수 값을 하나 증가시킵니다. 이 부분을 지날 때마다 n 변수 값이 하나씩 증가합니다.

02 프로그램을 실행시켜 결과를 확인합니다. 0~9까지 0.5초 간격으로 표시됩니다.

02-4 while True 문 실행해 보기

이제 while True 문을 이용한 같은 동작을 수행해 보도록 합니다.

01 다음과 같이 예제를 작성합니다.

```
_07_while_2.py
01 : import time
02 :
03 : n =0
04 : while True :
05 :     print(n)
06 :     time.sleep(0.5)
07 :
08 :     n =n +1
09 :     if n >=10 :
10 :             break
```

03 : n 변수를 하나 만든 후, 0으로 초기화합니다.

04 : while True: 문으로 변경합니다. 이렇게 하면 05~10 줄을 무한 반복합니다.

05 : print 함수를 호출하여 n 값을 화면에 출력합니다.

06 : time 모듈에 있는 sleep 함수를 호출하여 0.5 초간 기다립니다.

08 : n 변수 값을 하나 증가시킵니다. 이 부분을 지날 때마다 n 변수 값이 하나씩 증가합니다.

09 : n 변수 값이 10보다 크거나 같으면(이전 예제의 조건과 반대 조건이 되도록 합니다.)

10 : break 문을 수행하여 while 문을 빠져 나갑니다. break 문은 break 문을 싸고 있는 가장 가까운 반복문을 빠져나갑니다.

02 프로그램을 실행시켜 결과를 확인합니다. 0~9까지 0.5초 간격으로 표시됩니다.

```
0
1
2
3
4
5
6
7
8
9
```

02-5 while 문의 형식

일반적인 while 문의 형식은 아래와 같습니다.

while 문의 시작은 쌍점 :으로 시작하고 들여쓰기를 한 후, 수행할 동작을 작성합니다.

조건에 해당하는 부분에는 비교 문과 논리 문이 올 수 있습니다. 예를 들어 다음과 같은 형태의 문장이 올 수 있습니다.

n>10

n<10

n>=10

n<=10

n==10

n!=10

n>10 and n<20

n>10 or n<5

not n>10

다음과 같은 형태의 문장도 가능합니다.

10 < n < 20

02-6 if 문의 형식

일반적인 if 문의 형식은 아래와 같습니다. 다음은 단순 if 문입니다.

```
1  if condition:          조건문        쌍점
2     들여쓰기 # TODO: write code...
3                    실행문
```

단순 if 문은 조건문에 맞을 때만 실행문 부분을 수행합니다. 조건에 해당하는 부분에는 while 문과 같이 비교 문과 논리 문이 올 수 있습니다.

다음은 if-else 문입니다.

```
1  if condition:          조건문        쌍점
2     들여쓰기 # TODO: write code...
3  else:                        실행문 1
      쌍점
4     들여쓰기 # TODO: write code...
5                            실행문 2
```

if-else 문은 if 조건문에 맞으면 실행문 1 부분을 수행하고 그렇지 않을 경우 실행문 2 부분을 수행합니다. else 문은 if 조건문에 해당하지 않는 나머지 경우에 대해 수행됩니다.

다음은 다중 if 문입니다.

```
1  if condition:          조건문 1        쌍점
2     들여쓰기 # TODO: write code...
3  elif condition:              실행문 1
                    조건문 2        쌍점
4     들여쓰기 # TODO: write code...
5  else:                        실행문 2
      쌍점
6     들여쓰기 # TODO: write code...
                            실행문 3
```

다중 if 문은 조건문 1에 맞으면 실행문 1 부분을 수행하고 그렇지 않고 조건문 2에 맞으면 실행문 2 부분을 수행하고 그렇지 않을 경우 실행문 3 부분을 수행합니다.

if 문에 대해서는 뒤에서 다양하게 사용되며 그 때 다시 살펴보도록 합니다.

02-7 맘스터치 프로그램 작성해보기 (1)

여기서는 맘스터치 프로그램을 작성해 보면서 지금까지 배웠던 내용을 복습해봅니다.

 **MoM's Tuch Program**

다음과 같은 순서로 프로그램을 작성해 봅니다.

❶ moms_touch.py 파일을 하나 생성합니다.

❷ "맘스디치에 오시걸 화영합니다~"리고 출력합니디.

❸ while True: 문을 추가하여 작업을 계속하도록 합니다.

❹ while 문 안에서 "저는 일하고 있습니다~"라고 출력합니다.

❺ while 문 안에 다음 문장을 주석으로 넣습니다.

　　# 메뉴 보여주기

　　# 주문 받기

　　# 주문 처리하기

❻ [# 메뉴 보여주기] 주석 아래에 다음과 같이 메뉴 보여주기를 구현합니다.

　　"=《 메뉴 》="

　　"1. 싸이 버거"

　　"2. 불고기 버거"

　　"3. 새우 버거"

❼ [# 주문 받기] 주석 아래에 주문 받기를 구현합니다.

　　"무엇을 주문하시겠어요? "라고 출력합니다.

　　주문 변수에 사용자 입력을 받습니다.

　　"[주문번호] 주문하셨습니다~"를 출력합니다.

❽ [# 주문 처리하기] 주석 아래 추문 처리하기를 구현합니다.

　　if~elif~else 문을 추가하여

　　1이면 "싸이 버거를 만드는 중입니다~"라고 출력합니다.

　　2이면 "불고기 버거를 만드는 중입니다~"라고 출력합니다.

　　3이면 "새우 버거를 만드는 중입니다~"라고 출력합니다.

　　그 외에는 "다시 주문해 주세요"라고 출력합니다.

❾ if, break 문을 추가하여 작업을 종료합니다.

　　"무엇을 주문하시겠어요? " 문자열을

　　"무엇을 주문하시겠어요?(q. 종료) "로 변경합니다.

　　주문 값이 "q"이면 while 문을 나갑니다.

　　나갈 때는 "오늘은 이만! 안녕~"을 출력합니다.

해답 소스 파일 경로는 5쪽을 참조합니다.

03 _ 파이썬 중급 도약하기

여기서는 함수를 이용하여 프로그램을 정리해보고, 목록과 for 문을 이용하여 메뉴를 일반화해 보고, 함수 참조를 이용하여 처리를 일반화해 봅니다. 또, 바리스타 프로그램의 어떤 부분에서 이러한 요소들이 사용되는지 살펴보고 이해해 보도록 합니다. 그래서 다른 프로그램 작성 시 이러한 요소들을 활용할 수 있도록 합니다.

03-1 프로그램 정리하기 : 함수

지금까지는 파이썬 파일 내에 프로그램의 내용을 모두 작성하였습니다. 프로그램의 내용이 처음보다 복잡해졌습니다. 앞으로 메뉴도 추가되고 주문 처리도 점점 더 복잡해질 텐데요. 여기서는 함수를 이용하여 파이썬 파일을 정리해 봅니다.

함수는 관련된 동작을 순차적으로 묶는 역할을 합니다. 쌍점 :을 이용하여 관련된 동작들을 순차적으로 묶은 후, 이름을 붙입니다. 함수의 기호는 ()을 이용하여 나타냅니다. 함수는 관련된 동작들을 순차적으로 묶어 상위 동작을 만드는 방법입니다. 함수는 값을 받을 수도 있고, 값을 내어줄 수도 있습니다.

주요 함수 추가하기

먼저 필요한 주요 함수를 추가합니다.

01 먼저 다음과 같이 함수를 추가해줍니다.

```python
_08_barista.py
01 : def show_menu():
02 :     return
03 : def get_order():
04 :     return
05 : def process_order(order):
06 :     return
07 :
08 : while True:
09 :     # 메뉴 보여주기
10 :     print("=≪ 메뉴 ≫=")
11 :     print("1. 아메리카노")
12 :     print("2. 카페라떼")
13 :     print("3. 에스프레소")
14 :
15 :     # 주문 받기
16 :     order = input("무엇을 주문하시겠어요?(q.종료) ")
17 :     if order =="q":
18 :         print("오늘은 이만! 안녕~")
19 :         break
20 :     print(order, "주문하셨습니다.")
21 :
22 :     # 주문 처리하기
23 :     if order =="1":
24 :         print("아메리카노를 만들고 있습니다~")
25 :     elif order =="2":
26 :         print("카페라떼를 만들고 있습니다~")
27 :     elif order =="3":
28 :         print("에스프레소를 만들고 있습니다~")
29 :     else:
30 :         print("다시 주문해주세요~")
```

01~06 : show_menu, get_order, process_order 함수를 빈 함수로 정의합니다.

※ 빈 함수란 아무것도 수행하지 않는 함수를 말합니다. 파이썬에서는 return 대신에 pass를 사용할 수도 있습니다. pass는 아무것도 수행하지 않는다는 의미입니다.

02 프로그램을 실행시켜 결과를 확인합니다.

```
==<< 메뉴 >>==
1. 아메리카노
2. 카페라떼
3. 에스프레소
무엇을 주문하시겠어요?(q.종료)
```

차례대로 1, 2, 3, 4, q를 눌러 봅니다. 이전과 같이 동작합니다.

show_menu 함수 완성하고 호출하기

다음은 메뉴를 보여주는 동작들을 묶어 이름을 붙입니다.

01 다음과 같이 예제를 수정합니다.

```
_08_barista_2.py
```

```python
01 : def show_menu():
02 :     print("==<< 메뉴 >>==")
03 :     print("1. 아메리카노")
04 :     print("2. 카페라떼")
05 :     print("3. 에스프레소")
06 :     return
07 : def get_order():
08 :     return
09 : def process_order(order):
10 :     return
11 :
12 : while True:
13 :     # 메뉴 보여주기
14 :     show_menu()
15 :
16 :     # 주문 받기
17 :     order = input("무엇을 주문하시겠어요?(q.종료) ")
18 :     if order =="q":
19 :         print("오늘은 이만! 안녕~")
20 :         break
21 :     print(order, "주문하셨습니다.")
22 :
23 :     # 주문 처리하기
24 :     if order =="1":
25 :         print("아메리카노를 만들고 있습니다~")
26 :     elif order =="2":
27 :         print("카페라떼를 만들고 있습니다~")
28 :     elif order =="3":
29 :         print("에스프레소를 만들고 있습니다~")
30 :     else:
31 :         print("다시 주문해주세요~")
```

01~06 : 메뉴를 보여주는 순차 명령들을 while True: 문에서 가져와 show_menu 함수의 하위 동작으로 만들어 줍니다.

14 : show_menu 함수를 호출합니다. show_menu 함수를 호출하면 파이썬 쉘은 show_menu 함수로 이동해 show_menu 함수의 하위 동작들을 읽으며 수행합니다. show_menu 함수를 다 수행했으면, show_menu 함수 호출 부분 다음 줄로 돌아옵니다.

02 프로그램을 실행시켜 결과를 확인합니다.

```
==<< 메뉴 >>==
1. 아메리카노
2. 카페라떼
3. 에스프레소
무엇을 주문하시겠어요?(q.종료)
```

차례대로 1, 2, 3, 4, q를 눌러 봅니다. 이전과 같이 동작합니다.

get_order 함수 완성하고 호출하기

이번엔 주문을 받는 순차 명령들을 묶는 get_order 함수를 완성합니다.

01 다음과 같이 예제를 수정합니다.

```
_08_barista_3.py
01 : import sys
02 :
03 : def show_menu():
04 :     print("==<< 메뉴 >>==")
05 :     print("1. 아메리카노")
06 :     print("2. 카페라떼")
07 :     print("3. 에스프레소")
08 :     return
09 : def get_order():
10 :     order = input("무엇을 주문하시겠어요?(q.종료) ")
11 :     if order =="q":
12 :         print("오늘은 이만! 안녕~")
13 :         sys.exit(0)
14 :     print(order, "주문하셨습니다.")
15 :     return order
16 : def process_order(order):
17 :     return
18 :
19 : while True:
20 :     # 메뉴 보여주기
21 :     show_menu()
22 :
23 :     # 주문 받기
```

```
24 :     order = get_order()
25 :
26 :     # 주문 처리하기
27 :     if order =="1":
28 :         print("아메리카노를 만들고 있습니다~")
29 :     elif order =="2":
30 :         print("카페라떼를 만들고 있습니다~")
31 :     elif order =="3":
32 :         print("에스프레소를 만들고 있습니다~")
33 :     else:
34 :         print("다시 주문해주세요~")
```

01 : sys 라이브러리를 불러옵니다. 13줄에서 exit 함수를 사용하기 위해 필요합니다. exit 함수는 프로그램을 종료하는 함수입니다.

09~15 : 주문을 받는 순차 명령들을 while True: 문에서 가져와 get_order 함수의 하위 동작으로 만들어 줍니다.

13 : break를 sys 라이브러리의 exit 함수 호출로 수정합니다. exit 함수는 sys 모듈의 하위 함수이므로, 1 줄에 sys를 불러옵니다. break의 경우 가장 가까운 while문을 빠져 나올 때 사용하는데, 함수 내부로 옮겨졌기 때문에 적당하지 않습니다. 함수를 빠져 나오는 단어는 return입니다.

15 : order 값을 내줍니다.

24 : get_order 함수를 호출하여 주문 값을 받아 order 변수에 저장합니다. get_order 함수를 호출하면 파이썬 쉘은 get_order 함수로 이동해 읽으며 수행합니다. get_order 함수를 다 수행했으면 15 줄에서 order 값을 내주면서 get_order 함수를 빠져 나옵니다. 그러면 24 줄에서 order 변수로 받습니다.

02 프로그램을 실행시켜 결과를 확인합니다.

```
==<< 메뉴 >>==
1. 아메리카노
2. 카페라떼
3. 에스프레소
무엇을 주문하시겠어요?(q.종료)
```

차례대로 1, 2, 3, 4, q를 눌러 봅니다. 이전과 같이 동작합니다.

process_order 함수 완성하고 호출하기

마찬가지로 process_order 함수를 완성합니다.

01 다음과 같이 예제를 수정합니다.

_08_barista_4.py

```
01 : import sys
02 :
03 : def show_menu():
04 :     print("==<< 메뉴 >>==")
05 :     print("1. 아메리카노")
```

```
06 :     print("2. 카페라떼")
07 :     print("3. 에스프레소")
08 :     return
09 : def get_order():
10 :     order = input("무엇을 주문하시겠어요?(q.종료) ")
11 :     if order =="q":
12 :         print("오늘은 이만! 안녕~")
13 :         sys.exit(0)
14 :     print(order, "주문하셨습니다.")
15 :     return order
16 : def process_order(order):
17 :     if order =="1":
18 :         print("아메리카노를 만들고 있습니다~")
19 :     elif order =="2":
20 :         print("카페라떼를 만들고 있습니다~")
21 :     elif order =="3":
22 :         print("에스프레소를 만들고 있습니다~")
23 :     else:
24 :         print("다시 주문해주세요~")
25 :     return
26 :
27 : while True:
28 :     # 메뉴 보여주기
29 :     show_menu()
30 :
31 :     # 주문 받기
32 :     order = get_order()
33 :
34 :     # 주문 처리하기
35 :     process_order(order)
```

16~24 : 주문을 처리하는 순차 명령들을 while True: 문에서 가져와 process_order 함수의 하위 동작으로 만들어 줍니다.

35   : process_order 함수를 호출합니다. process_order 함수를 호출하면 파이썬 쉘은 process_order 함수로 이동해 읽으며 수행합니다. process_order 함수를 다 수행했으면, process_order 함수 호출 부분 다음 줄로 돌아옵니다. 여기서는 27 줄로 돌아갑니다. process_order 함수 호출 시 32 줄에서 받은 order 값을 넘겨줍니다.

02 프로그램을 실행시켜 결과를 확인합니다.

```
==<< 메 뉴 >>==
1. 아메리카노
2. 카페라떼
3. 에스프레소
무엇을 주문하시겠어요?(q.종료)
```

차례대로 1, 2, 3, 4, q를 눌러 봅니다. 이전과 같이 동작합니다.

처리 함수 추가하기

이제 실제 메뉴를 처리하는 함수들을 추가합니다. 이 함수들은 process_order 함수에서 호출됩니다.

01 다음과 같이 예제를 수정합니다.

```
_08_barista_5.py
01 : import sys
02 :
03 : def show_menu():
04 :     print("═《 메뉴 》═")
05 :     print("1. 아메리카노")
06 :     print("2. 카페라떼")
07 :     print("3. 에스프레소")
08 :     return
09 : def get_order():
10 :     order = input("무엇을 주문하시겠어요?(q.종료) ")
11 :     if order =="q":
12 :         print("오늘은 이만! 안녕~")
13 :         sys.exit(0)
14 :     print(order, "주문하셨습니다.")
15 :     return order
16 : def make_americano():
17 :     return
18 : def make_cafelatte():
19 :     return
20 : def make_espresso():
21 :     return
22 : def process_order(order):
23 :     if order =="1":
24 :         print("아메리카노를 만들고 있습니다~")
25 :     elif order =="2":
26 :         print("카페라떼를 만들고 있습니다~")
27 :     elif order =="3":
28 :         print("에스프레소를 만들고 있습니다~")
29 :     else:
30 :         print("다시 주문해주세요~")
31 :     return
32 :
33 : while True:
34 :     # 메뉴 보여주기
35 :     show_menu()
36 :
37 :     # 주문 받기
38 :     order = get_order()
39 :
40 :     # 주문 처리하기
41 :     process_order(order)
```

16~21 : process_order 함수 위에 세 함수를 추가합니다. 커피를 만드는 동작을 수행하는 함수입니다.

02 프로그램을 실행시켜 결과를 확인합니다.

```
==<< 메뉴 >>==
1. 아메리카노
2. 카페라떼
3. 에스프레소
무엇을 주문하시겠어요?(q.종료)
```

차례대로 1, 2, 3, 4, q를 눌러 봅니다. 이전과 같이 동작합니다.

처리 함수 구현하고 호출하기

process_order 함수 내부에서 처리하는 각 경우도 구현이 자세해지면 커지는 부분이 되니 함수로 묶어줍니다.

01 다음과 같이 예제를 수정합니다.

```
_08_barista_6.py
01 : import sys
02 :
03 : def show_menu():
04 :     print("==<< 메뉴 >>==")
05 :     print("1. 아메리카노")
06 :     print("2. 카페라떼")
07 :     print("3. 에스프레소")
08 :     return
09 : def get_order():
10 :     order = input("무엇을 주문하시겠어요?(q.종료) ")
11 :     if order =="q":
12 :         print("카페문을 닫습니다. 안녕~")
13 :         sys.exit(0)
14 :     print(order, "주문하셨습니다.")
15 :     return order
16 : def make_americano():
17 :     print("아메리카노를 만들고 있습니다~")
18 :     return
19 : def make_cafelatte():
20 :     print("카페라떼를 만들고 있습니다~")
21 :     return
22 : def make_espresso():
23 :     print("에스프레소를 만들고 있습니다~")
24 :     return
25 : def process_order(order):
26 :     if order =="1":
27 :         make_americano()
```

```
28 :     elif order =="2":
29 :         make_cafelatte()
30 :     elif order =="3":
31 :         make_espresso()
32 :     else:
33 :         print("다시 주문해주세요~")
34 :     return
35 :
36 : while True:
37 :     # 메뉴 보여주기
38 :     show_menu()
39 :
40 :     # 주문 받기
41 :     order = get_order()
42 :
43 :     # 주문 처리하기
44 :     process_order(order)
```

17 : "아메리카노를 만들고 있습니다~"를 출력하는 동작을 process_order 함수에서 가져와 make_americano 함수의 하위 동작으로 만들어 줍니다.

27 : make_americano 함수를 호출합니다.

20 : "카페라떼를 만들고 있습니다~"를 출력하는 동작을 process_order 함수에서 가져와 make_cafelatte 함수의 하위 동작으로 만들어 줍니다.

29 : make_cafelatte 함수를 호출합니다.

23 : "에스프레소를 만들고 있습니다~"를 출력하는 동작을 process_order 함수에서 가져와 make_cafelatte 함수의 하위 동작으로 만들어 줍니다.

31 : make_espresso 함수를 호출합니다.

02 프로그램을 실행시켜 결과를 확인합니다.

```
==<< 메뉴 >>==
1. 아메리카노
2. 카페라떼
3. 에스프레소
무엇을 주문하시겠어요?(q.종료)
```

차례대로 1, 2, 3, 4, q를 눌러 봅니다. 이전과 같이 동작합니다.

03-2 중간 결과 파일 (2)

다음은 지금까지 작성한 파일의 내용입니다.

_08_barista_6.py

```
01 : import sys
02 :
03 : def show_menu():
04 :     print("=《 메뉴 》=")
05 :     print("1. 아메리카노")
06 :     print("2. 카페라떼")
07 :     print("3. 에스프레소")
08 :     return
09 : def get_order():
10 :     order = input("무엇을 주문하시겠어요?(q.종료) ")
11 :     if order =="q":
12 :         print("카페문을 닫습니다. 안녕~")
13 :         sys.exit(0)
14 :     print(order, "주문하셨습니다.")
15 :     return order
16 : def make_americano():
17 :     print("아메리카노를 만들고 있습니다~")
18 :     return
19 : def make_cafelatte():
20 :     print("카페라떼를 만들고 있습니다~")
21 :     return
22 : def make_espresso():
23 :     print("에스프레소를 만들고 있습니다~")
24 :     return
25 : def process_order(order):
26 :     if order =="1":
27 :         make_americano()
28 :     elif order =="2":
29 :         make_cafelatte()
30 :     elif order =="3":
31 :         make_espresso()
32 :     else:
33 :         print("다시 주문해주세요~")
34 :     return
35 :
36 : while True:
37 :     # 메뉴 보여주기
38 :     show_menu()
39 :
40 :     # 주문 받기
41 :     order = get_order()
42 :
43 :     # 주문 처리하기
44 :     process_order(order)
```

03-3 맘스터치 프로그램 작성해보기 (2)

여기서는 맘스터치 프로그램을 작성해 보면서 지금까지 배웠던 내용을 복습해봅니다.

MoM's Tuch Program

다음과 같은 순서로 프로그램을 작성해 봅니다.

❶ 코드 정리를 위하여 함수를 정의하고 호출합니다.
메뉴 보여주기 함수를 정의하고 호출합니다(show_menu).
주문 받기 함수를 정의하고 호출합니다(get_order).
주문 처리하기 함수를 정의하고 호출합니다(process_order).

❷ process_order 함수 내에서도 코드 정리를 위하여 함수를 정의하고 호출합니다.
싸이 버거 만들기 함수를 정의하고 호출합니다(make_thighburger).
불고기 버거 만들기 함수를 정의하고 호출합니다(make_bulgogiburger).
새우 버거 만들기 함수를 정의하고 호출합니다(make_shrimpburger).

해답 소스 파일 경로는 5쪽을 참조합니다.

03-4 메뉴의 일반화 : 목록과 for~in 문

여기서는 show_menu 함수를 이후에 수정하지 않도록 일반화시킵니다. 이 과정에서 목록이 사용됩니다. 목록은 0개 이상의 객체를 순서대로 묶는 집합 객체로 일반적으로 for~in 문을 이용하여 처리하게 됩니다. 목록은 그 항목을 서로 다른 종류의 객체로 구성할 수 있으나 일반적으로 같은 종류의 객체로 구성합니다. 목록은 대괄호 []을 이용하여 표현합니다.

변수 추가하기

먼저 메뉴 문자열을 값으로 갖는 변수를 추가합니다.

01 다음과 같이 예제를 수정합니다.

```
__08_barista_7.py
01 : import sys
02 :
03 : menu_0 ="1. 아메리카노"
04 : menu_1 ="2. 카페라떼"
05 : menu_2 ="3. 에스프레소"
06 : def show_menu():
07 :     print("==《 메뉴 》==")
08 :     print(menu_0)
09 :     print(menu_1)
10 :     print(menu_2)
11 :     return
12~끝줄 : #생략
```

03~06 : 3개의 문자열을 menu_0, menu_1, menu_2 변수로 받습니다.
08~10 : show_menu 함수에서는 menu_0, menu_1, menu_2 변수의 값을 출력합니다.

02 프로그램을 실행시켜 결과를 확인합니다.

```
==《 메뉴 》==
1. 아메리카노
2. 카페라떼
3. 에스프레소
무엇을 주문하시겠어요?(q. 종료)
```

차례대로 1, 2, 3, 4, q를 눌러 봅니다. 이전과 같이 동작합니다.

목록으로 변수 정리하기

앞에서 추가한 변수들은 메뉴의 내용을 담고 있는 변수들입니다. 즉, 같은 성격의 변수들입니다. 여기서는 이 변수들을 묶어 목록으로 정리해 봅니다.

01 다음과 같이 예제를 수정합니다.

```
_08_barista_8.py
01 : import sys
02 :
03 : menu = [
04 :     "1. 아메리카노",
05 :     "2. 카페라떼",
06 :     "3. 에스프레소"
07 : ]
08 : def show_menu():
09 :     print("==《 메뉴 》==")
10 :     print(menu[0])
11 :     print(menu[1])
12 :     print(menu[2])
13 :     return
14~끝줄 : #생략
```

03~07 : []은 목록이란 뜻입니다. 목록이란 여러 개의 객체를 묶을 때 사용합니다. 예제의 경우 문자열 객체가 3개 존재합니다. 3개의 문자열 객체를 menu로 묶었습니다. []은 0 개 이상의 객체를 가진다는 의미입니다.

10~12 : menu 각각의 항목을 출력합니다. 목록의 각 항목을 접근할 때는 대괄호 [] 안에 순서 값을 써 줍니다. 순서는 0 부터 시작합니다.

02 프로그램을 실행시켜 결과를 확인합니다.

```
==《 메뉴 》==
1. 아메리카노
2. 카페라떼
3. 에스프레소
무엇을 주문하시겠어요?(q.종료)
```

차례대로 1, 2, 3, 4, q를 눌러 봅니다. 이전과 같이 동작합니다.

for~in 문으로 동작 정리하기

for~in 문을 이용하여 show_menu 함수를 일반화해봅니다. for~in 문은 목록을 위한 제어문으로 목록에 대한 같은 동작을 정리하는 역할을 합니다.

01 다음과 같이 예제를 수정합니다.

```
08 : def show_menu():
09 :     print("==<< 메뉴 >>==")
10 :     for i in range(3):
11 :         print(menu[i])
12 :     return
```

10, 11 : 3개의 print 문을 for 문을 이용하여 하나로 정리합니다. range(3)은 0이상 3미만의 정수로 0,1,2를 의미합니다.

02 프로그램을 실행시켜 결과를 확인합니다.

```
==<< 메뉴 >>==
1. 아메리카노
2. 카페라떼
3. 에스프레소
무엇을 주문하시겠어요?(q. 종료)
```

차례대로 1, 2, 3, 4, q를 눌러 봅니다. 이전과 같이 동작합니다.

03 메뉴의 길이가 바뀔 경우를 고려하여 다음과 같이 수정합니다.

```
08 : def show_menu():
09 :     print("==<< 메뉴 >>==")
10 :     for i in range(len(menu)):
11 :         print(menu[i])
12 :     return
```

10 : len(menu) 함수를 호출하여 range 클래스의 두 번째 인자에 넣어줍니다. len은 파이썬 쉘 내부 함수입니다. 여기서 len 함수는 목록의 항목 개수를 내어줍니다.

04 프로그램을 실행시켜 결과를 확인합니다.

```
==<< 메뉴 >>==
1. 아메리카노
2. 카페라떼
3. 에스프레소
무엇을 주문하시겠어요?(q. 종료)
```

차례대로 1, 2, 3, 4, q를 눌러 봅니다. 이전과 같이 동작합니다.

for 문에 목록 변수 사용하기

for 문은 목록을 위한 제어문입니다. 따라서 for 문에 목록 변수를 사용할 수 있습니다. 여기서는 for 문의 in 자리에 목록 변수를 사용해 봅니다.

01 다음과 같이 예제를 수정합니다.

```
_08_barista_9_2.py
08 : def show_menu():
09 :     print("==《 메뉴 》==")
10 :     for item in menu:
11 :         print(item)
12 :     return
```

10 : for 문의 in 자리에 목록 변수를 직접 놓습니다.

02 프로그램을 실행시켜 결과를 확인합니다.

```
==《 메뉴 》==
1. 아메리카노
2. 카페라떼
3. 에스프레소
무엇을 주문하시겠어요?(q.종료)
```

차례대로 1, 2, 3, 4, q를 눌러 봅니다. 이전과 같이 동작합니다.

이 예제는 in 자리에 다음과 같이 직접 목록을 놓은 것과 같습니다.

```
08 : def show_menu():
09 :     print("==《 메뉴 》==")
10 :     for item in ["1. 아메리카노","2. 카페라떼","3. 에스프레소"]:
11 :         print(item)
12 :     return
```

튜플 사용해 보기

파이썬에서는 변수를 묶기 위한 방법, 즉, 집합 변수로 목록을 제공합니다. 목록의 경우 항목의 값을 바꿀 수 있습니다. 파이썬에서는 항목의 값을 변경할 수 없는 목록을 제공하는데 이것을 튜플이라고 합니다. 튜플은 항목을 묶기 위해 대괄호 []가 아닌 소괄호 ()를 사용합니다. 항목의 값을 변경할 수 없다는 점을 제외하면 나머지 부분은 목록과 같습니다. 튜플은 우리말로 집합이라는 의미입니다. 여기서는 튜플을 이용하여 메뉴를 구성해 봅니다.

01 다음과 같이 예제를 수정합니다.

```
_08_barista_9_3.py
03 : menu = (
04 :     "1. 아메리카노",
05 :     "2. 카페라떼",
06 :     "3. 에스프레소",
07 : )
```

03~07 : ()은 튜플이란 뜻입니다. 튜플은 소괄호 ()를 이용하여 객체를 묶는 방법인데, 목록과 다른 점은 항목의 값을 변경할 수 없다는 점입니다. 값을 변경하지 않아야 할 경우엔 튜플을 사용하도록 합니다. 튜플은 함수에서 둘 이상의 값을 내어줄 때도 사용하며, 그 값을 변경할 수 없습니다.

02 프로그램을 실행시켜 결과를 확인합니다.

```
==<< 메뉴 >>==
1. 아메리카노
2. 카페라떼
3. 에스프레소
무엇을 주문하시겠어요?(q.종료)
```

차례대로 1, 2, 3, 4, q를 눌러 봅니다. 이전과 같이 동작합니다.

※ 파이썬에서 쉼표로 구분된 값들은 소괄호 ()가 없어도 튜플이 됩니다. 문법적으로 소괄호 ()가 필요한 경우도 있습니다. 실제로 튜플을 만드는 것은 쉼표이며, 소괄호가 아닙니다. 소괄호는 선택적입니다. 즉, 소괄호가 없어도 쉼표만 있으면 튜플을 만들 수 있습니다. 소괄호는 빈 튜플 또는 문법적으로 모호할 경우에 필요합니다. 이런 관점에서 튜플은 함수가 2개 이상의 값을 내어줄 때 그 값을 받기에 적합한 객체입니다. 튜플이 목록과 다른 점은 튜플의 항목은 읽을 수만 있다는 점입니다. 이것은 함수가 내어주는 값의 특징이기도 합니다. 함수가 내어주는 값은 읽는 용도로만 사용합니다. 이상에서 튜플은 함수와 밀접한 관계가 있습니다. 튜플에 대해서는 뒤에서 자세히 살펴봅니다.

사전 사용해 보기

파이썬에서는 집합 변수로 목록, 튜플 외에도 사전을 제공합니다. 사전은 각각의 항목이 키와 값으로 구성되는 순서가 없는 변수의 집합입니다. 각각의 항목은 키를 이용하여 접근할 수 있습니다. 사전은 항목을 묶기 위해 중괄호 {}를 사용합니다.

여기서는 사전을 이용하여 메뉴를 구성해 봅니다.

01 다음과 같이 예제를 수정합니다.

```
_08_barista_10.py
03 : menu = {
04 :     "1" : "아메리카노",
05 :     "2" : "카페라떼",
06 :     "3" : "에스프레소"
07 : }
08 : def show_menu():
```

```
09 :     print("==<< 메뉴 >>==")
10 :     for key in menu:
11 :         print(key+".",menu[key])
12 :     return
```

03~07 : {}은 사전이란 뜻입니다. 사전이란 키를 이용하여 값을 찾을 때 사용합니다. 예제의 경우 키 값 "1"에 "아메리카노" 문자열을 대응시켰습니다.

10, 11 : 사전을 for 문과 같이 사용할 경우 사전의 각 항목은 키 값이 할당됩니다.

02 프로그램을 실행시켜 결과를 확인합니다.

```
==<< 메뉴 >>==
1. 아메리카노
2. 카페라떼
3. 에스프레소
무엇을 주문하시겠어요?(q.종료)
```

차례대로 1, 2, 3, 4, q를 눌러 봅니다. 이전과 같이 동작합니다.

※ 사전의 경우 키 값에 따라 순서대로 출력되지 않을 수 있습니다. 사전을 출력할 경우엔 순서가 임의적이기 때문입니다.

사전 정렬하기

사전을 사용할 경우엔 키를 이용하여 값을 찾기는 쉽지만 순서에 대한 보장이 없습니다. 여기서는 메뉴를 순서대로 출력하는 방법을 소개합니다.

01 다음과 같이 예제를 수정합니다.

_08_barista_10.py
```
03 : menu = {
04 :     "1" : "아메리카노",
05 :     "2" : "카페라떼",
06 :     "3" : "에스프레소"
07 : }
08 : def show_menu():
09 :     print("==<< 메뉴 >>==")
10 :     for key in sorted(menu):
11 :         print(key+".",menu[key])
12 :     return
```

10 : sorted 함수를 이용하여 menu 사전의 키를 정렬시킬 수 있습니다. sorted 함수는 파이썬 쉘 내부 함수입니다.

02 프로그램을 실행시켜 결과를 확인합니다.

```
==<< 메뉴 >>==
1. 아메리카노
2. 카페라떼
3. 에스프레소
무엇을 주문하시겠어요?(q.종료)
```

차례대로 1, 2, 3, 4, q를 눌러 봅니다. 이전과 같이 동작합니다.

03-5 처리 일반화 : 함수 참조

이번엔 주문 처리 함수를 일반화시켜 봅니다. 파이썬에서는 함수의 이름도 변수의 값으로 사용할 수 있습니다.

함수 값 변수 생성하기

먼저 함수의 이름을 값으로 갖는 변수를 생성합니다.

01 다음과 같이 예제를 수정합니다.

```
_09_barista.py
01~19 : #생략
20 : def make_americano():
21 :     print("아메리카노를 만들고 있습니다~")
22 :     return
23 : def make_cafelatte():
```

```
24 :     print("카페라떼를 만들고 있습니다~")
25 :     return
26 : def make_espresso():
27 :     print("에스프레소를 만들고 있습니다~")
28 :     return
29 : recipe_0 = make_americano
30 : recipe_1 = make_cafelatte
31 : recipe_2 = make_espresso
32 : def process_order(order):
33 :     if order =="1":
34 :         recipe_0()
35 :     elif order =="2":
36 :         recipe_1()
37 :     elif order =="3":
38 :         recipe_2()
39 :     else:
40 :         print("다시 주문해주세요~")
41 :     return
42~끝 : #이하 중략
```

29~31 : 위 예제에서 make_americano 함수를 대신하는 변수는 recipe_0이 됩니다. 함수를 대신하는 변수를 사용하면 함수의 이름을 구체적으로 언급하지 않아도 됩니다. 예를 들어, 위의 process_order 함수 내에서 주문이 "1"일 경우 make_americano 함수를 호출합니다. process_order 함수는 recipe_0의 원래 이름이 make_americano인지 몰라도 됩니다.

※ 함수를 대신하는 변수를 이해하기 위해 자연어의 대명사를 살펴봅니다. 예를 들어, 여러분은 집에서는 아들이나 딸이 될 수 있으며, 결혼을 하면 엄마나 아빠가 될 수 있으며, 직장에 가면 대리, 과장, 부장이 될 수 있으며, 대화 시에는 너나 내가 될 수 있습니다. 여기서 사용된 대체 명사들은 모두 여러분을 대신하는 이름이 됩니다. 함수를 대신하는 변수는 정확히는 자연어의 대동사와 같습니다. 위 예제에서 make_americano의 이름으로 recipe_0이라는 이름을 붙인 것과 같습니다. 대명사는 아주 유용합니다. 앞으로 여러분이 누구를 만날지 모르지만 you라는 이름을 사용하면 상대방을 지칭할 수 있습니다. 또 앞으로 어떤 아이가 태어날지 모르지만 새로 태어난 아이에게도 you라는 이름을 사용하면 그 아이와 대화할 수 있습니다.

02 프로그램을 실행시켜 결과를 확인합니다.

```
==<< 메뉴 >>==
1. 아메리카노
2. 카페라떼
3. 에스프레소
무엇을 주문하시겠어요?(q. 종료)
```

차례대로 1, 2, 3, 4, q를 눌러 봅니다. 이전과 같이 동작합니다.

함수 값 목록으로 정리하기

앞에서 추가한 변수들은 함수 값을 담고 있는 변수들입니다. 즉, 같은 성격의 변수들입니다. 여기서는 이 변수들을 묶어 목록으로 정리해 봅니다.

01 다음과 같이 예제를 수정합니다.

```
_09_barista_2.py
29 : recipe = [
30 :     make_americano,
31 :     make_cafelatte,
32 :     make_espresso
33 : ]
34 : def process_order(order):
35 :     if order =="1":
36 :         recipe[0]()
37 :     elif order =="2":
38 :         recipe[1]()
39 :     elif order =="3":
40 :         recipe[2]()
41 :     else:
42 :         print("다시 주문해주세요~")
43 :     return
```

29~33 : recipe 목록을 만들 다음 3개의 함수 이름들으로 초기화합니다. 이렇게 하면 recipe[0], recipe[1], recipe[2]는 차례대로 3개의 함수를 대신하는 변수명이 됩니다.

36, 38, 40 : process_order 함수 내에서 recipe[0], recipe[1], recipe[2]의 이름으로 함수를 호출하고 있습니다.

02 프로그램을 실행시켜 결과를 확인합니다.

```
==<< 메뉴 >>==
1. 아메리카노
2. 카페라떼
3. 에스프레소
무엇을 주문하시겠어요?(q. 종료)
```

차례대로 1, 2, 3, 4, q를 눌러 봅니다. 이전과 같이 동작합니다.

메뉴 처리 동작 일반화하기

여기서는 메뉴를 처리하는 process_order 함수를 일반화해 보도록 합니다.

01 다음과 같이 예제를 수정합니다.

```
_09_barista_3.py
34 : def process_order(order):
35 :     if 1 <=int(order) <=3:
36 :         recipe[int(order)-1]()
37 :     else:
38 :         print("다시 주문해주세요~")
39 :     return
```

35, 36 : 위와 같이 하위 처리 함수 호출 부분을 일반화할 수 있습니다. int(order)에서 int는 order를 정수 값 객체로 변경해줍니다.

02 프로그램을 실행시켜 결과를 확인합니다.

```
==<< 메뉴 >>==
1. 아메리카노
2. 카페라떼
3. 에스프레소
무엇을 주문하시겠어요?(q.종료)
```

차례대로 1, 2, 3, 4, q를 눌러 봅니다. 이전과 같이 동작합니다.

03 메뉴의 길이가 바뀔 경우를 고려하여 다음과 같이 수정합니다.

```
_09_barista_3.py

34 : def process_order(order):
35 :     if 1 <=int(order) <=len(recipe):
36 :         recipe[int(order)-1]()
37 :     else:
38 :         print("다시 주문해주세요~")
39 :     return
```

35 : len 함수를 이용하여 recipe 변수의 크기가 되도록 합니다. len은 파이썬 셸 내부 함수입니다.

04 프로그램을 실행시켜 결과를 확인합니다.

```
==<< 메뉴 >>==
1. 아메리카노
2. 카페라떼
3. 에스프레소
무엇을 주문하시겠어요?(q.종료)
```

차례대로 1, 2, 3, 4, q를 눌러 봅니다. 이전과 같이 동작합니다.

튜플 사용해 보기

위의 예제는 튜플을 이용하여 다음과 같은 형태도 가능합니다.

01 다음과 같이 예제를 수정합니다.

```
_09_barista_3_2.py

29 : recipe = (
30 :     make_americano,
31 :     make_cafelatte,
32 :     make_espresso
33 : )
```

29~33 : 튜플은 소괄호 ()를 이용하여 객체를 묶는 방법인데, 목록과 다른 점은 항목의 값을 변경할 수 없다는 점입니다. 값을 변경하지 않아야 할 경우엔 튜플을 사용하도록 합니다. 튜플은 함수에서 둘 이상의 값을 내어줄 때 사용하며, 그 값을 변경할 수 없습니다.

02 프로그램을 실행시켜 결과를 확인합니다.

```
==<< 메뉴 >>==
1. 아메리카노
2. 카페라떼
3. 에스프레소
무엇을 주문하시겠어요?(q.종료)
```

차례대로 1, 2, 3, 4, q를 눌러 봅니다. 이전과 같이 동작합니다.

사전 사용해 보기

위의 예제는 사전을 이용하여 다음과 같은 형태도 가능합니다.

01 다음과 같이 예제를 수정합니다.

```
_09_barista_4.py
29 : recipe = {
30 :     "1": make_americano,
31 :     "2": make_cafelatte,
32 :     "3": make_espresso
33 : }
34 : def process_order(order):
35 :     func = recipe.get(order)
36 :     if func != None:
37 :         func()
38 :     else:
39 :         print("다시 주문해주세요~")
40 :     return
```

35 : 사전의 함수인 get 함수를 이용하여 항목 값을 얻어내 func 변수에 저장합니다. get 함수의 인자는 키 값이 됩니다. get 함수는 사전에 해당되는 키 값이 없으면 None을 내어줍니다.
36 : func 변수 값이 None이 아니면, 즉, 값이 존재하면
37 : func 변수가 가리키는 함수를 수행합니다.

02 프로그램을 실행시켜 결과를 확인합니다.

```
==<< 메뉴 >>==
1. 아메리카노
2. 카페라떼
3. 에스프레소
무엇을 주문하시겠어요?(q.종료)
```

차례대로 1, 2, 3, 4, q를 눌러 봅니다. 이전과 같이 동작합니다.

03-6 중간 결과 파일 (3)

다음은 지금까지 작성한 파일의 내용입니다.

_09_barista_4.py

```
1 : import sys
2 :
3 : menu = {
4 :     "1" : "아메리카노",
5 :     "2" : "카페라떼",
6 :     "3" : "에스프레소"
7 : }
8 : def show_menu():
9 :     print("==<< 메뉴 >>==")
10 :     for key in sorted(menu):
11 :         print(key+".",menu[key])
12 :     return
13 : def get_order():
14 :     order = input("무엇을 주문하시겠어요?(q.종료) ")
15 :     if order =="q":
16 :         print("오늘은 이만! 안녕~")
17 :         sys.exit(0)
18 :     print(order, "주문하셨습니다.")
19 :     return order
20 : def make_americano():
21 :     print("아메리카노를 만들고 있습니다~")
22 :     return
23 : def make_cafelatte():
24 :     print("카페라떼를 만들고 있습니다~")
25 :     return
26 : def make_espresso():
27 :     print("에스프레소를 만들고 있습니다~")
28 :     return
29 : recipe = {
30 :     "1": make_americano,
31 :     "2": make_cafelatte,
32 :     "3": make_espresso
33 : }
34 : def process_order(order):
35 :     func = recipe.get(order)
36 :     if func != None:
37 :         func()
38 :     else:
39 :         print("다시 주문해주세요~")
40 :     return
41 :
```

```
42 : while True:
43 :     # 메뉴 보여주기
44 :     show_menu()
45 :
46 :     # 주문 받기
47 :     order = get_order()
48 :
49 :     # 주문 처리하기
50 :     process_order(order)
```

03-7 맘스터치 프로그램 작성해보기 (3)

여기서는 맘스터치 프로그램을 작성해 보면서 지금까지 배웠던 내용을 복습해봅니다.

MoM's Tuch Program

다음과 같은 순서로 프로그램을 작성해 봅니다.

❶ show_menu 함수를 일반화합니다.
  햄버거 menu 목록을 만듭니다.
  for 문을 이용하여 menu 목록을 출력합니다.
  menu 목록을 튜플로 바꿉니다.
  menu 튜플을 사전으로 바꿉니다.
  for 문을 이용하여 menu 사전을 출력합니다.

❷ process_order 함수를 일반화합니다.
  햄버거 recipe 목록을 만듭니다.
  if 문을 이용하여 주문에 따라 recipe 함수를 수행합니다.
  recipe 목록을 튜플로 바꿉니다.
  recipe 튜플을 사전으로 바꿉니다.
  사전의 get 함수를 이용하여 주문에 따라 recipe 함수를 얻어와 수행합니다.

해답 소스 파일 경로는 5쪽을 참조합니다.

04 _ 목록, for~in 정리하기

목록과 for~in 문은 일반적으로 같이 사용됩니다. 목록은 일반적으로 같은 성격을 갖는 변수의 집합입니다. 같은 성격의 변수의 집합의 경우 변수 하나 하나에 대해 같은 동작을 수행할 수 있습니다. 이렇게 같은 동작이 반복될 때를 위해 파이썬에서 제공하는 제어문이 for~in 문입니다. 따라서 for~in 문은 목록을 위한 제어문이라고 할 수 있습니다. 여기서는 목록과 for~in 문에 대해서 자세히 살펴봅니다.

04-1 for~in : 여기부터 저기까지 반복해!

for~in 문은 어떤 범위에 있는 변수 하나 하나에 대해 반복적인 동작을 수행할 때 사용합니다. 즉, 일정한 간격으로 같은 동작이 여러 번 반복될 때 사용합니다. 또, 객체의 집합으로 구성된 목록에 대해 반복적인 동작을 수행할 때 사용합니다. 즉, 목록에 있는 객체에 대해 같은 동작이 반복될 때 사용합니다.

다음은 파이썬에서 사용하는 for~in 문의 한 형태입니다.

```
1  import time
2
3  x = [0,1,2,3,4]
              ❶
4
5  for x_m in x :
   ❷    ─❺  ❸ ❹ ❻
6      print(x_m)
   ❼      ❽    ─❾
7      time.sleep(0.5)
```

❶ 대괄호 []는 목록을 나타냅니다. 이 경우 x는 목록 변수가 됩니다.

❷ for 문을 나타냅니다. 파이썬의 for 문은 ❸ in과 같이 사용됩니다.

❹ 변수 목록이 옵니다.

❺ ❹ 자리에 오는 변수 목록의 각 항목을 받는 변수입니다. 즉, x_m은 x 목록의 항목인 0~4 값을 받습니다.

❻ for~in 문의 시작 부분을 나타냅니다.

❼ for~in 문의 범위를 나타냅니다. 일반적으로 스페이스 4 개 또는 탭 1 개를 이용하여 들여쓰기를 합니다.

❽ for~in 문에서 반복적으로 실행할 동작을 나타냅니다. 여기서는 print 함수를 호출하여 ❾ x_m 값을 출력하고 있습니다. x_m은 ❺에 오는 x_m과 같습니다.

위 예제는 다음과 같이 변경할 수 있습니다.

```
1  import time
2
3  for x_m in [0,1,2,3,4] :
4      print(x_m)
5      time.sleep(0.5)
```

즉, for 문의 in 자리에 목록 값이 서섬 오세 됩니다.

for~in 문을 사용하지 않을 경우 앞의 예제는 다음과 같이 작성해야 합니다.

```
1   import time
2
3   x = [0,1,2,3,4]
4
5   print(x[0])
6   time.sleep(0.5)
7   print(x[1])
8   time.sleep(0.5)
9   print(x[2])
10  time.sleep(0.5)
11  print(x[3])
12  time.sleep(0.5)
13  print(x[4])
14  time.sleep(0.5)
```

x[0]~x[4]까지 print 함수를 이용하여 출력합니다. x[0]~x[4]까지는 개수가 많지 않으므로 위와 같이 스크립트를 작성할 수 있지만 x[0]~x[99], x[0]~x[999], x[0]~x[9999]까지 등의 목록의 범위가 되면 for 문은 반드시 필요해집니다.

04-2 range 사용하기

앞의 예제를 range 클래스를 사용할 경우 다음과 같이 변경할 수 있습니다.

```
1  import time
2
3  x = [0,1,2,3,4]
4
5  for m in range(0,5) :
6      print(x[m])
7      time.sleep(0.5)
```

range는 정수의 범위를 나타내는 클래스입니다. 위 예제의 경우 0보다 크거나 같고 5보다 작은 정수가 됩니다. 즉, 0, 1, 2, 3, 4 정수가 되며 이 정수가 x 목록의 색인으로 사용됩니다. 즉, m에는 0, 1, 2, 3, 4가 차례대로 입력되어 x[0], x[1], x[2], x[3], x[4] 항목이 차례대로 출력됩니다.

04-3 for~in 문 실행해 보기

이제 for 문에 대한 테스트를 수행해 봅니다.

01 다음과 같이 예제를 작성합니다.

```
_10_for_in.py
01 : import time
02 :
03 : x = [0,1,2,3,4]
04 :
05 : for x_m in x :
06 :     print(x_m)
07 :     time.sleep(0.5)
```

02 프로그램을 실행시켜 결과를 확인합니다. 0~4까지 0.5초 간격으로 표시됩니다.

```
0
1
2
3
4
```

03 다음과 같이 예제를 수정합니다.

```
_10_for_in_2.py
01 : import time
02 :
03 : for x_m in [0,1,2,3,4] :
04 :     print(x_m)
05 :     time.sleep(0.5)
```

04 프로그램을 실행시켜 결과를 확인합니다. 이전과 마찬가지로 0~4까지 0.5초 간격으로 표시됩니다.

```
0
1
2
3
4
```

05 다음과 같이 예제를 수정합니다.

```
_10_for_in_3.py
01 : import time
02 :
03 : x = [0,1,2,3,4]
04 :
05 : for m in range(0,5) :
06 :     print(x[m])
07 :     time.sleep(0.5)
```

06 프로그램을 실행시켜 결과를 확인합니다. 0~4까지 0.5초 간격으로 표시됩니다.

```
0
1
2
3
4
```

04-4 큰 목록 초기화 방법

항목의 개수가 많은 목록은 어떻게 초기화해야 할까요? 예를 들어, 항목의 개수가 500개이고 각각의 항목에 0~499로 초기화하고자 할 경우에 어떻게 해야 할까요? 여기서는 항목의 개수가 많은 목록에 대한 초기화 방법을 살펴봅니다.

01 다음과 같이 예제를 작성합니다.

```
_10_for_in_4.py
01 : x = []
02 : for m in range(0,500):
03 :     x.append(m)
04 :
05 : print(x)
```

01 : x 변수를 생성한 후, 빈 목록으로 초기화합니다.

02 : 0~499에 대하여

03 : x 목록에 대하여 append 함수를 호출하여 0~499 값을 차례대로 채워 넣습니다. append 함수는 목록에 사용하는 함수로 항목을 채워 넣을 때 사용합니다.

05 : print 함수를 호출하여 x 값을 출력합니다.

02 프로그램을 실행시켜 결과를 확인합니다. 그러면 다음과 같이 0~499 값을 갖는 목록이 출력됩니다.

```
[0, 1, 2, 3, 4, 5, 6, 7, 8, 9, 10, 11, 12, 13, 14, 15, 16, 17, 18, 19, 20, 21, 2
2, 23, 24, 25, 26, 27, 28, 29, 30, 31, 32, 33, 34, 35, 36, 37, 38, 39, 40, 41, 4
2, 43, 44, 45, 46, 47, 48, 49, 50, 51, 52, 53, 54, 55, 56, 57, 58, 59, 60, 61, 6
2, 63, 64, 65, 66, 67, 68, 69, 70, 71, 72, 73, 74, 75, 76, 77, 78, 79, 80, 81, 8
2, 83, 84, 85, 86, 87, 88, 89, 90, 91, 92, 93, 94, 95, 96, 97, 98, 99, 100, 101,
102, 103, 104, 105, 106, 107, 108, 109, 110, 111, 112, 113, 114, 115, 116, 117,
118, 119, 120, 121, 122, 123, 124, 125, 126, 127, 128, 129, 130, 131, 132, 133,
134, 135, 136, 137, 138, 139, 140, 141, 142, 143, 144, 145, 146, 147, 148, 149,
150, 151, 152, 153, 154, 155, 156, 157, 158, 159, 160, 161, 162, 163, 164, 165,
166, 167, 168, 169, 170, 171, 172, 173, 174, 175, 176, 177, 178, 179, 180, 181,
182, 183, 184, 185, 186, 187, 188, 189, 190, 191, 192, 193, 194, 195, 196, 197,
198, 199, 200, 201, 202, 203, 204, 205, 206, 207, 208, 209, 210, 211, 212, 213,
214, 215, 216, 217, 218, 219, 220, 221, 222, 223, 224, 225, 226, 227, 228, 229,
230, 231, 232, 233, 234, 235, 236, 237, 238, 239, 240, 241, 242, 243, 244, 245,
246, 247, 248, 249, 250, 251, 252, 253, 254, 255, 256, 257, 258, 259, 260, 261,
262, 263, 264, 265, 266, 267, 268, 269, 270, 271, 272, 273, 274, 275, 276, 277,
278, 279, 280, 281, 282, 283, 284, 285, 286, 287, 288, 289, 290, 291, 292, 293,
294, 295, 296, 297, 298, 299, 300, 301, 302, 303, 304, 305, 306, 307, 308, 309,
310, 311, 312, 313, 314, 315, 316, 317, 318, 319, 320, 321, 322, 323, 324, 325,
326, 327, 328, 329, 330, 331, 332, 333, 334, 335, 336, 337, 338, 339, 340, 341,
342, 343, 344, 345, 346, 347, 348, 349, 350, 351, 352, 353, 354, 355, 356, 357,
358, 359, 360, 361, 362, 363, 364, 365, 366, 367, 368, 369, 370, 371, 372, 373,
374, 375, 376, 377, 378, 379, 380, 381, 382, 383, 384, 385, 386, 387, 388, 389,
390, 391, 392, 393, 394, 395, 396, 397, 398, 399, 400, 401, 402, 403, 404, 405,
406, 407, 408, 409, 410, 411, 412, 413, 414, 415, 416, 417, 418, 419, 420, 421,
422, 423, 424, 425, 426, 427, 428, 429, 430, 431, 432, 433, 434, 435, 436, 437,
438, 439, 440, 441, 442, 443, 444, 445, 446, 447, 448, 449, 450, 451, 452, 453,
454, 455, 456, 457, 458, 459, 460, 461, 462, 463, 464, 465, 466, 467, 468, 469,
470, 471, 472, 473, 474, 475, 476, 477, 478, 479, 480, 481, 482, 483, 484, 485,
486, 487, 488, 489, 490, 491, 492, 493, 494, 495, 496, 497, 498, 499]
```

04-5 목록 안에서 for~in 문 사용하기

파이썬에서는 목록 안에서 for 문을 사용할 수 있습니다. 이렇게 하면 항목이 많은 목록을 쉽게 초기화할 수 있습니다.

01 다음과 같이 예제를 수정합니다.

```
01 : y = [ n for n in range(0,500) ]
02 :
03 : print(y)
```

01 : y 변수를 생성하여, 0~499인 n을 목록으로 초기화합니다.
03 : print 함수를 호출하여 y 값을 출력합니다.

02 프로그램을 실행시켜 결과를 확인합니다. 그러면 다음과 같이 0~499 값을 갖는 목록이 출력됩니다.

```
[0, 1, 2, 3, 4, 5, 6, 7, 8, 9, 10, 11, 12, 13, 14, 15, 16, 17, 18, 19, 20, 21, 2
2, 23, 24, 25, 26, 27, 28, 29, 30, 31, 32, 33, 34, 35, 36, 37, 38, 39, 40, 41, 4
2, 43, 44, 45, 46, 47, 48, 49, 50, 51, 52, 53, 54, 55, 56, 57, 58, 59, 60, 61, 6
2, 63, 64, 65, 66, 67, 68, 69, 70, 71, 72, 73, 74, 75, 76, 77, 78, 79, 80, 81, 8
2, 83, 84, 85, 86, 87, 88, 89, 90, 91, 92, 93, 94, 95, 96, 97, 98, 99, 100, 101,
102, 103, 104, 105, 106, 107, 108, 109, 110, 111, 112, 113, 114, 115, 116, 117,
118, 119, 120, 121, 122, 123, 124, 125, 126, 127, 128, 129, 130, 131, 132, 133,
134, 135, 136, 137, 138, 139, 140, 141, 142, 143, 144, 145, 146, 147, 148, 149,
150, 151, 152, 153, 154, 155, 156, 157, 158, 159, 160, 161, 162, 163, 164, 165,
166, 167, 168, 169, 170, 171, 172, 173, 174, 175, 176, 177, 178, 179, 180, 181,
182, 183, 184, 185, 186, 187, 188, 189, 190, 191, 192, 193, 194, 195, 196, 197,
198, 199, 200, 201, 202, 203, 204, 205, 206, 207, 208, 209, 210, 211, 212, 213,
214, 215, 216, 217, 218, 219, 220, 221, 222, 223, 224, 225, 226, 227, 228, 229,
230, 231, 232, 233, 234, 235, 236, 237, 238, 239, 240, 241, 242, 243, 244, 245,
246, 247, 248, 249, 250, 251, 252, 253, 254, 255, 256, 257, 258, 259, 260, 261,
262, 263, 264, 265, 266, 267, 268, 269, 270, 271, 272, 273, 274, 275, 276, 277,
278, 279, 280, 281, 282, 283, 284, 285, 286, 287, 288, 289, 290, 291, 292, 293,
294, 295, 296, 297, 298, 299, 300, 301, 302, 303, 304, 305, 306, 307, 308, 309,
310, 311, 312, 313, 314, 315, 316, 317, 318, 319, 320, 321, 322, 323, 324, 325,
326, 327, 328, 329, 330, 331, 332, 333, 334, 335, 336, 337, 338, 339, 340, 341,
342, 343, 344, 345, 346, 347, 348, 349, 350, 351, 352, 353, 354, 355, 356, 357,
358, 359, 360, 361, 362, 363, 364, 365, 366, 367, 368, 369, 370, 371, 372, 373,
374, 375, 376, 377, 378, 379, 380, 381, 382, 383, 384, 385, 386, 387, 388, 389,
390, 391, 392, 393, 394, 395, 396, 397, 398, 399, 400, 401, 402, 403, 404, 405,
406, 407, 408, 409, 410, 411, 412, 413, 414, 415, 416, 417, 418, 419, 420, 421,
422, 423, 424, 425, 426, 427, 428, 429, 430, 431, 432, 433, 434, 435, 436, 437,
438, 439, 440, 441, 442, 443, 444, 445, 446, 447, 448, 449, 450, 451, 452, 453,
454, 455, 456, 457, 458, 459, 460, 461, 462, 463, 464, 465, 466, 467, 468, 469,
470, 471, 472, 473, 474, 475, 476, 477, 478, 479, 480, 481, 482, 483, 484, 485,
486, 487, 488, 489, 490, 491, 492, 493, 494, 495, 496, 497, 498, 499]
```

※ 이러한 형태의 표현식을 list comprehension이라고 합니다. comprehension은 포함, 함축, 내포 등으로 해석됩니다. 따라서 list comprehension은 목록 포함, 목록 함축, 목록 내포 등으로 해석할 수 있습니다. list comprehension은 조건제시법 형태의 집합을 표현하기에 적합한 방법입니다.

다음은 수학에서 집합을 표현하는 방법입니다. 이렇게 표현하는 방법을 조건제시법이라고 합니다.

$$S = \{ x^2 : 0 \le x \le 9, x\text{는 정수} \}$$
$$V = \{ 2^n : 0 \le n \le 12, n\text{은 정수} \}$$
$$M = \{ x \,|\, x \in S, x\text{는 짝수} \}$$

위의 표현식은 다음과 같이 표현할 수 있습니다. 이렇게 표현하는 방법을 원소나열법이라고 합니다.

$$S = \{ 0, 1, 4, 9, 16, 25, 36, 49, 64, 81 \}$$
$$V = \{ 1, 2, 3, 4, 16, 32, 64, 128, 256, 512, 1024, 2048, 4096 \}$$
$$M = \{ 0, 4, 16, 36, 64 \}$$

이러한 표현식은 파이썬으로 다음과 같이 표현할 수 있습니다.

```
_10_for_in_6.py
1  S = [x**2 for x in range(10)]
2  V = [2**n for n in range(13)]
3  M = [x for x in S if x % 2 == 0]
4  print("S =", S)
5  print("V =", V)
6  print("M =", M)
```

다음은 실행화면입니다.

```
S = [0, 1, 4, 9, 16, 25, 36, 49, 64, 81]
V = [1, 2, 4, 8, 16, 32, 64, 128, 256, 512, 1024, 2048, 4096]
M = [0, 4, 16, 36, 64]
```

이와 같이 list comprehension은 조건제시법 형태의 집합을 표현하기에 적합한 방법입니다.

04-6 for~in 문의 형식

일반적인 for~in 문의 형식은 아래와 같습니다.

```
1  for item in items:
2        # TODO: write code...
3
```

항목들에 있는 각 항목에 대하여 실행 문을 수행합니다. for 문의 시작은 쌍점으로 시작하며, for 문에 의해 반복적으로 수행되는 동작은 들여쓰기에 맞춰진 실행 문입니다.

05 _ 목록, 튜플, 제너레이터 이해하기

여기서는 목록, 튜플, 제너레이터(생성기)에 대해 살펴봅니다. 목록, 튜플, 제너레이터는 모두 for 문과 함께 많은 양의 데이터를 처리할 때 사용합니다. 예를 들어, 수억 개의 데이터를 처리할 때 사용합니다. 튜플, 제너레이터는 목록의 단점을 보완하는 역할을 하는 객체입니다. 여기서는 튜플, 제너레이터가 어떤 동기에서 나왔는지, 그 동작은 어떻게 되는지에 대해서 목록과 비교하며 살펴보도록 합니다.

05-1 목록과 튜플의 관계

다음은 간단한 목록과 튜플입니다.

[0,1,2,3,4]
(1,2,3,4,5)

목록과 튜플은 여러 개의 하위 객체를 묶어 상위 객체를 만드는 개념입니다. 목록과 튜플은 모두 순서를 갖는 집합 객체입니다. 목록의 경우 하위 항목을 바꿀 수 있지만 튜플의 경우는 읽기만 가능합니다. 즉, 튜플은 읽기 전용 목록이라고 생각할 수 있습니다. 여기서는 파이썬에서 튜플이 주로 사용되는 부분에 대해서 살펴보고, 튜플의 특징을 목록과 비교하여 살펴봅니다.

목록, 튜플 확인하기

먼저 목록과 튜플의 클래스와 크기를 살펴봅니다.

01 다음과 같이 예제를 작성합니다.

```
_11_generator.py
01 : import sys
02 :
03 : L = [0,1,2]
04 : T = (0,1,2)
05 :
```

```
06 : print(type(L))
07 : print(type(T))
08 :
09 : print(sys.getsizeof(L))
10 : print(sys.getsizeof(T))
```

01 : sys 모듈을 불러옵니다. 9,10줄에서 사용합니다.

03 : 0,1,2 값을 갖는 목록을 생성한 후, L 변수를 생성하여 가리키도록 합니다. L은 list의 L입니다.

04 : 0,1,2 값을 갖는 튜플을 생성한 후, T 변수를 생성하여 가리키도록 합니다. T는 tuple의 T입니다.

06 : print 함수를 호출하여 L 변수가 가리키는 객체의 형을 출력합니다.

07 : print 함수를 호출하여 T 변수가 가리키는 객체의 형을 출력합니다.

09 : print 함수를 호출하여 L 변수가 가리키는 객체의 크기를 출력합니다. sys.getsizeof 함수는 객체의 크기를 바이트 단
위로 돌려줍니다.

10 : print 함수를 호출하여 T 변수가 가리키는 객체의 크기를 출력합니다.

02 프로그램을 실행시켜 결과를 확인합니다.

```
<class 'list'> ❶
<class 'tuple'> ❷
80 ❸
64 ❹
```

❶ L 변수가 가리키는 객체의 형은 목록 클래스입니다.

❷ T 변수가 가리키는 객체의 형은 튜플 클래스입니다.

❸ L 변수가 가리키는 객체의 크기는 80 바이트입니다. 크기가 80 바이트인 이유에 대해서는 살펴보지 않습니다.

❹ T 변수가 가리키는 객체의 크기는 64 바이트입니다. 크기가 64 바이트인 이유에 대해서는 살펴보지 않습니다.

※ 파이썬 버전에 따라 객체의 크기는 다를 수 있습니다.

목록, 튜플 항목 추가해 보기

다음은 목록과 튜플에 항목을 추가해 봅니다.

01 다음과 같이 예제를 수정합니다.

_11_generator_2.py

```
01 : import sys
02 :
03 : L = [0,1,2,3]
04 : T = (0,1,2,3)
05 :
06 : print(type(L))
07 : print(type(T))
08 :
09 : print(sys.getsizeof(L))
10 : print(sys.getsizeof(T))
```

03, 04 : 항목을 하나 추가해 봅니다.

02 프로그램을 실행시켜 결과를 확인합니다.

```
<class 'list'>
<class 'tuple'>
88
72
```

항목의 크기가 각각 8 바이트 증가합니다.

함수에서의 튜플 살펴보기

다음은 간단한 목록과 튜플입니다.

[0,1,2,3,4]

(1,2,3,4,5)

일반적으로 튜플은 목록만큼 많이 사용하지 않습니다. 튜플은 읽기 전용 목록과 같기 때문에 목록으로 튜플을 대체할 수 있기 때문입니다. 그렇다면 튜플은 왜 필요할까요? 여기서는 파이썬에서 튜플이 주로 사용되는 부분에 대해서 살펴봅니다.

01 다음과 같이 예제를 작성합니다.

```
_11_generator_3.py
01 : def f():
02 :     x =3
03 :     y =4
04 :     return x, y
05 :
06 : T = f()
07 :
08 : print(T)
09 : print(type(T))
```

01~04 : 함수 f를 정의합니다.
02　　 : x 변수를 생성한 후, 3으로 초기화합니다.
03　　 : y 변수를 생성한 후, 4로 초기화합니다.
04　　 : x, y 변수를 내어줍니다.
06　　 : 함수 f를 호출한 후, 결과 값을 T 변수로 받습니다.
08　　 : print 함수를 호출하여 T 변수 값을 출력합니다.
09　　 : print 함수를 호출하여 T 변수의 형을 출력합니다.

02 프로그램을 실행시켜 결과를 확인합니다.

```
(3, 4)
<class 'tuple'>
```

T 변수 값은 튜플 클래스로 출력됩니다. 또, T 변수가 가리키는 객체의 형은 튜플 클래스입니다. 함수에서 2개 이상의 값을 내어줄 때 튜플로 내어줍니다. 즉, 2개 이상의 함수의 결과 값은 튜플이 됩니다.

※ 파이썬에서 쉼표로 구분된 값들은 소괄호 ()가 없어도 튜플이 됩니다. 위 예제의 4번째 줄에서 소괄호 없이 x, y 값을 내어주고 있습니다. 실제로 튜플을 만드는 것은 쉼표이며, 소괄호가 아닙니다. 소괄호는 선택적입니다. 즉, 소괄호가 없어도 쉼표만 있으면 튜플을 만들 수 있습니다. 이런 관점에서 튜플은 함수가 2개 이상의 값을 내어줄 때 그 값을 받기에 적합한 객체입니다. 튜플이 목록과 다른 점은 튜플의 항목은 읽을 수만 있다는 점입니다. 이것은 함수가 내어주는 값의 특징이기도 합니다. 함수가 내어주는 값은 읽는 용도로만 사용합니다. 함수는 2개 이상의 값을 내어줄 때 튜플이 꼭 필요합니다.

튜플 항목 값 변경해 보기

여기서는 튜플의 항목 값을 바꾸어 봅니다.

01 다음과 같이 예제를 수정합니다.

```
_11_generator_3_2.py
01 : def f():
02 :     x =3
03 :     y =4
04 :     return x, y
05 :
06 : T = f()
07 :
08 : print(T)
09 : print(type(T))
10 :
11 : T[0] =1
```

11 : T가 가리키는 튜플의 0번 항목의 값을 1로 변경합니다.

02 프로그램을 실행시켜 결과를 확인합니다.

```
= RESTART: C:\Users\edu\AppData\Local\Programs\Python\Python38\Labs\_11_generato
r_3_2.py
(3, 4)
<class 'tuple'>
Traceback (most recent call last):
  File "C:\Users\edu\AppData\Local\Programs\Python\Python38\Labs\_11_generator_3
_2.py", line 11, in <module>
    T[0] =1
TypeError: 'tuple' object does not support item assignment
```

'튜플' 객체는 항목 할당을 지원하지 않는다는 에러가 표시됩니다. 튜플은 그 항목을 읽기만 가능하며 수정이 불가능합니다.

목록과 튜플 항목 값 출력해 보기

여기서는 for 문을 이용하여 목록과 튜플의 항목 값을 출력해 봅니다.

01 다음과 같이 예제를 작성합니다.

```
_11_generator_4.py
01 : L = [0,1,2]
02 : T = (0,1,2)
03 :
04 : for n in L:
05 :     print(n)
06 :
07 : for m in T:
08 :     print(m)
```

01　　 : 0,1,2 값을 갖는 목록을 생성한 후, L 변수를 생성하여 가리키도록 합니다. L은 list의 L입니다.
02　　 : 0,1,2 값을 갖는 튜플을 생성한 후, T 변수를 생성하여 가리키도록 합니다. T는 tuple의 T입니다.
04, 05 : for 문을 이용하여 L 변수가 기리키는 목록의 항목을 출력합니다.
07, 08 : for 문을 이용하여 T 변수가 기리키는 튜플의 항목을 출력합니다.

02 프로그램을 실행시켜 결과를 확인합니다.

```
0
1
2
0
1
2
```

L 변수가 가리키는 목록의 항목 0,1,2와 T 변수가 가리키는 튜플의 항목 0,1,2가 차례대로 출력됩니다.

이번에는 목록과 튜플의 항복 값을 각각 2회 출력해 봅니다.

01 다음과 같이 예제를 수정합니다.

```
_11_generator_4_2.py
01 : L = [0,1,2]
02 : T = (0,1,2)
03 :
04 : for n in L:
05 :     print(n)
06 :
07 : for m in T:
08 :     print(m)
09 :
10 : for n in L:
11 :     print(n)
12 :
13 : for m in T:
14 :     print(m)
```

10, 11 : for 문을 이용하여 L 변수가 가리키는 목록의 항목을 출력합니다.
13, 14 : for 문을 이용하여 T 변수가 가리키는 튜플의 항목을 출력합니다.

02 프로그램을 실행시켜 결과를 확인합니다.

L 변수가 가리키는 목록의 항목 0,1,2와 T 변수가 가리키는 튜플의 항목 0,1,2가 차례대로 2회 출력됩니다.

※ 이 예제는 다음에 오는 제너레이터의 특징을 설명하기 위한 예제입니다. 목록과 튜플은 for 문을 이용하여 여러 번 읽을 수 있다는 점을 기억하도록 합니다.

05-2 목록과 제너레이터의 관계

다음은 list comprehension이라고 하며, 일반화된 목록입니다.

[i in for i in range(1000000)]

이 목록은 0~999999의 정수 값을 갖습니다. 다음과 같이 항목의 개수가 몇 개 안되는 경우엔 직접 모든 항목을 표현할 수 있습니다.

[0,1,2,3,4]

그러나 실제로 목록이 사용될 때는 수백만, 수천만개의 값에 대한 처리를 하는 경우가 일반적입니다. 이 때, 필요한 것이 일반화된 목록입니다. 일반화된 목록은 파이썬에서 광범위하게 사용되어 왔습니다. 그러나 일반화된 목록은 단점도 있습니다. 일반화된 목록은 목록 객체를 생성하는 과정에서 모든 항목을 위한 메모리가 할당되고 각 항목에 대한 초기화가 이루어집니다. 그러나 목록이 for 문에 의해 실제 사용될 때는 한 번에 하나의 항목만 사용하기 때문에 전체 목록을 한꺼번에 메모리에 할당할 필요는 없습니다. 항목의 개수가 아주 많을 때는, 예를 들어, 100000000(1억)개의 항목에 대한 처리를 해야 할 경우엔 많은 메모리가 필요합니다. 또, for 문을 이용해 목록을 사용할 경우엔 목록의 항목 값을 읽기만 합니다. 굳이 목록의 쓰기 특성이 필요 없습니다. 이런 목록의 단점을 해결하는 객체가 generator입니다. generator는 생성기, 발전기로 해석됩니다.

다음은 generator입니다. 튜플과 같이 소괄호 ()를 사용하기는 하지만 튜플은 아닙니다.

(i in for i in range(1000000))

generator은 메모리를 한 번에 할당하지 않고, for 문에서 실제로 사용될 때 한 번에 하나의 항목만 생성해줍니다. 마치 발전기를 이용해 필요할 때만 전기를 만들어 쓰는 것과 같습니다. 축전기는 전기를 미리 만들어 쌓아둔 후, 필요할 때 전기를 내어 쓰지만, 발전기는 필요할 때 전기를 만들어 씁니다. 축전기(❷)는 목록, 발전기(❶)는 generator에 비유할 수 있습니다. 또, 목록은 물을 담아두는 저수조(❸), generator는 필요할 때 물을 퍼서 쓰는 양수기(물펌프)(❹)와 같습니다.

generator는 두 가지 형태가 존재합니다. 하나는 여기서 보고 있는 generator expression(생성기 식)이고, 다른 하나는 generator function(생성기 함수)입니다. 생성기 함수에 대해서는 뒤에서 살펴봅니다. 여기서는 일반화된 목록과 생성기를 비교하여 살펴봅니다.

목록, 생성기 확인하기

먼저 목록과 생성기의 클래스와 크기를 살펴봅니다.

01 다음과 같이 예제를 작성합니다.

```
_11_generator_5.py
01 : import sys
02 :
03 : LC = [n for n in range(3)]
04 : GE = (n for n in range(3))
05 :
06 : print(type(LC))
07 : print(type(GE))
08 :
09 : print(sys.getsizeof(LC))
10 : print(sys.getsizeof(GE))
```

01 : sys 모듈을 불러옵니다. 09, 10 줄에서 사용합니다.
03 : 일반화된 목록을 생성한 후, LC 변수를 생성하여 가리키도록 합니다. LC는 list comprehension의 LC입니다.
04 : 생성기 객체를 생성한 후, GE 변수를 생성하여 가리키도록 합니다. GE는 generator expression의 GE입니다.
06 : print 함수를 호출하여 LC 변수가 가리키는 객체의 형을 출력합니다.
07 : print 함수를 호출하여 GE 변수가 가리키는 객체의 형을 출력합니다.

09 : print 함수를 호출하여 LC 변수가 가리키는 객체의 크기를 출력합니다. sys.getsizeof 함수는 객체의 크기를 바이트 단위로 돌려줍니다.

10 : print 함수를 호출하여 GE 변수가 가리키는 객체의 크기를 출력합니다.

02 프로그램을 실행시켜 결과를 확인합니다.

```
<class 'list'> ❶
<class 'generator'> ❷
88  ❸
112  ❹
```

❶ LC 변수가 가리키는 객체의 형은 목록 클래스입니다.

❷ GE 변수가 가리키는 객체의 형은 생성기 클래스입니다.

❸ LC 변수가 가리키는 객체의 크기는 88 바이트입니다. 크기가 88 바이트인 이유에 대해서는 살펴보지 않습니다.

❹ GE 변수가 가리키는 객체의 크기는 112 바이트입니다. 크기가 112 바이트인 이유에 대해서는 살펴보지 않습니다.

※ 파이썬 버전에 따라 객체의 크기는 다를 수 있습니다.

목록, 생성기 항목 늘려 보기

다음은 목록과 생성기의 항목을 늘려 봅니다. 목록의 경우 항목 개수를 크게 늘리면 메모리 할당과 초기화 시간을 느낄 수 있습니다.

01 다음과 같이 예제를 수정합니다.

```
_11_generator_5_2.py
01 : import sys
02 :
03 : LC = [n for n in range(30000000)]
04 : GE = (n for n in range(30000000))
05 :
06 : print(type(LC))
07 : print(type(GE))
08 :
09 : print(sys.getsizeof(LC))
10 : print(sys.getsizeof(GE))
```

03, 04 : 항목의 범위를 크게 늘려 봅니다. 여기서는 항목의 개수가 3천만개입니다.

02 프로그램을 실행시켜 결과를 확인합니다.

```
<class 'list'>
<class 'generator'>
264748584
112
```

목록의 경우 항목의 크기가 크게 늘어난 것을 볼 수 있습니다. 또 항목의 개수가 큰 편이기 때문에 메모리 할당과 초기화 시간을 느낄 수 있습니다. 생성기의 경우 크기가 일정합니다. 생성기의 경우 생성기 식 객체로 존재하기 때문에 크기가 일정합니다.

※ 파이썬 버전에 따라 객체의 크기는 다를 수 있습니다.

목록, 생성기 출력하기

다음은 목록과 생성기를 출력해 봅니다.

01 다음과 같이 예제를 수정합니다.

```
_11_generator_6.py
01 : import sys
02 :
03 : LC = [n for n in range(3)]
04 : GE = (n for n in range(3))
05 :
06 : print(type(LC))
07 : print(type(GE))
08 :
09 : print(sys.getsizeof(LC))
10 : print(sys.getsizeof(GE))
11 :
12 : print(LC)
13 : print(GE)
```

03, 04 : 항목의 범위를 원래대로 놀려놓습니다. 여기서는 항목의 개수가 3개입니다.
12, 13 : LC, GE가 가리키는 객체를 출력합니다.

02 프로그램을 실행시켜 결과를 확인합니다.

```
<class 'list'>
<class 'generator'>
88
112
[0, 1, 2] ❶
<generator object <genexpr> at 0x0000022900528900> ❷
```

❶ 0, 1, 2 값을 가진 목록이 출력됩니다. 예제에서 3 번째 줄의 범위 값을 3천만으로 바꾸면 그만큼의 메모리가 할당되고 초기화됩니다.

❷ 0x0000022900528900 번지에 있는 생성기식 객체인 생성기라고 출력됩니다. 생성기는 for 문에서 사용할 수 있는 항목 값을 동적으로 생성해 내는 객체입니다. 예제에서 4 번째 줄의 범위 값을 3천만으로 바꾸어도 결과는 같습니다. 생성기의 번지는 다를 수 있습니다.

목록과 생성기 항목 값 출력해 보기

여기서는 for 문을 이용하여 목록과 생성기의 항목 값을 출력해 봅니다.

01 다음과 같이 예제를 작성합니다.

```
_11_generator_7.py

1 : LC = [n for n in range(3)]
2 : GE = (n for n in range(3))
3 :
4 : for n in LC:
5 :     print(n)
6 :
7 : for m in GE:
8 :     print(m)
```

01   : 0,1,2 값을 갖는 목록을 생성한 후, LC 변수를 생성하여 가리키도록 합니다.
02   : 0,1,2 값을 생성하는 생성기를 생성한 후, GE 변수를 생성하여 가리키도록 합니다.
04, 05 : for 문을 이용하여 LC 변수가 가리키는 목록의 항목을 출력합니다.
07, 08 : for 문을 이용하여 GE 변수가 가리키는 생성기를 이용하여 항목을 출력합니다.

02 프로그램을 실행시켜 결과를 확인합니다.

```
0
1
2
0
1
2
```

LC 변수가 가리키는 목록의 항목 0,1,2와 GE 변수가 가리키는 생성기를 통한 항목 0,1,2가 차례대로 출력됩니다.

이번에는 목록과 생성기의 항목 값을 각각 2회 출력해 봅니다.

03 다음과 같이 예제를 수정합니다.

```
_11_generator_7_2.py

01 : LC = [n for n in range(3)]
02 : GE = (n for n in range(3))
03 :
04 : for n in LC:
05 :     print(n)
06 :
07 : for m in GE:
08 :     print(m)
09 :
```

```
10 : for n in LC:
11 :     print(n)
12 :
13 : for m in GE:
14 :     print(m)
```

10, 11 : for 문을 이용하여 LC 변수가 가리키는 목록의 항목을 출력합니다.
13, 14 : for 문을 이용하여 GE 변수가 가리키는 생성기를 통해 항목을 출력합니다.

04 프로그램을 실행시켜 결과를 확인합니다.

```
0
1
2
0   ❶
1
2
0   ❷
1
2
0
1
2   ❸
```

❶ LC 변수가 가리키는 목록의 항목이 출력됩니다.
❷ GE 변수가 가리키는 생성기가 생성한 항목이 출력됩니다.
❸ LC 변수가 가리키는 목록의 항목이 출력됩니다.
LC 변수가 가리키는 목록의 항목 0,1,2는 ❶, ❸에서 2회 출력되지만 GE 변수가 가리키는 생성기는 1회만 출력됩니다. 생성기는 for 문에 의해서 1회만 사용 가능한 객체입니다.
※ 이 예제는 생성기의 특징을 설명하기 위한 예제입니다. 목록과 튜플은 for 문을 이용하여 여러 번 읽을 수 있지만 생성기 식은 1회만 사용할 수 있습니다. 즉, 1회용입니다.

05-3 제너레이터 함수

앞에서 우리는 일반화 목록(list comprehension)을 대신할 수 있는 생성기 식을 살펴보았습니다. 그러면 for 문을 통해 처리하는 데이터가 파일, 소켓, 메시지 큐로부터 오는 경우는 어떻게 해야 할까요? 실제로 이 책의 마지막 장에서는 구글 클라우드와 통신을 통해 음성 데이터를 보내고 인식된 결과 값을 문자열로 받아오는 예제를 수행해 보게 됩니다. 여기서는 for 문을 이용하여 연속된 객체를 파일로부터 읽어 내거나, 소켓으로부터 받거나, 메시지 큐로부터 꺼내올 때 사용하기에 적합한 생성기 함수를 소개합니다. 생성기 함수는 구글 음성 인식에서도 사용합니다.

일반적으로 값이 존재하는 위치는 파일입니다. 파일에 존재하는 값은 파일 입력을 통해서 직접 읽거나, 소켓 통신을 통해서 원격으로부터 받거나, 쓰레드 간 통신을 통해 메시지 큐를 통해 받게 됩니다. 이런 데이터의 특징은 한 번에 하나의 데이터만 읽을 수 있고, 데이터의 끝을 알 수가 없습니다.

따라서 메모리를 한 번에 할당하기에 적합하지 않으며, 얼마나 할당할지도 알 수 없습니다. 이런 경우를 위해 파이썬에서는 생성기 함수를 제공합니다. 생성기 함수는 for 문과 함께 사용되어 동적으로 파일, 소켓, 메시지 큐 등으로부터 데이터를 읽어 생성하는 함수입니다. 생성기 함수는 앞에서 살펴본 생성기 식과 같은 종류이지만 일반적으로 입력이 파일, 소켓, 메시지 큐가 됩니다.

생성기 확인하기

먼저 생성기 식과 생성기 함수의 클래스와 크기를 살펴봅니다.

01 다음과 같이 예제를 작성합니다.

```
_11_generator_8.py
01 : import sys
02 :
03 : def gf():
04 :     n =0
05 :     while n <3:
06 :         yield n
07 :         n +=1
08 :
09 : GE = (n for n in range(3))
10 : GF = gf()
11 :
12 : print(type(GE))
13 : print(type(GF))
14 :
15 : print(sys.getsizeof(GE))
16 : print(sys.getsizeof(GF))
```

01 : sys 모듈을 불러옵니다. 13, 14 줄에서 사용합니다.

03~07 : 생성기 함수 gf를 정의합니다. 생성기 함수와 일반 함수가 다른 점은 06 줄에 yield를 포함한다는 점입니다. 적어도 하나의 yield 문을 포함한 함수는 생성기 함수가 됩니다. 파이썬 쉘은 yield 문이 있을 경우 해당 함수를 generator(생성기) 객체로 생성하게 됩니다. 생성기 함수는 for 문과 함께 사용될 때만 동작합니다. 즉, 10 번째 줄에서 생성기 함수는 수행되지 않습니다. 표현 방식은 함수 호출과 같은 형태이지만 생성기 함수는 for 문에서 수행됩니다. 이 예제에서는 생성기 함수가 수행되는 부분은 없습니다. 뒤에서 for 문을 이용하여 생성기 함수가 수행되는 예제를 해 보도록 합니다. 이 예제에서는 생성기 함수의 구조를 설명하기 위해 단순하게 정의했으나 실제 생성기 함수는 파일, 소켓, 메시지 큐 등으로부터 데이터를 읽거나 받아 값을 생성하는 형태로 정의됩니다.

04~07 : 0, 1, 2 값을 차례대로 생성합니다. 생성기 함수는 yield 부분에서 값을 생성해 내며 함수를 빠져 나갑니다. 이 후에 생성기 함수를 다시 수행하면 yield 다음 부분에서 다시 시작합니다. 생성기 함수는 yield 문을 만날 때마다 함수를 빠져 나가지만 그 상태를 기억합니다. 즉, 빠져 나가는 시점에 지역 변수의 값과 다시 수행될 때 어디부터 수행할 지를 기억합니다.

09 : 생성기 식 객체를 생성한 후, GE 변수를 생성하여 가리키도록 합니다. GE는 generator expression의 GE입니다.

10 : 생성기 함수 객체를 생성한 후, GF 변수를 생성하여 가리키도록 합니다. GF는 generator function의 GF입니다. 이 부분에서 생성기 함수는 수행되지 않습니다. 일반 함수를 호출한 후, 결과 값을 받는 것과 같은 형태이지만, 생성기 함수의 경우는 생성기 객체를 생성하여 변수로 가리키는 개념입니다.

12 : print 함수를 호출하여 GE 변수가 가리키는 객체의 형을 출력합니다.

13 : print 함수를 호출하여 GF 변수가 가리키는 객체의 형을 출력합니다.

15 : print 함수를 호출하여 GE 변수가 가리키는 객체의 크기를 출력합니다. sys.getsizeof 함수는 객체의 크기를 바이트 단위로 돌려줍니다.

16 : print 함수를 호출하여 GF 변수가 가리키는 객체의 크기를 출력합니다.

02 프로그램을 실행시켜 결과를 확인합니다.

```
<class 'generator'>
<class 'generator'>
112
112
```

생성기 식과 생성기 함수는 모두 생성기 형입니다. 또, 생성기 식과 생성기 함수는 모두 생성기 객체이기 때문에 크기가 일정합니다.

※ 파이썬 버전에 따라 객체의 크기는 다를 수 있습니다.

※ yield 문은 생성기 함수를 정의할 때만 사용됩니다. 또 생성기 함수 내에서만 사용됩니다. yield 문을 함수 내에서 사용하면 일반 함수가 아닌 생성기 함수에 대한 정의가 됩니다. 생성기 함수는 for 문과 함께 사용될 때 수행됩니다. 생성기 함수가 수행될 때, yield 문에 의해서 항목이 하나 생성됩니다. 생성된 항목은 for 문으로 전달되어 사용됩니다.

생성기 출력하기

다음은 생성기 식과 생성기 함수를 출력해 봅니다.

01 다음과 같이 예제를 수정합니다.

```
_11_generator_8_2.py
01 : import sys
02 :
03 : def gf():
04 :     n =0
05 :     while n <3:
06 :         yield n
07 :         n +=1
08 :
09 : GE = (n for n in range(3))
10 : GF = gf()
11 :
12 : print(type(GE))
13 : print(type(GF))
14 :
15 : print(sys.getsizeof(GE))
16 : print(sys.getsizeof(GF))
17 :
18 : print(GE)
19 : print(GF)
```

18, 19 : GE, GF가 가리키는 객체를 출력합니다.

02 프로그램을 실행시켜 결과를 확인합니다.

```
<class 'generator'>
<class 'generator'>
112
112
<generator object <genexpr> at 0x0000021EE782B900> ❶
<generator object gf at 0x0000021EE6FB9270> ❷
```

❶ 0x0000021EE782B900 번지에 있는 생성기식 객체인 생성기라고 출력됩니다.

❷ 0x0000021EE6FB9270 번지에 있는 gf 객체인 생성기라고 출력됩니다.

생성기 항목 값 출력해 보기

여기서는 for 문을 이용하여 생성기 식과 생성기 함수를 통한 항목 값을 출력해 봅니다.

01 다음과 같이 예제를 작성합니다.

```
_11_generator_9.py
01 : def gf():
02 :     n =0
03 :     while n <3:
04 :         yield n
05 :         n +=1
06 :
07 : GE = (n for n in range(3))
08 : GF = gf()
09 :
10 : for n in GE:
11 :     print(n)
12 :
13 : for m in GF:
14 :     print(m)
```

10, 11 : for 문을 이용하여 GE 변수가 가리키는 생성기를 이용하여 항목을 출력합니다.

13, 14 : for 문을 이용하여 GF 변수가 가리키는 생성기를 이용하여 항목을 출력합니다.

02 프로그램을 실행시켜 결과를 확인합니다.

```
0
1
2
0
1
2
```

GE 변수가 가리키는 생성기를 통한 항목 0,1,2와 GF 변수가 가리키는 생성기를 통한 항목 0,1,2가 차례대로 출력됩니다.

이번에는 생성기 식과 생성기 함수를 통해 항목 값을 각각 2회 출력해 봅니다.

03 다음과 같이 예제를 수정합니다.

```
_11_generator_9_2.py
01 : def gf():
02 :     n =0
03 :     while n <3:
04 :         yield n
05 :         n +=1
06 :
07 : GE = (n for n in range(3))
08 : GF = gf()
09 :
10 : for n in GE:
11 :     print(n)
12 :
13 : for m in GF:
14 :     print(m)
15 :
16 : for n in GE:
17 :     print(n)
18 :
19 : for m in GF:
20 :     print(m)
```

16, 17 : for 문을 이용하여 GE 변수가 가리키는 생성기를 통해 항목을 출력합니다.
19, 20 : for 문을 이용하여 GF 변수가 가리키는 생성기를 통해 항목을 출력합니다.

04 프로그램을 실행시켜 결과를 확인합니다.

```
0
1
2
0
1
2
```

GE, GF 변수가 가리키는 생성기는 각각 1회만 출력됩니다. 생성기는 for 문에 의해서 1회만 사용 가능한 객체입니다.

※ 생성기 함수는 for 문과 함께 파일, 소켓, 메시지 큐를 통해 데이터를 읽기에 적합한 객체이기 때문에 1회 이상 사용할 필요가 없습니다. 즉, 파일, 소켓, 메시지 큐에서 한 번 읽어낸 데이터를 다시 읽을 필요가 없기 때문입니다.

생성기 함수의 수행 살펴보기

여기서는 생성기 함수가 수행되는 방식을 살펴보도록 합니다.

01 다음과 같이 예제를 작성합니다.

```
_11_generator_10.py
01 : def gf():
02 :     print("yield 0")
03 :     yield 0
04 :     print("yield 1")
05 :     yield 1
06 :     print("yield 2")
07 :     yield 2
08 :
09 : def f():
10 :     print("return 0")
11 :     return 0
12 :
13 : GF = gf()
14 : F = f()
15 :
16 : for n in GF:
17 :     print(n)
```

01~07 : 생성기 함수 gf를 정의합니다. 13번째 줄에서 생성기 객체를 생성한 후, 16,17 줄에서 for 문을 이용하여 생성기 함수가 수행됩니다. 13번째 줄에서 생성기 객체를 생성하는 방식과 14번째 줄에서 함수를 호출하는 방식은 형식은 같으나 실제 동작은 다릅니다.

04~07 : 0,1,2 값을 차례대로 생성합니다. 생성기 함수는 yield 부분에서 값을 생성해 내며 함수를 빠져 나갑니다. 이 후에 생성기 함수를 다시 수행하면 yield 다음 부분에서 다시 시작합니다. 생성기 함수는 yield 문을 만날 때마다 함수를 빠져 나가지만 그 상태를 기억합니다. 즉, 빠져 나가는 시점에 지역 변수의 값과 다시 수행될 때 어디부터 수행할 지를 기억합니다.

09~11 : 일반 함수 f를 정의합니다.

13 : 생성기 함수 객체를 생성한 후, GF 변수를 생성하여 가리키도록 합니다. GF는 generator function의 GF입니다. 이 부분에서 생성기 함수는 수행되지 않습니다. 일반 함수를 호출한 후, 결과 값을 받는 것과 같은 형태이지만, 생성기 함수의 경우는 생성기 객체를 생성하여 변수로 가리키는 개념입니다.

14 : 함수 f를 호출하여 수행한 후, 그 결과 값을 변수 F가 가리키게 합니다.

16, 17 : for 문을 이용하여 GF가 가리키는 생성기 함수가 생성해 내는 값을 n으로 받아 출력합니다.

02 프로그램을 실행시켜 결과를 확인합니다.

```
return 0  ❶
yield 0   ❷
0         ❸
yield 1   ❹
1         ❺
yield 2   ❻
2         ❼
```

❶ 14 줄에서 f 함수를 호출하면서 수행됩니다.

❷ 16 줄에서 생성기 함수가 처음 수행되면서 2, 3 줄이 수행됩니다. 생성기 함수는 다음에 수행할 위치 4 줄을 기억합니다.

❸ 17 줄에서 수행됩니다. 생성기 함수가 생성한 값 0을 n으로 받아 출력합니다.

❹ 16 줄에서 생성기 함수가 두 번째 수행되면서 4, 5 줄이 수행됩니다. 생성기 함수는 다음에 수행할 위치 5 줄을 기억합니다.

❺ 17 줄에서 수행됩니다. 생성기 함수가 생성한 값 1을 n으로 받아 출력합니다.

❻ 16 줄에서 생성기 함수가 세 번째 수행되면서 6, 7 줄이 수행됩니다. 생성기 함수는 마지막 루틴을 수행했기 때문에 더 이상 수행되지 않습니다.

❼ 17 줄에서 수행됩니다. 생성기 함수가 생성한 값 2를 n으로 받아 출력합니다.

※ 생성기 함수는 for 문에 의해서 수행되면서 yield 문을 만날 때마다 함수를 빠져 나가지만 그 상태는 저장됩니다. 즉, 빠져 나가는 시점에 지역 변수의 값과 다시 수행될 때 어디부터 수행될 지가 저장됩니다. 생성기 함수의 수행 상태는 생성기 객체에 저정됩니다.

while 문을 수행하는 생성기 함수

이번엔 생성기 함수를 while 문을 이용하여 정의해 봅니다.

01 다음과 같이 예제를 수정합니다.

```
_11_generator_10_2.py
01 : def gf():
02 :     n =0
03 :     while n <3:
04 :         print("yield", n)
05 :         yield n
06 :         n +=1
07 :
08 : def f():
09 :     print("return 0")
10 :     return 0
11 :
12 : GF = gf()
13 : F = f()
14 :
15 : for n in GF:
16 :     print(n)
```

01~06 : 생성기 함수 gf를 while 문을 이용하여 정의합니다. 일반적인 생성기 함수는 파일, 소켓, 메시지 큐로부터 데이터를 받기 위해 while 문을 이용하여 정의합니다.

02 프로그램을 실행시켜 결과를 확인합니다.

```
return 0    ❶
yield 0     ❷
0           ❸
yield 1     ❹
1           ❺
yield 2     ❻
2           ❼
```

❶ 13 줄에서 f 함수를 호출하면서 수행됩니다.

❷ 15 줄에서 생성기 함수가 처음 수행되면서 2, 3, 4, 5 줄이 수행됩니다. 생성기 함수는 다음에 수행할 위치 6 줄을 기억합니다. 여기서 생성기 함수는 0 값을 생성하여 for 문으로 전달합니다. 생성기 함수는 지역 변수 n 값을 기억합니다.

❸ 16 줄에서 수행됩니다. 생성기 함수가 생성한 값 0을 n으로 받아 출력합니다.

❹ 15 줄에서 생성기 함수가 두 번째 수행되면서 6, 3, 4, 5 줄이 수행됩니다. 생성기 함수는 다음에 수행할 위치 6 줄을 기억합니다. 여기서 생성기 함수는 1 값을 생성하여 for 문으로 전달합니다. 생성기 함수는 지역 변수 n 값을 기억합니다.

❺ 16 줄에서 수행됩니다. 생성기 함수가 생성한 값 1을 n으로 받아 출력합니다.

❻ 15 줄에서 생성기 함수가 세 번째 수행되면서 6, 3, 4, 5 줄이 수행됩니다. 생성기 함수는 다음에 수행할 위치 6 줄을 기억합니다. 여기서 생성기 함수는 2 값을 생성하여 for 문으로 전달합니다. 생성기 함수는 지역 변수 n 값을 기억합니다. 이후에 생성기 함수는 6 줄로 돌아와 n 값을 3으로 변경한 후, 3 줄의 조건에 의해서 while문을 빠져 나간 후, 더 이상 수행되지 않습니다.

❼ 16 줄에서 수행됩니다. 생성기 함수가 생성한 값 2를 n으로 받아 출력합니다.

생성기 함수 풀어보기

여기서는 next 함수를 이용하여 생성기 함수가 수행되는 방식을 살펴보도록 합니다. next 함수는 생성기 함수가 생성하는 값을 하나씩 받을 수 있는 함수입니다.

01 다음과 같이 이전 예제를 수정합니다.

_11_generator_10_3.py

```
01 : def gf():
02 :     n =0
03 :     while n <3:
04 :         print("yield", n)
05 :         yield n
06 :         n +=1
07 :
08 : def f():
09 :     print("return 0")
10 :     return 0
11 :
```

```
12 : GF = gf()
13 : F = f()
14 :
15 : n =next(GF)
16 : print(n)
17 : n =next(GF)
18 : print(n)
19 : n =next(GF)
20 : print(n)
```

15 : next 함수를 호출하여 GF 생성기가 생성하는 첫 번째 값을 받아 n 변수가 가리키도록 합니다.

16 : n 값을 출력합니다.

17 : next 함수를 호출하여 GF 생성기가 생성하는 두 번째 값을 받아 n 변수가 가리키도록 합니다.

18 : n 값을 출력합니다.

19 : next 함수를 호출하여 GF 생성기가 생성하는 세 번째 값을 받아 n 변수가 가리키도록 합니다.

20 : n 값을 출력합니다.

02 프로그램을 실행시켜 결과를 확인합니다.

```
return 0    ❶
yield 0     ❷
0           ❸
yield 1     ❹
1           ❺
yield 2     ❻
2           ❼
```

❶ 13 줄에서 f 함수를 호출하면서 수행됩니다.

❷ 15 줄에서 next 함수에 의해 내부적으로 생성기 함수가 처음 수행되면서 2, 3, 4, 5 줄이 수행됩니다. 생성기 함수는 다음에 수행할 위치 6줄을 기억합니다. 여기서 생성기 함수는 0 값을 생성하고 next 함수는 이 값을 내어줍니다. 생성기 함수는 지역 변수 n 값을 기억합니다.

❸ 16 줄에서 수행됩니다. 생성기 함수가 생성한 값 0을 n으로 받아 출력합니다.

❹ 17 줄에서 next 함수에 의해 내부적으로 생성기 함수가 두 번째 수행되면서 6, 3, 4, 5 줄이 수행됩니다. 생성기 함수는 다음에 수행할 위치 6 줄을 기억합니다. 여기서 생성기 함수는 1 값을 생성하고 next 함수는 이 값을 내어줍니다. 생성기 함수는 지역 변수 n 값을 기억합니다.

❺ 18 줄에서 수행됩니다. 생성기 함수가 생성한 값 1을 n으로 받아 출력합니다.

❻ 19 줄에서 next 함수에 의해 내부적으로 생성기 함수가 세 번째 수행되면서 6, 3, 4, 5 줄이 수행됩니다. 생성기 함수는 다음에 수행할 위치 6 줄을 기억합니다. 여기서 생성기 함수는 2 값을 생성하고 next 함수는 이 값을 내어줍니다. 생성기 함수는 지역 변수 n 값을 기억합니다. 이후에 next 함수를 더 호출할 경우 생성기 함수는 6 줄로 돌아와 n 값을 3으로 변경한 후, 3 줄의 조건에 의해서 while문을 빠져 나간 후, 더 이상 수행되지 않습니다.

❼ 20 줄에서 수행됩니다. 생성기 함수가 생성한 값 2를 n으로 받아 출력합니다.

이상에서 생성기 함수를 살펴보았습니다. 생성기 함수는 구글 음성 인식 예제에서 활용해 보도록 합니다.

Barista Python

여기서는 바리스타 기능을 하는 파이썬 프로그램을 완성해 봅니다. 그 과정에서 프로그램 작성에 필요한 파이썬 언어의 구성 요소를 살펴보고 이해하고 활용할 수 있도록 합니다. 첫 번째로 sys.argv로 파이썬 프로그램에 인자를 넘기는 방법, import를 통한 모듈을 불러오는 방법을 이해해보고, 두 번째로 클래스 문을 사용해보고, 그 역할을 정리하며 이해해 봅니다. 세 번째로 함수 인자로 단일 값 변수, 목록 값 변수, 객체 값 변수가 전달되는 과정에 대해 살펴보고 이해해 봅니다.

Chapter 04

바리스타 프로그램 확장시키며 실력 높이기

01 _ 파이썬 고급 안착하기

여기서는 지금까지 작성한 바리스타 프로그램을 barista_main.py, barista_module.py로 나누어
봅니다. barista_main.py 파일은 일반화되어 바뀌지 않는 코드를 담고 있으며, barista_module.
py 파일은 바뀌는 코드를 담고 있습니다. 이 과정에서 import를 통해 모듈을 불러오는 방법, sys.
argv로 파이썬 프로그램에 인자를 넘기는 방법을 이해해봅니다. barista_module.py 부분을 구현하
는 과정에서는 단일 값 변수, 목록 값 변수, 클래스 객체 값 변수를 함수의 인자로 넘기는 예제를 작
성해 보면서 비교하고 이해해 봅니다.

01-1 명령 프롬프트에서 파이썬 실행하기

여기서는 IDLE 편집기로 예제를 작성한 후, 명령 프롬프트를 이용해 결과를 확인하는 방법을 소개
합니다. 파이썬 프로그램을 둘 이상으로 구성하여 실행하기에는 명령 프롬프트가 직관적이고 이해
하기 쉽습니다. 또, sys.argv 변수가 전달되는 과정을 좀 더 이해하기 쉽습니다.

01 데스크 탑 좌측 하단에 있는 [검색] 아이콘(🔍)을 누른 후 검색 창이 나타나면 "cmd"를 입력합니다.

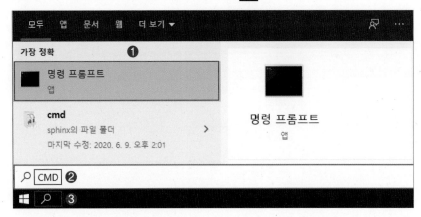

02 [명령 프롬프트] 앱을 더블클릭하여 프로그램을 실행시킵니다.

03 다음과 같이 [명령 프롬프트] 창이 뜹니다.

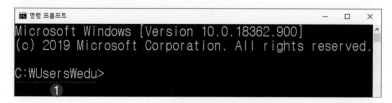

[명령 프롬프트] 프로그램은 디렉터리를 이동해 다니면서 명령을 줄 수 있는 프로그램입니다. 필자의 경우 현재는 ❶ [C:₩Users₩edu] 디렉터리 상에 있습니다.

04 다음과 같이 명령을 입력해 봅니다.

```
C:₩Users₩edu>python --version
Python 3.8.3
```

우리가 앞에서 설치한 파이썬 프로그램입니다.

05 다음과 같이 실습 디렉터리로 이동합니다.

```
C:₩Users₩edu>cd AppData₩Local₩Programs₩Python₩Python
38₩Labs        ❶                        ❷
C:₩Users₩edu₩AppData₩Local₩Programs₩Python₩Python38₩
Labs>                         ❸
```

❶ cd 명령을 입력하고, 한 칸 띄웁니다.

❷ [AppData₩Local₩Programs₩Python₩Python38₩Labs] 디렉터리를 입력하고, 엔터키를 입력합니다.

❸ [명령 프롬프트] 프로그램은 [C:₩Users₩edu₩AppData₩Local₩Programs₩Python₩Python38 ₩Labs] 디렉터리로 이동합니다.

※ [Labs] 디렉터리는 앞에서 실습을 위해 생성한 디렉터리입니다. 독자 여러분은 각자 생성한 디렉터리가 다르다면 해당 디렉터리로 이동합니다.
※ 디렉터리 경로명 입력시 탭 키를 이용하면 편리하게 경로명을 입력할 수 있습니다. 예를 들어 Ap를 입력하고 탭키를 입력하면 AppData가 자동 완성되고, Lo를 입력하고 탭키를 입력하면 Local이 자동 완성되는 형태입니다.

06 다음과 같이 명령을 입력한 후, 엔터키를 입력합니다.

```
C:₩Users₩edu₩AppData₩Local₩Programs₩Python₩Python38₩
Labs>python _09_barista_4.py_
```

※ _09_barista_4.py 프로그램은 가장 최근에 작성한 바리스타 프로그램입니다.

07 다음과 같이 프로그램이 실행됩니다.

```
==<< 메뉴 >>==
1. 아메리카노
2. 카페라떼
3. 에스프레소
무엇을 주문하시겠어요?(q.종료)
```

※ 이후에는 이와 같은 방식으로 [명령 프롬프트]를 이용하여 예제를 실행하도록 합니다.

차례대로 1, 2, 3, 4, q를 눌러 봅니다. IDLE 상에서 수행했던 것과 같이 동작합니다.

[파일 탐색기]를 이용하면 디렉터리 이름을 편리하게 입력할 수 있습니다.

01 [명령 프롬프트] 상에서 다음과 같이 명령을 줍니다.

[cd] 명령 입력 후, 스페이스 키를 하나 입력합니다.

02 [데스크 탑] 화면 하단에 📁[파일 탐색기]를 실행시킨 후, 파이썬 디렉터리로 이동합니다.

※ [AppData] 디렉터리는 숨겨져 있기 때문에 다음과 같이 [파일 탐색기] 경로명 창에 직접 입력한 후, 파이썬 디렉터리로 이동합니다.

03 파이썬 디렉터리에 있는 Labs 디렉터리를 마우스 왼쪽 버튼을 눌러 집습니다.

마우스 왼쪽 버튼을 계속 누르고 있어야 합니다.

04 마우스로 집은 Labs 디렉터리를 [명령 프롬프트] 상으로 옮기면 다음과 같이 표시됩니다.

05 마우스로 집은 Labs 디렉터리를 [명령 프롬프트] 상에서 놓습니다. 그러면 다음과 같이 경로명이 자동으로 입력됩니다. 엔터키를 칩니다.

06 그러면 다음과 같이 해당 디렉터리로 이동합니다.

※ 이렇게 하면 [명령 프롬프트] 상에서도 경로명이 복잡한 디렉터리를 쉽게 입력할 수 있습니다.

01-2 main과 module로 분리하기

먼저 지금까지 작성한 파일을 barista_main.py와 barista_module.py의 2 부분으로 나눕니다. 코드의 내용을 추후에 변경되지 않을 부분과 변경될 부분으로 나눕니다. barista_main.py 파일은 변경되지 않을 부분이며, barista_module.py 파일은 변경될 부분입니다. brista_main.py 파일에서는 import 문을 이용하여 barista_module.py 파일을 모듈로 사용하게 됩니다.

01 다음과 같이 파일을 작성합니다. _09_barista_4.py 파일을 복사하여 편집하도록 합니다.

```
barista_main.py
01 : import sys
02 :
03 : import barista_module
04 :
05 : menu = barista_module.menu
06 : def show_menu():
07 :     print("☕ 메뉴 ☕")
08 :     for key in sorted(menu):
09 :         print(key +".",menu[key])
10 :     return
11 : def get_order():
12 :     order = input("무엇을 주문하시겠어요?(q.종료) ")
13 :     if order =="q":
14 :         print("오늘은 이만! 안녕~")
15 :         sys.exit(0)
16 :     print(order, "주문하셨습니다.")
17 :     return order
18 :
19 : recipe = barista_module.recipe
20 : def process_order(order):
21 :     func = recipe.get(order)
22 :     if func != None:
23 :         func()
24 :     else:
25 :         print("다시 주문해주세요~")
26 :     return
27 :
28 : while True:
29 :     # 메뉴 보여주기
30 :     show_menu()
31 :
32 :     # 주문 받기
33 :     order = get_order()
34 :
35 :     # 주문 처리하기
36 :     process_order(order)
```

01 : sys 모듈을 불러옵니다. 15번째 줄에 있는 sys.exit 함수를 사용하기 위해 필요합니다.

03 : barista_module 모듈을 불러옵니다. 이렇게 하면 barista_main.py 파일과 같은 디렉터리에 있는 barista_module.py 파일을 모듈로 가져오게 됩니다.

05 : menu 변수를 생성한 후, barista_module 모듈의 menu로 초기화합니다.

19 : recipe 변수를 생성한 후, barista_module 모듈의 recipe로 초기화합니다.

02 다음과 같이 파일을 작성합니다. _09_barista_4.py 파일을 복사하여 편집하도록 합니다.

```
barista_module.py

01 : menu = {
02 :     "1" : "아메리카노",
03 :     "2" : "카페라떼",
04 :     "3" : "에스프레소"
05 : }
06 :
07 : def make_americano():
08 :     print("아메리카노를 만들고 있습니다~")
09 :     return
10 : def make_cafelatte():
11 :     print("카페라떼를 만들고 있습니다~")
12 :     return
13 : def make_espresso():
14 :     print("에스프레소를 만들고 있습니다~")
15 :     return
16 : recipe = {
17 :     "1": make_americano,
18 :     "2": make_cafelatte,
19 :     "3": make_espresso
20 : }
```

03 다음과 같이 명령을 입력한 후, 엔터키를 입력합니다.

```
C:\Users\edu\AppData\Local\Programs\Python\Python38\
Labs>python barista_main.py
                    ①
```

04 다음과 같이 프로그램이 실행됩니다.

```
==<< 메뉴 >>==
1. 아메리카노
2. 카페라떼
3. 에스프레소
무엇을 주문하시겠어요?(q.종료)
```

차례대로 1, 2, 3, 4, q를 눌러 봅니다. 이전과 같이 동작합니다.

※ 이후에는 이와 같은 방식으로 [명령 프롬프트]를 이용하여 예제를 실행하도록 합니다.

01-3 sys.argv 이해하기

우리는 뒤에서 다음과 같은 형태로 파이썬 프로그램을 수행합니다.

```
>python barista_main.py barista_module_
    ❶              ❷                    ❸
```

이 과정에서 ❶ python 쉘은 ❷ barista_main.py 프로그램을 수행하기 위해 ❸ barista_module을 넘겨주어야 합니다. 이런 상황에서 필요한 것이 sys.argv입니다. sys.argv는 파이썬 프로그램 실행 시 명령 행으로 넘어오는 인자의 목록을 받는 변수입니다. python 쉘은 barista_main.py로 sys.argv를 넘겨줍니다. 즉, ❶ python 쉘은 ❷ barista_main.py를 sys.argv[0]으로 ❸ barista_module을 sys.argv[1]로 넘겨줍니다. 여기서는 sys.argv로 파이썬 프로그램에 인자를 넘기는 방법에 대해 살펴보고 활용할 수 있도록 합니다.

sys.argv 출력해 보기

여기서는 먼저 sys.argv를 print 함수를 이용하여 출력해 봅니다.

01 다음과 같이 예제를 작성합니다.

```
_argv.py

01 : import sys
02 :
03 : print(sys.argv)
```

01 : sys 모듈을 불러옵니다. 3 줄에서 필요합니다.
03 : print 함수를 호출하여 sys.argv를 출력해 봅니다.

02 다음과 같이 프로그램을 실행시켜 결과를 확인합니다.

```
C:\Users\edu\AppData\Local\Programs\Python\Python38\
Labs>python _argv.py ❶
['_argv.py'] ❷
```

'_argv.py' 문자열 항목을 가진 목록이 출력됩니다.

이번엔 다음과 같이 추가로 인자를 주어 프로그램을 실행시켜 봅니다.

```
C:\Users\edu\AppData\Local\Programs\Python\Python38\
Labs>python _argv.py how are you? ❶
['_argv.py', 'how', 'are', 'you?'] ❷
```

'_argv.py', 'how', 'are', 'you' 문자열 항목을 가진 목록이 출력됩니다.

※ sys.argv는 파이썬 프로그램 실행 시 명령 행으로 넘어오는 인자의 목록을 받는 변수입니다. sys.argv[0]은 우리가 작성한 파이썬 프로그램이 되며, sys.argv[1]부터는 추가적으로 넘어오는 인자가 됩니다.

※ [명령 프롬프트] 상에서 명령을 매번 입력하는 것은 지루할 수 있습니다. [윗 방향], [아랫 방향] 키를 이용하면 손쉽게 이전에 수행했던 명령으로 이동할 수 있습니다.

for 문으로 sys.argv 항목 출력해 보기

이제 for 문을 이용하여 sys.argv의 각 항목을 print 함수를 이용하여 출력해 봅니다.

01 다음과 같이 예제를 수정합니다.

```
_argv_2.py
01 : import sys
02 :
03 : print(len(sys.argv))
04 :
05 : for arg in sys.argv:
06 :     print(arg)
```

03   : len 함수를 호출하여 sys.argv의 길이를 출력합니다.
05, 06 : for 문을 이용하여 sys.argv의 각 항목을 arg로 받아 출력합니다.

02 다음과 같이 프로그램을 실행시켜 결과를 확인합니다.

```
C:\Users\edu\AppData\Local\Programs\Python\Python38\
Labs>python _argv_2.py
1
_argv_2.py
```

sys.argv의 길이는 1입니다. 즉, sys.argv 목록의 항목의 개수는 1개입니다. 그리고 for 문에 의해 _argv_2.py 가 출력됩니다.

이번엔 다음과 같이 프로그램을 실행시켜 결과를 확인합니다.

```
C:\Users\edu\AppData\Local\Programs\Python\Python38\
Labs>python _argv_2.py how are you?
4
_argv_2.py
how
are
you?
```

sys.argv의 길이는 4입니다. 즉, sys.argv 목록의 항목의 개수는 4개입니다. 그리고 for 문에 의해 _argv_2. py, how, are, you?가 출력됩니다.

sys.argv[0] 경로명 출력해 보기

여기서는 sys.argv[0] 항목을 통해 넘어오는 파이썬 프로그램의 파일 이름과 경로명을 출력해 봅니다.

01 다음과 같이 예제를 수정합니다.

```
_argv_3.py
01 : import sys
02 : import os
03 :
04 : print(os.path.basename(sys.argv[0]))
05 : print(os.path.abspath(sys.argv[0]))
```

02 : os 모듈을 불러옵니다. 4,5 줄에서 사용합니다.

04 : os.path.basename 함수를 호출하여 sys.argv[0] 항목을 통해 넘어오는 파이썬 프로그램의 파일 이름을 출력합니다.

05 : os.path.abspath 함수를 호출하여 sys.argv[0] 항목을 통해 넘어오는 파이썬 프로그램의 절대 경로를 포함한 파일 이름을 출력합니다. 절대 경로는 파일이 포함된 디스크 상의 절대 위치를 나타냅니다.

02 다음과 같이 프로그램을 실행시켜 결과를 확인합니다.

```
C:\Users\edu\AppData\Local\Programs\Python\Python38\
Labs>python _argv_3.py ❶
_argv_3.py ❷
C:\Users\edu\AppData\Local\Programs\Python\Python38\
Labs\_argv_3.py ❸
```

❷ 파이썬 프로그램의 파일 이름과 ❸ 절대 경로를 포함한 파일 이름이 차례대로 출력됩니다.

01-4 명령행 인자로 모듈 받기

여기서는 barista_main.py 파일에서 사용할 모듈을 명령행 인자로 넘기는 방법을 살펴봅니다.

01 다음과 같이 파일을 수정합니다.

```
barista_main_2.py
01 : import sys
02 : import importlib
03 : import os
04 :
05 : if len(sys.argv) >=2:
06 :     _module = importlib.import_module(sys.argv[1], package=None)
07 : else:
08 :     print("사용법 : python %s _module" %os.path.basename(sys.argv[0]))
```

```
09 :        sys.exit(-1)
10 :
11 : menu = _module.menu
12 : def show_menu():
13 :        print("══≪ 메뉴 ≫══")
14 :        for key in sorted(menu):
15 :             print(key+".",menu[key])
16 :        return
17 : def get_order():
18 :        order = input("무엇을 주문하시겠어요?(q.종료) ")
19 :        if order =="q":
20 :             print("오늘은 이만! 안녕~")
21 :             sys.exit(0)
22 :        print(order, "주문하셨습니다.")
23 :        return order
24 :
25 : recipe = _module.recipe
26 : def process_order(order):
27 :        func = recipe.get(order)
28 :        if func != None:
29 :             func()
30 :        else:
31 :             print("다시 주문해주세요~")
32 :        return
33 :
34 : while True:
35 :        # 메뉴 보여주기
36 :        show_menu()
37 :
38 :        # 주문 받기
39 :        order = get_order()
40 :
41 :        # 주문 처리하기
42 :        process_order(order)
```

01 : sys 모듈을 가져옵니다. 5번째 줄에 있는 sys.argv 매개 변수와 09, 21번째 줄에 있는 sys.exit 함수를 사용하기 위해 필요합니다.

02 : importlib 모듈을 가져옵니다. 06번째 줄에 있는 importlib.import_module 함수를 사용하기 위해 필요합니다.

03 : os 모듈을 가져옵니다. 08번째 줄에 있는 os.path.basename 함수를 사용하기 위해 필요합니다.

05 : sys.argv 목록의 항목 개수가 2 이상이면

06 : importlib.import_module 함수를 호출하여 sys.argv[1] 항목으로 넘어오는 이름의 모듈을 불러와 _module 변수에 할당합니다. 이렇게 하면 _module 변수가 가리키는 모듈을 사용할 수 있습니다. 11번째 줄, 25번째 줄에서 _module 변수를 사용하고 있습니다. package 매개변수는 불러올 모듈이 포함된 패키지가 있을 경우 패키지의 이름을 넣어줍니다. 여기서는 패키지가 따로 없기 때문에 None 값을 줍니다.

07 : 그렇지 않으면, 즉, sys.argv 목록의 항목 개수가 1이면

08 : print 함수를 호출하여 프로그램 사용법을 출력합니다. os.path.basename 함수는 sys.argv[1] 항목으로 넘어오는 파이썬 프로그램의 경로를 빼고 이름만 내어줍니다.

09 : sys.exit 함수를 호출하여 프로그램을 종료합니다. -1 값은 정상적인 종료가 아닐 경우 일반적으로 주는 값입니다.

11 : menu 변수를 생성한 후, _module 변수가 가리키는 모듈의 menu로 초기화합니다.

25 : recipe 변수를 생성한 후, _module 변수가 가리키는 모듈의 recipe로 초기화합니다.

02 다음과 같이 프로그램을 실행시켜 봅니다.

```
C:₩Users₩edu₩AppData₩Local₩Programs₩Python₩Python38₩
Labs>python barista_main_2.py barista_module
==<< 메뉴 >>==
1. 아메리카노
2. 카페라떼
3. 에스프레소
무엇을 주문하시겠어요?(q.종료)
```

차례대로 1, 2, 3, 4, q를 눌러 봅니다. 이전과 같이 동작합니다.

※ 명령 입력시 모듈의 이름에는 .py 확장자를 빼도록 합니다.

※ barista_module.py 파일의 사본을 차례대로 barista_module_2.py, barista_module_3.py 등으로 이름을 변경해 가며 내용을 수정합니다. 수정한 파일들은 내용이 바뀌지 않는 barista_main_2.py 파일과 연동해서 실행하게 됩니다. 예를 들어, 다음과 같이 실행합니다.

```
python barista_main_2.py barista_module_2
python barista_main_2.py barista_module_3
```

barista_main_2.py에서는 변경된 내용의 모듈을 불러와 사용할 수 있도록 importlib.import_module 함수를 사용합니다.

IDLE에서 파이썬 프로그램에 인자 넘기기

IDLE에서도 파이썬 프로그램에 인자를 넘길 수 있습니다.

01 다음과 같이 [barista_main_2.py] 창에서][Run]–[Run... Customized] 메뉴를 선택합니다.

02 그러면 다음과 같은 창이 뜹니다.

sys.argv를 위한 명령 중 인자들을 입력할 수 있습니다.

03 다음과 같이 barista_module이라고 입력합니다. [OK] 버튼을 누릅니다.

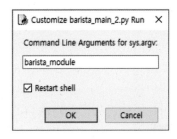

04 다음과 같이 결과를 확인합니다.

```
>>>
= RESTART: C:₩Users₩edu₩AppData₩Local₩Programs₩Python₩Python37₩Labs₩barista_main
_2.py
==<< 메뉴 >>==
1. 아메리카노
2. 카페라떼
3. 에스프레소
무엇을 주문하시겠어요?(q.종료)
```

01-5 문자열 인자 함수로 넘기기

앞에서 우리는 바리스타 프로그램을 barista_main.py와 barista_module.py의 2 부분으로 나누었습니다. 이제부터는 barista_module.py 파일을 위주로 편집해가며 프로그램을 완성해 갑니다. 여기서는 문자열을 이용하여 make_cafelatte 함수를 구현해 봅니다. 이 과정에서 문자열 값을 갖는 변수를 생성해 보고, 문자열 값 변수를 함수의 인자로 넘기고 받는 동작을 반복해 보며 파이썬 프로그램에서 문자열 사용을 익숙하게 합니다.

barista_module.py 파일 복사해 오기

첫 번째, 다음과 같이 barista_module.py 파일을 barista_module_2.py 파일로 복사합니다.

```
barista_module_2.py
01 : menu = {
02 :     "1" : "아메리카노",
03 :     "2" : "카페라떼",
04 :     "3" : "에스프레소"
05 : }
06 :
07 : def make_americano():
08 :     print("아메리카노를 만들고 있습니다~")
09 :     return
10 : def make_cafelatte():
```

```
11 :        print("카페라떼를 만들고 있습니다~")
12 :        return
13 : def make_espresso():
14 :        print("에스프레소를 만들고 있습니다~")
15 :        return
16 : recipe = {
17 :        "1": make_americano,
18 :        "2": make_cafelatte,
19 :        "3": make_espresso
20 : }
```

카페라떼 만드는 법 : 순서를 붙여 레시피 정리하기

두 번째, 카페라떼 레시피를 정리합니다. 다음과 같이 카페라떼 레시피를 정리한 후, 동작 하나 하나를 기준으로 순서대로 번호를 붙입니다.

> 1. 커피를 머그잔에 우려내 우린 커피를 만든다.
> 2. 우유를 거품기로 거품을 내 거품 우유를 만든다.
> 3. 우린 커피를 거품 우유에 더해 우유 커피를 만든다.
> 4. 우유 커피를 설탕과 저어 카페라떼를 만든다.

※ 카페라떼 레시피는 필자가 임의대로 정리해 보았습니다. 독자 여러분이 더 좋은 레시피를 가지고 있다면 해당 레시피를 사용하셔도 좋습니다.

유사 코드 작성하기

세 번째, 유사 코드를 작성합니다. 유사 코드 작성은 다음과 같이 카페라떼 레시피를 동작, 대상 순서로 나열한 후, 함수 호출 형태로 변경합니다.

❶ 우리말로 동작, 대상 순서로 나열하기

먼저 다음과 같이 변경합니다.

> 우린다. 커피를, 머그잔에, 그러면 우린 커피가 나온다.
> 거품을 낸다. 우유를, 거품기로, 그러면 거품 우유가 나온다.
> 더한다. 우린 커피를, 거품 우유에, 그러면 우유 커피가 나온다.
> 젓는다. 우유 커피를, 설탕과, 그러면 카페라떼가 나온다.

동사를 앞으로 명사를 뒤로 정리하였습니다.

❷ 우리말로 함수 호출 형태로 변경하기

위의 프로그램은 파이썬에서 사용하는 형태로 다음과 같이 변경합니다.

> 우린다(커피, 머그잔) -> 우린 커피
> 거품을 낸다(우유, 거품기) -> 거품 우유
> 더한다(우린 커피, 거품 우유) -> 우유 커피
> 젓는다(우유 커피, 설탕) -> 카페라떼

변수에 해당하는 명사를 ( ) – 소괄호 안에 나열한 형태입니다. –〉 는 함수를 수행한 결과 값을 나타
냅니다.

실제 코드 작성하기

네 번째, 실제 코드 작성을 시작합니다. 일반적으로 다음과 같은 순서로 코드를 작성합니다.

❶ 영어로 함수 호출 형태 변경하기

먼저 동작을 순서대로 나열합니다.

```
brewed_coffee = brew(coffee, mug)
frothed_milk = froth(milk, froth_maker)
milk_coffee = add(brewed_coffee, frothed_milk)
cafelatte = stir(milk_coffee, sugar)
```

함수와 변수를 적당한 영어 단어로 표현합니다. 이 과정에서 함수의 이름과 변수의 이름이 결정됩니다.

01 수행할 함수를 다음과 같이 추가합니다. 일단 주석 처리합니다.

```
barista_module_2_2.py
10 : def make_cafelatte():
11 :     print("카페라떼를 만들고 있습니다~")
12 :
13 :     #brewed_coffee = brew(coffee, mug)
14 :     #frothed_milk = froth(milk, froth_maker)
15 :     #milk_coffee = add(brewed_coffee, frothed_milk)
16 :     #cafelatte = stir(milk_coffee, sugar)
17 :
18 :     return
```

13~16 : 수행할 함수를 나열합니다. 일단 주석처리를 하여 수행이 되지 않도록 합니다.

13 : brew 함수를 호출하여 결과 값을 brewed_coffee 변수로 받습니다. brew 함수를 호출할 때는 coffee와 mug를 인자로 줍니다.

14 : froth 함수를 호출하여 결과 값을 frothed_milk 변수로 받습니다. froth 함수를 호출할 때는 milk와 froth_maker를 인자로 줍니다.

15 : add 함수를 호출하여 결과 값을 milk_coffee 변수로 받습니다. add 함수를 호출할 때는 brewed_coffee와 frothed_milk를 인자로 줍니다.

16 : stir 함수를 호출하여 결과 값을 cafelatte 변수로 받습니다. stir 함수를 호출할 때는 milk_coffee와 sugar를 인자로 줍니다.

❷ 변수 추가하기

동작에 필요한 재료를 준비합니다. 즉, 변수를 준비합니다.

02 다음과 같이 변수를 추가합니다.

```
barista_module_2_3.py
10 : def make_cafelatte():
11 :     print("카페라떼를 만들고 있습니다~")
12 :
13 :     coffee ="커피 가루"
14 :     milk ="우유"
15 :     sugar ="설탕"
16 :     mug ="뜨거운 물이 담긴 머그잔"
17 :     froth_maker ="거품기"
18 :
19 :     #brewed_coffee = brew(coffee, mug)
20 :     #frothed_milk = froth(milk, froth_maker)
21 :     #milk_coffee = add(brewed_coffee, frothed_milk)
22 :     #cafelatte = stir(milk_coffee, sugar)
23 :
24 :     return
```

13~17 : 19~22 줄에서 인자로 사용할 변수를 생성하고 초기화합니다.
13   : coffee 변수를 생성한 후, "커피 가루"로 초기화합니다.
14   : milk 변수를 생성한 후, "우유"로 초기화합니다.
15   : sugar 변수를 생성한 후, "설탕"으로 초기화합니다.
16   : mug 변수를 생성한 후, "뜨거운 물이 담긴 머그잔"으로 초기화합니다.
17   : froth_maker 변수를 생성한 후, "거품기"로 초기화합니다.

❸ 함수 추가하기

동작을 정의합니다. 일단은 함수를 빠져나오기 위한 return 문만 추가합니다.

03 다음과 같이 수행할 함수를 정의합니다.

```
barista_module_2_4.py
10 : def brew(coffee, mug):
11 :     return
12 : def froth(milk, froth_maker):
13 :     return
14 : def add(brewed_coffee, frothed_milk):
15 :     return
16 : def stir(milk_coffee, sugar):
17 :     return
```

```
18 : def make_cafelatte():
19 :     print("카페라떼를 만들고 있습니다~")
20 :
21 :     coffee ="커피 가루"
22 :     milk ="우유"
23 :     sugar ="설탕"
24 :     mug ="뜨거운 물이 담긴 머그잔"
25 :     froth_maker ="거품기"
26 :
27 :     #brewed_coffee = brew(coffee, mug)
28 :     #frothed_milk = froth(milk, froth_maker)
29 :     #milk_coffee = add(brewed_coffee, frothed_milk)
30 :     #cafelatte = stir(milk_coffee, sugar)
31 :
32 :     return
```

10~17 : 27~30 줄에서 사용할 함수를 정의합니다.

10,11 : brew 함수를 정의합니다. 인자로 coffee, mug를 받도록 합니다. 현재는 아무것도 수행하지 않고 함수를 빠져 나
갑니다.

12,1 3 : froth 함수를 정의합니다. 인자로 milk, froth_maker를 받도록 합니다. 현재는 아무것도 수행하지 않고 함수를 빠
져 나갑니다.

14, 15 : add 함수를 정의합니다. 인자로 brewed_coffee, frothed_milk를 받도록 합니다. 현재는 아무것도 수행하지 않고
함수를 빠져 나갑니다.

16, 17 : stir 함수를 정의합니다. 인자로 milk_coffee, sugar를 받도록 합니다. 현재는 아무것도 수행하지 않고 함수를 빠
져 나갑니다.

04 함수 호출 부분의 주석을 풀어줍니다.

```
barista_module_2_5.py

18 : def make_cafelatte():
19 :     print("카페라떼를 만들고 있습니다~")
20 :
21 :     coffee ="커피 가루"
22 :     milk ="우유"
23 :     sugar ="설탕"
24 :     mug ="뜨거운 물이 담긴 머그잔"
25 :     froth_maker ="거품기"
26 :
27 :     brewed_coffee = brew(coffee, mug)
28 :     frothed_milk = froth(milk, froth_maker)
29 :     milk_coffee = add(brewed_coffee, frothed_milk)
30 :     cafelatte = stir(milk_coffee, sugar)
31 :
32 :     return
```

27~30 : 주석을 해제합니다.

05 프로그램을 실행시켜 봅니다. 오류 메시지 없이 정상적으로 수행되는 것을 확인합니다.

```
C:\Users\edu\AppData\Local\Programs\Python\Python38\
Labs>python barista_main_2.py barista_module_2_5 ①
==<< 메뉴 >>==
1. 아메리카노
2. 카페라떼
3. 에스프레소
무엇을 주문하시겠어요?(q.종료)
```

※ 명령 입력시 모듈의 이름에는 .py 확장자를 빼도록 합니다.

❹ 함수 내용 추가하기

각각의 동작을 정의합니다. return은 생략할 수 있습니다.

06 다음과 같이 brew 함수를 정의합니다.

barista_module_2_5_2.py

```
10 : def brew(coffee, mug):
11 :     print(" %s를 %s에 넣어 우립니다." %(coffee, mug))
12 :     mug ="우린 커피"
13 :     print(" %s가 준비되었습니다!" %mug)
14 :
15 :     return mug
```

11 : print 함수를 호출하여 "커피를 머그잔에 넣어 우립니다." 문자열을 출력합니다.
12 : mug 변수가 가리키는 대상을 "우린 커피"로 바꿉니다.
13 : print 함수를 호출하여 "우린 커피가 준비되었습니다!" 문자열을 출력합니다.
15 : mug 변수 값을 내어줍니다.

07 프로그램을 실행시켜 봅니다.

```
C:\Users\edu\AppData\Local\Programs\Python\Python38\
Labs>python barista_main_2.py barista_module_2_5_2
==<< 메뉴 >>==
1. 아메리카노
2. 카페라떼
3. 에스프레소
무엇을 주문하시겠어요?(q.종료) 2 ①
2 주문하셨습니다.
카페라떼를 만들고 있습니다~
  커피 가루를 뜨거운 물이 담긴 머그잔에 넣어 우립니
다.                              ②
  우린 커피가 준비되었습니다! ③
```

❶ 카페라떼 주문을 위해 2를 입력해 봅니다. ❷ mug 변수는 make_cafelatte 함수에서 할당된 "뜨거운 물이 담긴 머그잔" 값을 가지고 있습니다. ❸ mug 변수는 brew 함수에서 변경된 "우린 커피" 값을 가지고 있습니다.

08 다음과 같이 froth 함수를 정의합니다.

```
barista_module_2_5_3.py
16 : def froth(milk, froth_maker):
17 :     print("  %s를 %s로 거품을 냅니다." %(milk, froth_maker))
18 :     froth_maker ="거품 우유"
19 :     print("  %s가 준비되었습니다!" %froth_maker)
20 :
21 :     return froth_maker
```

17 : print 함수를 호출하여 "우유를 거품기로 거품을 냅니다." 문자열을 출력합니다.

18 : froth_maker 변수가 가리키는 대상을 "거품 우유"로 바꿉니다.

19 : print 함수를 호출하여 "거품 우유가 준비되었습니다!" 문자열을 출력합니다.

21 : froth_maker 변수 값을 내어줍니다.

09 프로그램을 실행시켜 봅니다.

❶ 카페라떼 주문을 위해 2를 입력해 봅니다. ❷ froth_maker 변수는 make_cafelatte 함수에서 할당된 "거품 기" 값을 가지고 있습니다. ❸ froth_maker 변수는 brew 함수에서 변경된 "거품 우유" 값을 가지고 있습니다.

10 다음과 같이 add 함수를 정의합니다.

```
barista_module_2_5_4.py
22 : def add(brewed_coffee, frothed_milk):
23 :     print("  %s를 %s에 더해줍니다." %(brewed_coffee, frothed_milk))
24 :     milk_coffee ="우유 커피"
25 :     print("  %s가 준비되었습니다!" %milk_coffee)
26 :
27 :     return milk_coffee
```

23 : print 함수를 호출하여 "우린 커피를 거품 우유에 더해줍니다." 문자열을 출력합니다.

24 : milk_coffee 변수를 생성한 후 "우유 커피"로 초기화합니다.

25 : print 함수를 호출하여 "우유 커피가 준비되었습니다!" 문자열을 출력합니다.

27 : milk_coffee 변수 값을 내어줍니다.

11 프로그램을 실행시켜 봅니다.

```
C:₩Users₩edu₩AppData₩Local₩Programs₩Python₩Python38₩
Labs>python barista_main_2.py barista_module_2_5_4
==<< 메뉴 >>==
1. 아메리카노
2. 카페라떼
3. 에스프레소
무엇을 주문하시겠어요?(q.종료) 2  ①
2 주문하셨습니다.
카페라떼를 만들고 있습니다~
  커피 가루를 뜨거운 물이 담긴 머그잔에 넣어 우립니
다.
  우린 커피가 준비되었습니다!
  우유를 거품기로 거품을 냅니다.
  거품 우유가 준비되었습니다!
  우린 커피를 거품 우유에 더해줍니다.  ②
  우유 커피가 준비되었습니다!  ③
```

2를 입력해 결과를 확인합니다.

12 다음과 같이 stir 함수를 정의합니다.

barista_module_2_5_5.py

```python
28 : def stir(milk_coffee, sugar):
29 :     print("  %s를 %s과 저어줍니다." %(milk_coffee, sugar))
30 :     cafelatte ="카페라떼"
31 :     print("  %s가 준비되었습니다!" %cafelatte)
32 :
33 :     return cafelatte
```

29 : print 함수를 호출하여 "우유 커피를 설탕과 저어줍니다." 문자열을 출력합니다.

30 : cafelatte 변수를 생성한 후 "카페라떼"로 초기화합니다.

31 : print 함수를 호출하여 "카페라떼가 준비되었습니다!" 문자열을 출력합니다.

33 : cafelatte 변수 값을 내어줍니다.

13 프로그램을 실행시켜 봅니다.

```
C:₩Users₩edu₩AppData₩Local₩Programs₩Python₩Python38₩
Labs>python barista_main_2.py barista_module_2_5_5
==<< 메뉴 >>==
1. 아메리카노
2. 카페라떼
3. 에스프레소
무엇을 주문하시겠어요?(q.종료) 2  ①
2 주문하셨습니다.
카페라떼를 만들고 있습니다~
  커피 가루를 뜨거운 물이 담긴 머그잔에 넣어 우립니
다.
  우린 커피가 준비되었습니다!
  우유를 거품기로 거품을 냅니다.
  거품 우유가 준비되었습니다!
  우린 커피를 거품 우유에 더해줍니다.
  우유 커피가 준비되었습니다!
  우유 커피를 설탕과 저어줍니다.  ②
  카페라떼가 준비되었습니다!  ③
```

2를 입력해 결과를 확인합니다.

01-6 중간 결과 파일 (4)

다음은 지금까지 작성한 파일의 내용입니다.

```
barista_module_2_5_5.py

1  : menu = {
2  :     "1" : "아메리카노",
3  :     "2" : "카페라떼",
4  :     "3" : "에스프레소"
5  : }
6  :
7  : def make_americano():
8  :     print("아메리카노를 만들고 있습니다~")
9  :     return
10 : def brew(coffee, mug):
11 :     print(" %s를 %s에 넣어 우립니다." %(coffee, mug))
12 :     mug ="우린 커피"
13 :     print(" %s가 준비되었습니다!" %mug)
14 :
15 :     return mug
16 : def froth(milk, froth_maker):
17 :     print(" %s를 %s로 거품을 냅니다." %(milk, froth_maker))
18 :     froth_maker ="거품 우유"
19 :     print(" %s가 준비되었습니다!" %froth_maker)
20 :
21 :     return froth_maker
22 : def add(brewed_coffee, frothed_milk):
23 :     print(" %s를 %s에 더해줍니다." %(brewed_coffee, frothed_milk))
24 :     milk_coffee ="우유 커피"
25 :     print(" %s가 준비되었습니다!" %milk_coffee)
26 :
27 :     return milk_coffee
28 : def stir(milk_coffee, sugar):
29 :     print(" %s를 %s으로 저어줍니다." %(milk_coffee, sugar))
30 :     cafelatte ="카페라떼"
31 :     print(" %s가 준비되었습니다!" %cafelatte)
32 :
33 :     return cafelatte
34 : def make_cafelatte():
35 :     print("카페라떼를 만들고 있습니다~")
36 :
37 :     coffee ="커피 가루"
38 :     milk ="우유"
39 :     sugar ="설탕"
40 :     mug ="뜨거운 물이 담긴 머그잔"
41 :     froth_maker ="거품기"
```

```
42 :
43 :     brewed_coffee = brew(coffee, mug)
44 :     frothed_milk = froth(milk, froth_maker)
45 :     milk_coffee = add(brewed_coffee, frothed_milk)
46 :     cafelatte = stir(milk_coffee, sugar)
47 :
48 :     return
49 : def make_espresso():
50 :     print("에스프레소를 만들고 있습니다~")
51 :     return
52 : recipe = {
53 :     "1": make_americano,
54 :     "2": make_cafelatte,
55 :     "3": make_espresso
56 : }
```

01-7 맘스터치 프로그램 작성해보기 (4)

맘스터치의 사이버거를 만드는 make_thighburger 함수를 완성해 봅니다.

MoM's Tuch Program

❶ 맘스터치 프로그램을 mom_main.py, mom_module.py로 나눕니다.
❷ mom_module.py 파일을 mom_module_2.py 파일로 복사합니다.
❸ 싸이버거의 레시피를 찾습니다.
❹ 수행할 함수의 구조를 잡습니다.
❺ 필요한 변수를 생성하고 문자열로 초기화합니다.
❻ 수행할 함수를 정의합니다.
❼ 하위 함수를 구현합니다. 문자열을 인자로 받아 처리합니다.

해답 소스 파일 경로는 5쪽을 참조합니다.

01-8 목록 인자 함수로 넘기기

여기서는 목록을 이용하여 make_cafelatte 함수를 구현해 봅니다. 이 과정에서 목록 값을 갖는 변수를 생성해 보고, 목록 값 변수를 함수의 인자로 넘기고 받는 동작을 반복해 보며 파이썬 프로그램에서 목록 사용을 익숙하게 합니다.

01 다음과 같이 barista_module.py 파일을 barista_module_3.py 파일로 복사합니다.

```
barista_module_3.py

01 : menu = {
02 :     "1" : "아메리카노",
03 :     "2" : "카페라떼",
04 :     "3" : "에스프레소"
05 : }
06 :
07 : def make_americano():
08 :     print("아메리카노를 만들고 있습니다~")
09 :     return
10 : def make_cafelatte():
11 :     print("카페라떼를 만들고 있습니다~")
12 :     return
13 : def make_espresso():
14 :     print("에스프레소를 만들고 있습니다~")
15 :     return
16 : recipe = {
17 :     "1": make_americano,
18 :     "2": make_cafelatte,
19 :     "3": make_espresso
20 : }
```

02 수행할 함수의 구조를 잡습니다.

```
barista_module_3_2.py

10 : def make_cafelatte():
11 :     print("카페라떼를 만들고 있습니다~")
12 :
13 :     #brew(coffee, mug)
14 :     #froth(milk, froth_maker)
15 :     #add(mug, froth_maker)
16 :     #stir(mug, sugar)
17 :
18 :     return
```

13~16 : 수행할 명령을 나열합니다. 일단 주석처리를 하여 수행이 되지 않도록 합니다.

13 : brew 함수를 호출합니다. brew 함수를 호출할 때는 coffee와 mug를 인자로 줍니다. 결과 값은 mug 변수로 받습니다. 목록의 경우 호출한 함수 내부에서 목록의 항목을 변경할 수 있습니다.

14 : froth 함수를 호출합니다. froth 함수를 호출할 때는 milk와 froth_maker를 인자로 줍니다. 결과 값은 froth_maker 변수로 받습니다. 목록의 경우 호출한 함수 내부에서 목록의 항목을 변경할 수 있습니다.

15 : add 함수를 호출합니다. add 함수를 호출할 때는 mug와 froth_maker를 인자로 줍니다. 결과 값은 mug 변수로 받습니다. 목록의 경우 호출한 함수 내부에서 목록의 항목을 변경할 수 있습니다.

16 : stir 함수를 호출합니다. stir 함수를 호출할 때는 mug와 sugar를 인자로 줍니다. 결과 값은 mug 변수로 받습니다. 목록의 경우 호출한 함수 내부에서 목록의 항목을 변경할 수 있습니다.

※ 목록의 경우 호출한 함수 내부에서 목록의 항목을 변경할 수 있기 때문에 결과 값을 따로 내어주지 않아도 됩니다. 즉, 목록의 항목을 변경하는 동작으로 결과 값을 내어주는 동작을 대신할 수 있습니다.

03 목록 변수를 추가합니다.

barista_module_3_3.py

```
10 : def make_cafelatte():
11 :     print("카페라떼를 만들고 있습니다~")
12 :
13 :     coffee = []
14 :     milk = []
15 :     sugar = []
16 :     mug = []
17 :     froth_maker = []
18 :
19 :     #brew(coffee, mug)
20 :     #froth(milk, froth_maker)
21 :     #add(mug, froth_maker)
22 :     #stir(mug, sugar)
23 :
24 :     return
```

13~17 : 19~22 줄에서 인자로 사용할 변수를 생성하고 빈 목록으로 초기화합니다.

04 수행할 함수를 정의합니다.

barista_module_3_4.py

```
10 : def brew(coffee, mug):
11 :     return
12 : def froth(milk, froth_maker):
13 :     return
14 : def add(mug, froth_maker):
15 :     return
16 : def stir(mug, sugar):
17 :     return
18 : def make_cafelatte():
```

```
19 :        print("카페라떼를 만들고 있습니다~")
20 :
21 :        coffee = []
22 :        milk = []
23 :        sugar = []
24 :        mug = []
25 :        froth_maker = []
26 :
27 :        #brew(coffee, mug)
28 :        #froth(milk, froth_maker)
29 :        #add(mug, froth_maker)
30 :        #stir(mug, sugar)
31 :
32 :        return
```

10~17 : 27~30 줄에서 사용할 함수를 정의합니다.

10, 11 : brew 함수를 정의합니다. 인자로 coffee, mug를 받도록 합니다. 현재는 아무것도 수행하지 않고 함수를 빠져 나갑니다.

12, 13 : froth 함수를 정의합니다. 인자로 milk, froth_maker를 받도록 합니다. 현재는 아무것도 수행하지 않고 함수를 빠져 나갑니다.

14, 15 : add 함수를 정의합니다. 인자로 mug, froth_maker를 받도록 합니다. 현재는 아무것도 수행하지 않고 함수를 빠져 나갑니다.

16, 17 : stir 함수를 정의합니다. 인자로 mug, sugar를 받도록 합니다. 현재는 아무것도 수행하지 않고 함수를 빠져 나갑니다.

05 함수호출 부분의 주석을 풀어줍니다.

```
barista_module_3_5.py

18 : def make_cafelatte():
19 :        print("카페라떼를 만들고 있습니다~")
20 :
21 :        coffee = []
22 :        milk = []
23 :        sugar = []
24 :        mug = []
25 :        froth_maker = []
26 :
27 :        brew(coffee, mug)
28 :        froth(milk, froth_maker)
29 :        add(mug, froth_maker)
30 :        stir(mug, sugar)
31 :
32 :        return
```

27~30 : 주석을 해제합니다.

06 프로그램을 실행시켜 봅니다. 오류 메시지 없이 정상적으로 수행되는 것을 확인합니다.

```
C:\Users\edu\AppData\Local\Programs\Python\Python38\
Labs>python barista_main_2.py barista_module_3_5
==<< 메뉴 >>==
1. 아메리카노
2. 카페라떼
3. 에스프레소
무엇을 주문하시겠어요?(q.종료)
```

※ 명령 입력시 모듈의 이름에는 .py 확장자를 빼도록 합니다.

07 make_cafelatte 함수를 다음과 같이 수정합니다.

barista_module_3_5_2.py

```
18 : def make_cafelatte():
19 :     print("카페라떼를 만들고 있습니다~")
20 :
21 :     coffee = ["커피 가루"]
22 :     milk = []
23 :     sugar = []
24 :     mug = ["뜨거운 물이 담긴 머그잔"]
25 :     froth_maker = []
26 :
27 :     brew(coffee, mug)
28 :     froth(milk, froth_maker)
29 :     add(mug, froth_maker)
30 :     stir(mug, sugar)
31 :
32 :     return
```

21 : coffee 변수가 가리키는 목록에 "커피 가루" 항목을 추가합니다.
24 : mug 변수가 가리키는 목록에 "뜨거운 물이 담긴 머그잔" 항목을 추가합니다.

08 다음과 같이 brew 함수를 정의합니다.

barista_module_3_5_3.py

```
10 : def brew(coffee, mug):
11 :     print("  %s를 %s에 넣어 우립니다."
12 :           %(coffee[0], mug[0]))
13 :     mug[0] ="우린 커피"
14 :     print("  %s가 준비되었습니다!" %mug[0])
15 :     return
```

11, 12 : print 함수를 호출하여 "커피를 머그잔에 넣어 우립니다." 문자열을 출력합니다. "커피" 문자열은 coffee 변수가
가리키는 목록의 0번 항목의 값입니다. "머그잔" 문자열은 mug 변수가 가리키는 목록의 0번 항목의 값입니다.
13 : mug 변수가 가리키는 목록의 0번 항목을 "우린 커피"로 바꿉니다.
14 : print 함수를 호출하여 "우린 커피가 준비되었습니다!" 문자열을 출력합니다.
15 : 함수를 빠져 나갑니다.

09 프로그램을 실행시켜 봅니다.

```
C:\Users\edu\AppData\Local\Programs\Python\Python38\
Labs>python barista_main_2.py barista_module_3_5_3
==<< 메뉴 >>==
1. 아메리카노
2. 카페라떼
3. 에스프레소
무엇을 주문하시겠어요?(q.종료) 2  ❶
2 주문하셨습니다.
카페라떼를 만들고 있습니다~
  커피 가루를 뜨거운 물이 담긴 머그잔에 넣어 우립니
다. ❷
  우린 커피가 준비되었습니다! ❸
==<< 메뉴 >>==
1. 아메리카노
2. 카페라떼
3. 에스프레소
무엇을 주문하시겠어요?(q.종료)
```

❶ 카페라떼 주문을 위해 2를 입력해 봅니다.

❷ mug 변수는 make_cafelatte 함수에서 생성된 "뜨거운 물이 담긴 머그잔" 값을 항목으로 갖는 목록을 가리키고 있습니다.

❸ mug 변수가 가리키는 목록의 항목은 brew 함수에서 "우린 커피" 값으로 변경되었습니다.

10 make_cafelatte 함수를 다음과 같이 수정합니다.

```
barista_module_3_5_4.py

22 : def make_cafelatte():
23 :     print("카페라떼를 만들고 있습니다~")
24 :
25 :     coffee = ["커피 가루"]
26 :     milk = ["우유"]
27 :     sugar = []
28 :     mug = ["뜨거운 물이 담긴 머그잔"]
29 :     froth_maker = ["거품기"]
30 :
31 :     brew(coffee, mug)
32 :     froth(milk, froth_maker)
33 :     add(mug, froth_maker)
34 :     stir(mug, sugar)
35 :
36 :     return
```

26 : milk 변수가 가리키는 목록에 "우유" 항목을 추가합니다.

29 : froth_maker 변수가 가리키는 목록에 "거품기" 항목을 추가합니다.

11 다음과 같이 froth 함수를 정의합니다.

```
barista_module_3_5_5.py

16 : def froth(milk, froth_maker):
17 :     print(" %s를 %s로 거품을 냅니다."
18 :           %(milk[0], froth_maker[0]))
19 :     froth_maker[0] ="거품 우유"
20 :     print(" %s가 준비되었습니다!" %froth_maker[0])
21 :     return
```

17 : print 함수를 호출하여 "우유를 거품기로 거품을 냅니다." 문자열을 출력합니다. "우유" 문자열은 milk 변수가 가리키는 목록의 0번 항목의 값입니다. "거품기" 문자열은 froth_maker 변수가 가리키는 목록의 0번 항목의 값입니다.

18 : froth_maker 변수가 가리키는 목록의 0번 항목을 "거품 우유"로 바꿉니다.

19 : print 함수를 호출하여 "거품 우유가 준비되었습니다!" 문자열을 출력합니다.

21 . 함수를 빠져 나갑니다.

12 프로그램을 실행시켜 봅니다.

```
C:\Users\edu\AppData\Local\Programs\Python\Python38\
Labs>python barista_main_2.py barista_module_3_5_5
==<< 메뉴 >>==
1. 아메리카노
2. 카페라떼
3. 에스프레소
무엇을 주문하시겠어요?(q.종료) 2 ❶
2 주문하셨습니다.
카페라떼를 만들고 있습니다~
 커피 가루를 뜨거운 물이 담긴 머그잔에 넣어 우립니
다.
 우린 커피가 준비되었습니다!
 우유를 거품기로 거품을 냅니다. ❷
 거품 우유가 준비되었습니다! ❸
```

❶ 카페라떼 주문을 위해 2를 입력해 봅니다.

❷ froth_maker 변수는 make_cafelatte 함수에서 생성된 "거품기" 값을 항목으로 갖는 목록을 가리키고 있습니다.

❸ froth_maker 변수가 가리키는 목록의 항목은 brew 함수에서 "거품 우유" 값으로 변경되었습니다.

13 다음과 같이 add 함수를 정의합니다.

```
barista_module_3_5_6.py

22 : def add(mug, froth_maker):
23 :     print(" %s를 %s에 더해줍니다."
24 :           %(mug[0], froth_maker[0]))
25 :     mug[0] ="우유 커피"
26 :     print(" %s가 준비되었습니다!" %mug[0])
27 :     return
```

23, 24 : print 함수를 호출하여 "우린 커피를 거품 우유에 더해줍니다." 문자열을 출력합니다. "우린 커피" 문자열은 mug 변수가 가리키는 목록의 0번 항목의 값입니다. "거품 우유" 문자열은 froth_maker 변수가 가리키는 목록의 0번 항목의 값입니다.

25 : mug 변수가 가리키는 목록의 0번 항목을 "우유 커피"로 바꿉니다.

26 : print 함수를 호출하여 "우유 커피가 준비되었습니다!" 문자열을 출력합니다.

27 : 함수를 빠져 나갑니다.

14 프로그램을 실행시켜 봅니다.

```
C:\Users\edu\AppData\Local\Programs\Python\Python38\
Labs>python barista_main_2.py barista_module_3_5_6
==<< 메뉴 >>==
1. 아메리카노
2. 카페라떼
3. 에스프레소
무엇을 주문하시겠어요?(q.종료) 2 ❶
2 주문하셨습니다.
카페라떼를 만들고 있습니다~
  커피 가루를 뜨거운 물이 담긴 머그잔에 넣어 우립니
다.
  우린 커피가 준비되었습니다!
  우유를 거품기로 거품을 냅니다.
  거품 우유가 준비되었습니다!
  우린 커피를 거품 우유에 더해줍니다. ❷
  우유 커피가 준비되었습니다! ❸
```

2를 입력해 결과를 확인합니다.

15 make_cafelatte 함수를 다음과 같이 수정합니다.

barista_module_3_5_7.py

```
30 : def make_cafelatte():
31 :     print("카페라떼를 만들고 있습니다~")
32 :
33 :     coffee = ["커피 가루"]
34 :     milk = ["우유"]
35 :     sugar = ["설탕"]
36 :     mug = ["뜨거운 물이 담긴 머그잔"]
37 :     froth_maker = ["거품기"]
38 :
39 :     brew(coffee, mug)
40 :     froth(milk, froth_maker)
41 :     add(mug, froth_maker)
42 :     stir(mug, sugar)
43 :
44 :     return
```

35 : sugar 변수가 가리키는 목록에 "설탕" 항목을 추가합니다.

16 다음과 같이 stir 함수를 정의합니다.

```
barista_module_3_5_8.py

28 : def stir(mug, sugar):
29 :     print("  %s를 %s과 저어줍니다."
30 :           %(mug[0], sugar[0]))
31 :     mug[0] ="카페라떼"
32 :     print("  %s가 준비되었습니다!" %mug[0])
33 :     return
```

29, 30 : print 함수를 호출하여 "우유 커피를 설탕과 저어줍니다." 문자열을 출력합니다. "우유 커피" 문자열은 mug 변수
가 가리키는 목록의 0번 항목의 값입니다. "설탕" 문자열은 sugar 변수가 가리키는 목록의 0번 항목의 값입니다.

31 : mug 변수가 가리키는 목록의 0번 항목을 "카페라떼"로 바꿉니다.

32 : print 함수를 호출하여 "카페라떼가 준비되었습니다!" 문자열을 출력합니다.

33 : 함수를 빠져 나갑니다.

17 프로그램을 실행시켜 봅니다.

```
C:\Users\edu\AppData\Local\Programs\Python\Python38\
Labs>python barista_main_2.py barista_module_3_5_8
==<< 메뉴 >>==
1. 아메리카노
2. 카페라떼
3. 에스프레소
무엇을 주문하시겠어요?(q.종료) 2 ①
2 주문하셨습니다.
카페라떼를 만들고 있습니다~
  커피 가루를 뜨거운 물이 담긴 머그잔에 넣어 우립니
다.
  우린 커피가 준비되었습니다!
  우유를 거품기로 거품을 냅니다.
  거품 우유가 준비되었습니다!
  우린 커피를 거품 우유에 더해줍니다.
  우유 커피가 준비되었습니다!
  우유 커피를 설탕과 저어줍니다. ②
  카페라떼가 준비되었습니다! ③
```

2를 입력해 결과를 확인합니다.

01-9 중간 결과 파일 (5)

다음은 지금까지 작성한 파일의 내용입니다.

barista_module_3_5_8.py

```
01 : menu = {
02 :     "1" : "아메리카노",
03 :     "2" : "카페라떼",
04 :     "3" : "에스프레소"
05 : }
06 :
07 : def make_americano():
08 :     print("아메리카노를 만들고 있습니다~")
09 :     return
10 : def brew(coffee, mug):
11 :     print(" %s를 %s에 넣어 우립니다."
12 :             %(coffee[0], mug[0]))
13 :     mug[0] ="우린 커피"
14 :     print(" %s가 준비되었습니다!" %mug[0])
15 :     return
16 : def froth(milk, froth_maker):
17 :     print(" %s를 %s로 거품을 냅니다."
18 :             %(milk[0], froth_maker[0]))
19 :     froth_maker[0] ="거품 우유"
20 :     print(" %s가 준비되었습니다!" %froth_maker[0])
21 :     return
22 : def add(mug, froth_maker):
23 :     print(" %s를 %s에 더해줍니다."
24 :             %(mug[0], froth_maker[0]))
25 :     mug[0] ="우유 커피"
26 :     print(" %s가 준비되었습니다!" %mug[0])
27 :     return
28 : def stir(mug, sugar):
29 :     print(" %s를 %s으로 저어줍니다."
30 :             %(mug[0], sugar[0]))
31 :     mug[0] ="카페라떼"
32 :     print(" %s가 준비되었습니다!" %mug[0])
33 :     return
34 : def make_cafelatte():
35 :     print("카페라떼를 만들고 있습니다~")
36 :
37 :     coffee = ["커피 가루"]
38 :     milk = ["우유"]
39 :     sugar = ["설탕"]
40 :     mug = ["뜨거운 물이 담긴 머그잔"]
41 :     froth_maker = ["거품기"]
```

```
42 :
43 :     brew(coffee, mug)
44 :     froth(milk, froth_maker)
45 :     add(mug, froth_maker)
46 :     stir(mug, sugar)
47 :
48 :     return
49 : def make_espresso():
50 :     print("에스프레소를 만들고 있습니다~")
51 :     return
52 : recipe = {
53 :     "1": make_americano,
54 :     "2": make_cafelatte,
55 :     "3": make_espresso
56 : }
```

01-10 맘스터치 프로그램 작성해보기 (5)

여기서는 맘스터치 프로그램을 작성해 보면서 지금까지 배웠던 내용을 복습해봅니다.

MoM's Tuch Program

맘스터치의 사이버거를 만드는 make_thighburger 함수를 완성해 봅니다.

❶ mom_module.py 파일을 mom_module_3.py 파일로 복사합니다.
❷ 수행할 함수의 구조를 잡습니다.
❸ 필요한 변수를 생성하고 목록으로 초기화합니다.
❹ 수행할 함수를 정의합니다.
❺ 하위 함수를 구현합니다. 목록을 인자로 받아 처리합니다.

해답 소스 파일 경로는 5쪽을 참조합니다.

01-11 클래스와 객체 이해하기

초기에 컴퓨터 프로그램은 수식 계산에 초점이 맞추어져 있었습니다. 이때는 숫자 데이터를 중심으로 함수와 변수 위주로 프로그램이 작성되었습니다.

컴퓨터 프로그램은 점차 여러 분야에 적용되었습니다. 예를 들어, 장부 등으로 기록하던 직원 관리, 학생 관리, 물품 관리 등도 컴퓨터 프로그램으로 대체되기 시작했습니다. 그래서 직원 관리 프로그램, 학생 관리 프로그램, 물품 관리 프로그램 등이 개발되었습니다. 이제 데이터의 중심이 숫자에서 사람, 물건 등으로 옮겨 갑니다. 프로그램도 함수와 변수 중심에서 객체와 클래스 중심으로 옮겨 갑니다.

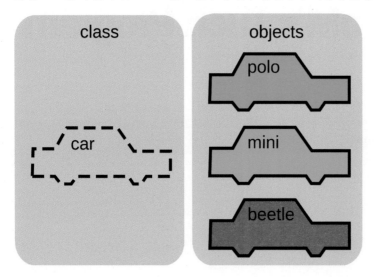

사람, 물건 하나하나는 객체라고 합니다. 이런 객체의 공통점을 뽑아 일반화한 것이 클래스입니다. 컴퓨터 프로그램에서 클래스는 객체를 만드는 틀이 됩니다. 객체는 속성과 방법을 갖습니다. 객체의 방법은 객체가 갖는 속성에 대한 접근 방법을 말합니다.

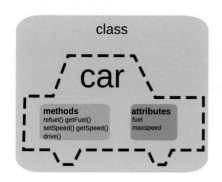

객체는 일반적으로 하나의 속성으로 결정되지 않습니다. 하나의 객체를 정의하기 위해서는 여러 개의 속성이 필요하며 그 속성들을 접근하기 위한 방법도 여러 개가 필요합니다. 그래서 객체는 여러 개의 속성과 방법을 하나로 묶는 역할을 합니다.

이제 클래스와 객체에 대해 예제를 통해 구체적으로 살펴봅니다. 앞에서 함수는 어떤 목적을 갖는 하나 이상의 동작을 순자적으로 묶어 상위 동작을 만드는 개념이라고 소개하였습니다. 클래스는 이 떤 목적을 갖는 하나 이상의 변수와 함수(==속성과 방법)를 묶어 상위 형태의 자료 형을 만드는 개념입니다. 예를 들어, 파이썬에서 학생(Student)을 나타내는 자료 형이 필요할 때, 다음과 같은 형태로 학생(Student) 자료 형을 정의할 수 있습니다.

```
01 : class Student:
02 :     pass
```

01, 02 : Student 클래스는 아무것도 수행하지 않는 pass를 추가해 빈 클래스로 정의하였습니다.
※ 참고로 모듈은 공통의 목적을 갖는 변수, 함수, 클래스를 묶는 방법입니다. 또, 패키지는 공통의 목적을 갖는 모듈을 디렉터리 단위로 묶는 방법입니다.

학생을 구성하는 요소로 이름(name), 나이(age), 성별(gender)이 필요하다고 할 때, 다음과 같이 속성 변수를 추가할 수 있습니다.

```
01 : class Student:
02 :     def __init__(self, name, age, gender):
03 :         self.name = name
04 :         self.age = age
05 :         self.gender = gender
```

02~05 : __init__ 함수는 클래스를 정의할 때 클래스 형태로 생성된 메모리 공간인 객체를 초기화하는 함수로 반드시 정의해 주도록 합니다. __init__ 함수는 생성자 함수라고도 합니다.

03~05 : 객체 생성 시 필요한 속성은 __init__ 함수 내에서 self 키워드에 붙여 선언해 줍니다. 이 예제에서 self는 name, age, gender 속성을 가지고 있으며, __init__ 함수의 매개변수 name, age, gender를 통해 넘어온 값으로 초기화합니다.

02 : self는 클래스 형태로 생성된 객체를 가리키는 변수입니다. 예를 들어, 이 예제에서 self는 Student 형태로 생성된 객체를 가리킵니다. 그래서 __init__ 함수는 self가 가리키는 Student 객체를 초기화하는 함수입니다. self는 변수로 다른 이름을 사용할 수도 있습니다. 예를 들어 객체(==object==대상)를 의미하는 obj라는 이름을 사용할 수도 있습니다. 그러나 일반적으로 self를 사용합니다. self를 obj의 다른 이름이라고 생각하면, __init__ 함수는 Student 객체(obj)의 name, age, gender를 초기화하는 함수로 해석할 수 있습니다. __init__ 함수에서 self 매개변수는 꼭 필요하며, 나머지 매개변수는 필요에 따라 추가하시면 됩니다. 즉, 매개변수의 개수, 이름을 독자 여러분이 정하면 됩니다.

※ 참고로 위 설명에서 obj는 object로 쓰면 안됩니다. object는 파이썬에서 정의된 클래스로 모든 클래스의 기본 클래스입니다. 즉, 최상위 클래스입니다.

※ 클래스를 정의하는 과정에서 하위 속성들을 묶어 대표 이름을 붙여 하위 속성을 숨기는 것을 캡슐화라고 합니다. 또, 학생을 프로그램상의 데이터로 다루기 위해 필요한 속성을 뽑아 학생 형태(class)로 정의하는 것을 추상화라고 합니다.

학생 객체를 생성하여 변수로 가리킬 때는 다음과 같이 합니다.

```
01 : class Student:
02 :     def __init__(self, name, age, gender):
03 :         self.name = name
04 :         self.age = age
05 :         self.gender = gender
06 :
07 : student_1 = Student("홍길동", 23, "남자")
```

07 : Student 형태의 객체를 생성하여 student_1 변수가 가리키게 합니다. Student 형태의 객체를 생성하는 부분에서는 2 줄에 있는 __init__ 함수를 호출하면서 객체를 초기화하게 됩니다.

학생 객체의 정보를 출력하는 함수를 추가할 때는 다음과 같이 합니다.

_12_class.py

```
01 : class Student:
02 :     def __init__(self, name, age, gender):
03 :         self.name = name
04 :         self.age = age
05 :         self.gender = gender
06 :
07 :     def Print(self):
08 :         print(self.name, self.age, self.gender)
09 :
10 : student_1 = Student("홍길동", 23, "남자")
11 : student_1.Print()
```

07, 08 : 학생의 정보를 출력하는 Print 함수를 정의한 후, print 함수를 호출하여 속성을 출력합니다. print 함수는 파이썬 쉘 내부 함수이기 때문에 대문자로 시작하는 Print로 정의하였습니다. Print 함수에는 객체를 가리키는 self 변수를 매개변수로 반드시 주어야 합니다.

11 : student_1 변수가 가리키는 객체에 대해 Print 함수를 수행합니다.

위 예제를 수행하면 결과는 다음과 같이 나옵니다.

```
홍길동 23 남자
```

이상에서 클래스와 객체에 대한 기본적인 내용을 살펴보았습니다.

01-12 클래스 객체 인자 함수로 넘기기

여기서는 클래스 객체를 이용하여 make_cafelatte 함수를 구현해 봅니다. 이 과정에서 클래스 객체 값을 갖는 변수를 생성해 보고, 클래스 객체 값 변수를 함수의 인자로 넘기고 받는 동작을 반복해 보며 파이썬 프로그램에서 클래스 사용을 익숙하게 합니다.

빈 함수, 빈 클래스 정의하기

여기서는 make_cafelatte 함수 내에서 객체 기반으로 수행할 함수의 구조를 잡은 후, 빈 함수와 빈 클래스를 정의합니다. 그리고 객체를 생성합니다.

01 다음과 같이 barista_module.py 파일을 barista_module_4.py 파일로 복사합니다.

```
barista_module_4.py
01 : menu = {
02 :     "1" : "아메리카노",
03 :     "2" : "카페라떼",
04 :     "3" : "에스프레소"
05 : }
06 :
07 : def make_americano():
08 :     print("아메리카노를 만들고 있습니다~")
09 :     return
10 : def make_cafelatte():
11 :     print("카페라떼를 만들고 있습니다~")
12 :     return
13 : def make_espresso():
14 :     print("에스프레소를 만들고 있습니다~")
15 :     return
16 : recipe = {
17 :     "1": make_americano,
18 :     "2": make_cafelatte,
19 :     "3": make_espresso
20 : }
```

02 수행할 함수의 구조를 잡습니다. 목록에서의 예제와 같은 형태입니다.

barista_module_4_2.py

```
10 : def make_cafelatte():
11 :     print("카페라떼를 만들고 있습니다~")
12 :
13 :     #brew(coffee, mug)
14 :     #froth(milk, froth_maker)
15 :     #add(mug, froth_maker)
16 :     #stir(mug, sugar)
17 :
18 :     return
```

13~16 : 수행할 명령을 나열합니다. 일단 주석처리를 하여 수행이 되지 않도록 합니다.

13   : brew 함수를 호출합니다. brew 함수를 호출할 때는 coffee와 mug를 인자로 줍니다. 결과 값은 mug 변수로 받습니다. 객체의 경우 호출한 함수 내부에서 상태를 변경할 수 있습니다.

14   : froth 함수를 호출합니다. froth 함수를 호출할 때는 milk와 froth_maker를 인자로 줍니다. 결과 값은 froth_maker 변수로 받습니다. 객체의 경우 호출한 함수 내부에서 상태를 변경할 수 있습니다.

15   : add 함수를 호출합니다. add 함수를 호출할 때는 mug와 froth_maker를 인자로 줍니다. 결과 값은 mug 변수로 받습니다. 객체의 경우 호출한 함수 내부에서 상태를 변경할 수 있습니다.

16   : stir 함수를 호출합니다. stir 함수를 호출할 때는 mug와 sugar를 인자로 줍니다. 결과 값은 mug 변수로 받습니다. 객체의 경우 호출한 함수 내부에서 상태를 변경할 수 있습니다.

※ 객체의 경우 호출한 함수 내부에서 객체의 속성을 변경할 수 있기 때문에 결과 값을 따로 내어주지 않아도 됩니다. 즉, 객체의 속성을 변경하는 동작으로 결과 값을 내어주는 동작을 대신할 수 있습니다.

03 클래스를 정의합니다. 일단 빈 클래스로 정의합니다.

barista_module_4_3.py

```
10 : class Coffee:
11 :     pass
12 : class Milk:
13 :     pass
14 : class Sugar:
15 :     pass
16 : class Mug:
17 :     pass
18 : class FrothMaker:
19 :     pass
20 : def make_cafelatte():
21 :     print("카페라떼를 만들고 있습니다~")
22 :
23 :     #brew(coffee, mug)
24 :     #froth(milk, froth_maker)
25 :     #add(mug, froth_maker)
26 :     #stir(mug, sugar)
27 :
28 :     return
```

10~19 : 5개의 클래스를 정의합니다.

10, 11 : Coffee 클래스를 정의합니다. 아무것도 수행하지 않는 pass를 추가해 빈 클래스로 정의합니다. 클래스의 내용은 뒤에서 채워줍니다.

12, 13 : Milk 클래스를 정의합니다. 아무것도 수행하지 않는 pass를 추가해 빈 클래스로 정의합니다. 클래스의 내용은 뒤에서 채워줍니다.

14, 15 : Sugar 클래스를 정의합니다. 아무것도 수행하지 않는 pass를 추가해 빈 클래스로 정의합니다. 클래스의 내용은 뒤에서 채워줍니다.

16, 17 : Mug 클래스를 정의합니다. 아무것도 수행하지 않는 pass를 추가해 빈 클래스로 정의합니다. 클래스의 내용은 뒤에서 채워줍니다.

18, 19 : FrothMaker 클래스를 정의합니다. 아무것도 수행하지 않는 pass를 추가해 빈 클래스로 정의합니다. 클래스의 내용은 뒤에서 채워줍니다.

04 수행할 함수를 정의합니다.

```
barista_module_4_4.py
10 : class Coffee:
11 :     pass
12 : class Milk:
13 :     pass
14 : class Sugar:
15 :     pass
16 : class Mug:
17 :     pass
18 : class FrothMaker:
19 :     pass
20 : def brew(coffee, mug):
21 :     return
22 : def froth(milk, froth_maker):
23 :     return
24 : def add(mug, froth_maker):
25 :     return
26 : def stir(mug, sugar):
27 :     return
28 : def make_cafelatte():
29 :     print("카페라떼를 만들고 있습니다~")
30 :
31 :     #brew(coffee, mug)
32 :     #froth(milk, froth_maker)
33 :     #add(mug, froth_maker)
34 :     #stir(mug, sugar)
35 :
36 :     return
```

20~27 : 31~34 줄에서 사용할 함수를 정의합니다.

20, 21 : 함수를 정의합니다. 인자로 coffee, mug를 받도록 합니다. 현재는 아무것도 수행하지 않고 함수를 빠져 나갑니다.

22, 23 : froth 함수를 정의합니다. 인자로 milk, froth_maker를 받도록 합니다. 현재는 아무것도 수행하지 않고 함수를 빠져 나갑니다.

24, 25 : add 함수를 정의합니다. 인자로 mug, froth_maker를 받도록 합니다. 현재는 아무것도 수행하지 않고 함수를 빠져 나갑니다.

26, 27 : stir 함수를 정의합니다. 인자로 mug, sugar를 받도록 합니다. 현재는 아무것도 수행하지 않고 함수를 빠져 나갑니다.

05 객체를 생성하고 초기화합니다.

barista_module_4_5.py

```
28 : def make_cafelatte():
29 :     print("카페라떼를 만들고 있습니다~")
30 :
31 :     coffee = Coffee()
32 :     milk = Milk()
33 :     sugar = Sugar()
34 :     mug = Mug()
35 :     froth_maker = FrothMaker()
36 :
37 :     #brew(coffee, mug)
38 :     #froth(milk, froth_maker)
39 :     #add(mug, froth_maker)
40 :     #stir(mug, sugar)
41 :
42 :     return
```

31~35 : 37~40 줄에서 인자로 사용할 변수와 객체를 생성합니다.

31 : coffee 변수를 생성한 후, Coffee 객체로 초기화합니다. 이렇게 하면 coffee 변수는 생성된 Coffee 객체를 가리키게 됩니다.

32 : milk 변수를 생성한 후, Milk 객체로 초기화합니다. 이렇게 하면 milk 변수는 생성된 Milk 객체를 가리키게 됩니다.

33 : sugar 변수를 생성한 후, Sugar 객체로 초기화합니다. 이렇게 하면 sugar 변수는 생성된 Sugar 객체를 가리키게 됩니다.

34 : mug 변수를 생성한 후, Mug 객체로 초기화합니다. 이렇게 하면 mug 변수는 생성된 Mug 객체를 가리키게 됩니다.

35 : froth_maker 변수를 생성한 후, FrothMaker 객체로 초기화합니다. 이렇게 하면 froth_maker 변수는 생성된 FrothMaker 객체를 가리키게 됩니다.

06 함수 호출 부분의 주석을 풀어줍니다.

barista_module_4_6.py

```
28 : def make_cafelatte():
29 :     print("카페라떼를 만들고 있습니다~")
30 :
31 :     coffee = Coffee()
32 :     milk = Milk()
33 :     sugar = Sugar()
34 :     mug = Mug()
```

```
35 :     froth_maker = FrothMaker()
36 :
37 :     brew(coffee, mug)
38 :     froth(milk, froth_maker)
39 :     add(mug, froth_maker)
40 :     stir(mug, sugar)
41 :
42 :     return
```

37~40 : 주석을 해제합니다.

07 프로그램을 실행시켜 봅니다. 오류 메시지 없이 정상적으로 수행되는 것을 확인합니다.

```
C:\Users\edu\AppData\Local\Programs\Python\Python38\
Labs>python barista_main_2.py barista_module_4_6
==<< 메뉴 >>==
1. 아메리카노
2. 카페라떼
3. 에스프레소
무엇을 주문하시겠어요?(q.종료)
```

※ 명령 입력시 모듈의 이름에는 .py 확장자를 빼도록 합니다.

클래스 정의하고 사용하기 – Coffee, Mug

이제 Coffee, Mug 클래스를 정의하고 사용해 봅니다.

01 다음과 같이 Coffee 클래스를 정의합니다.

barista_module_4_6_2.py
```
10 : class Coffee:
11 :     def __init__(self, state):
12 :         self.state = state
13 :     def getState(self):
14 :         return self.state
```

10~14 : Coffee 클래스를 변경합니다. pass는 빼도록 합니다.

11, 12 : __init__ 함수를 정의합니다. __init__ 함수는 객체 생성 시 호출되는 함수로 객체 멤버 변수를 초기화합니다.

11 : Coffee 클래스의 __init__ 함수는 인자로 self, state를 받습니다. self는 생성된 객체를 받는 인자이며, state는 상태 값을 받는 인자입니다.

12 : 객체 멤버 변수인 self.state를 생성하고 인자로 넘어온 state 값으로 초기화합니다. 이렇게 하면 self.state 변수는 인자로 넘어온 state 변수가 가리키는 객체를 가리키게 됩니다.

13, 14 : getState 함수를 정의합니다. getState 함수는 self.state 값을 내어주는 함수입니다.

02 다음과 같이 Mug 클래스를 정의합니다.

```
barista_module_4_6_3.py
19 : class Mug:
20 :     def __init__(self, state):
21 :         self.state = state
22 :     def getState(self):
23 :         return self.state
24 :     def setState(self, state):
25 :         self.state = state
```

19~25 : Mug 클래스를 변경합니다. pass는 빼도록 합니다.

20, 21 : __init__ 함수를 정의합니다. __init__ 함수는 객체 생성 시 호출되는 함수로 객체 멤버 변수를 초기화합니다.

20 : Mug 클래스의 __init__ 함수는 인자로 self, state를 받습니다. self는 생성된 객체를 받는 인자이며, state는 상태 값을 받는 인자입니다.

21 : 객체 멤버 변수인 self.state를 생성하고 인자로 넘어온 state 값으로 초기화합니다. 이렇게 하면 self.state 변수는 인자로 넘어온 state 변수가 가리키는 객체를 가리키게 됩니다.

22, 23 : getState 함수를 정의합니다. getState 함수는 self.state 값을 내어주는 함수입니다.

24, 25 : setState 함수를 정의합니다. setState 함수는 self.state 값을 설정하는 함수입니다.

03 make_cafelatte 함수를 다음과 같이 수정합니다.

```
barista_module_4_6_4.py
36 : def make_cafelatte():
37 :     print("카페라떼를 만들고 있습니다~")
38 :
39 :     coffee = Coffee("커피 가루")
40 :     milk = Milk()
41 :     sugar = Sugar()
42 :     mug = Mug("뜨거운 물이 담긴 머그잔")
43 :     froth_maker = FrothMaker()
44 :
45 :     brew(coffee, mug)
46 :     froth(milk, froth_maker)
47 :     add(mug, froth_maker)
48 :     stir(mug, sugar)
49 :
50 :     return
```

39 : Coffee 객체 생성 부분을 수정합니다. 이렇게 하면 Coffee 객체가 생성되면서, Coffee 클래스의 __init__ 함수로 첫 번째 인자인 self로 생성된 Coffee 객체가 전달되고, 두 번째 인자로 "커피 가루" 문자열이 넘어갑니다.

42 : Mug 객체 생성 부분을 수정합니다. 이렇게 하면 Mug 객체가 생성되면서, Mug 클래스의 __init__ 함수로 첫 번째 인자인 self로 생성된 Mug 객체가 전달되고, 두 번째 인자로 "뜨거운 물이 담긴 머그잔" 문자열이 넘어갑니다.

04 다음과 같이 brew 함수를 정의합니다.

```
barista_module_4_6_5.py
28 : def brew(coffee, mug):
29 :     print("  %s를 %s에 넣어 우립니다."
30 :             %(coffee.getState(), mug.getState()))
31 :     mug.setState("우린 커피")
32 :     print("  %s가 준비되었습니다!" %mug.getState())
33 :     return
```

29, 30 : print 함수를 호출하여 "커피를 머그잔에 넣어 우립니다." 문자열을 출력합니다. "우유" 문자열은 coffee 변수가 가리키는 객체에 대해 getState 함수를 호출하여 가져옵니다. 이 때, coffee 변수의 값이 Coffee 클래스의 getState 함수의 self로 전달됩니다. "거품기" 문자열은 mug 변수가 가리키는 객체에 대해 getState 함수를 호출하여 가져옵니다. 이 때, mug 변수의 값이 Mug 클래스의 getState 함수의 self로 전달됩니다.

31 : mug 변수가 가리키는 객체에 대해 setState 함수를 호출하면서 "우린 커피"를 인자로 넘겨줍니다.

31 : print 함수는 순서대로 "우린 커피가 준비되었습니다!" 문자열을 출력합니다.

33 : 함수를 빠져 나갑니다.

05 프로그램을 실행시켜 봅니다.

```
C:WUsersWeduWAppDataWLocalWProgramsWPythonWPython38W
Labs>python barista_main_2.py barista_module_4_6_5
==<< 메뉴 >>==
1. 아메리카노
2. 카페라떼
3. 에스프레소
무엇을 주문하시겠어요?(q.종료) 2 ❶
2 주문하셨습니다.
카페라떼를 만들고 있습니다~
  커피 가루를 뜨거운 물이 담긴 머그잔에 넣어 우립니
다. ❷
  우린 커피가 준비되었습니다! ❸
```

❶ 카페라떼 주문을 위해 2를 입력해 봅니다. ❷ mug 변수는 make_cafelatte 함수에서 생성된 Mug 객체를 가리키고 있으며, Mug 객체의 state 속성은 "뜨거운 물이 담긴 머그잔" 값을 갖습니다. ❸ mug 변수가 가리키는 Mug 객체의 state 속성은 brew 함수에서 "우린 커피" 값으로 변경되었습니다.

클래스 정의하고 사용하기 – Milk, Frother

다음은 Milk, Frother 클래스를 정의하고 사용해 봅니다.

01 다음과 같이 Milk 클래스를 정의합니다.

```
barista_module_4_6_6.py
15 : class Milk:
16 :     def __init__(self, state):
17 :         self.state = state
18 :     def getState(self):
19 :         return self.state
```

16 : Milk 클래스의 __init__ 함수는 인자로 self, state를 받습니다. self는 생성된 객체를 받는 인자이며, state는 상태 값을 받는 인자입니다.

17 : 객체 멤버 변수인 self.state를 생성하고 인자로 넘어온 state 값으로 초기화합니다. 이렇게 하면 self.state 변수는 인자로 넘어온 state 변수가 가리키는 객체를 가리키게 됩니다.

18, 19 : getState 함수를 정의합니다. getState 함수는 self.state 값을 내어주는 함수입니다.

02 다음과 같이 FrothMaker 클래스를 정의합니다.

barista_module_4_6_7.py

```
29 : class FrothMaker:
30 :     def __init__(self, state):
31 :         self.state = state
32 :     def getState(self):
33 :         return self.state
34 :     def setState(self, state):
35 :         self.state = state
```

29~35 : FrothMaker 클래스를 변경합니다. pass는 빼도록 합니다.

30, 31 : __init__ 함수를 정의합니다. __init__ 함수는 객체 생성 시 호출되는 함수로 객체 멤버 변수를 초기화합니다.

30 : FrothMaker 클래스의 __init__ 함수는 인자로 self, state를 받습니다. self는 생성된 객체를 받는 인자이며, state는 상태 값을 받는 인자입니다.

31 : 객체 멤버 변수인 self.state를 생성하고 인자로 넘어온 state 값으로 초기화합니다. 이렇게 하면 self.state 변수는 인자로 넘어온 state 변수가 가리키는 객체를 가리키게 됩니다.

32, 33 : getState 함수를 정의합니다. getState 함수는 self.state 값을 내어주는 함수입니다.

34, 35 : setState 함수를 정의합니다. setState 함수는 self.state 값을 설정하는 함수입니다.

03 make_cafelatte 함수를 다음과 같이 수정합니다.

barista_module_4_6_8.py

```
48 : def make_cafelatte():
49 :     print("카페라떼를 만들고 있습니다~")
50 :
51 :     coffee = Coffee("커피 가루")
52 :     milk = Milk("우유")
53 :     sugar = Sugar()
54 :     mug = Mug("뜨거운 물이 담긴 머그잔")
55 :     froth_maker = FrothMaker("거품기")
56 :
57 :     brew(coffee, mug)
58 :     froth(milk, froth_maker)
59 :     add(mug, froth_maker)
60 :     stir(mug, sugar)
61 :
62 :     return
```

52 : Milk 객체 생성 부분을 수정합니다. 이렇게 하면 Milk 객체가 생성되면서, Milk 클래스의 __init__ 함수로 첫 번째 인자인 self로 생성된 Milk 객체가 전달되고, 두 번째 인자로 "우유" 문자열이 넘어갑니다.

55 : FrothMaker 객체 생성 부분을 수정합니다. 이렇게 하면 FrothMaker 객체가 생성되면서, FrothMaker 클래스의 __init__ 함수로 첫 번째 인자인 self로 생성된 FrothMaker 객체가 전달되고, 두 번째 인자로 "거품기" 문자열이 넘어갑니다.

04 다음과 같이 froth 함수를 정의합니다.

```
barista_module_4_6_9.py
42 : def froth(milk, froth_maker):
43 :     print("  %s를 %s로 거품을 냅니다."
44 :             %(milk.getState(), froth_maker.getState()))
45 :     froth_maker.setState("거품 우유")
46 :     print("  %s가 준비되었습니다!" %froth_maker.getState())
47 :     return
```

43, 44 : print 함수를 호출하여 "우유를 거품기로 거품을 냅니다." 문자열을 출력합니다. "우유" 문자열은 milk 변수가 가리키는 객체에 대해 getState 함수를 호출하여 가져옵니다. 이 때, milk 변수의 값이 Milk 클래스의 getState 함수의 self로 전달됩니다. "거품기" 문자열은 froth_maker 변수가 가리키는 객체에 대해 getState 함수를 호출하여 가져옵니다. 이 때, froth_maker 변수의 값이 FrothMaker 클래스의 getState 함수의 self로 전달됩니다.

45 : froth_maker 변수가 가리키는 객체에 대해 setState 함수를 호출하면서 "거품 우유"를 인자로 넘겨줍니다.

46 : print 함수를 호출하여 "거품 우유가 준비되었습니다!" 문자열을 출력합니다.

47 : 함수를 빠져 나갑니다.

05 프로그램을 실행시켜 봅니다.

```
C:\Users\edu\AppData\Local\Programs\Python\Python38\
Labs>python barista_main_2.py barista_module_4_6_9
==<< 메뉴 >>==
1. 아메리카노
2. 카페라떼
3. 에스프레소
무엇을 주문하시겠어요?(q.종료) 2  ❶
2 주문하셨습니다.
카페라떼를 만들고 있습니다~
  커피 가루를 뜨거운 물이 담긴 머그잔에 넣어 우립니
다.
  우린 커피가 준비되었습니다!
  우유를 거품기로 거품을 냅니다.  ❷
  거품 우유가 준비되었습니다!  ❸
```

❶ 카페라떼 주문을 위해 2를 입력해 봅니다.

❷ froth_maker 변수는 make_cafelatte 함수에서 생성된 FrothMaker 객체를 가리키고 있으며, FrothMaker 객체의 state 속성은 "거품기" 값을 갖습니다.

❸ froth_maker 변수가 가리키는 FrothMaker 객체의 state 속성은 brew 함수에서 "거품 우유" 값으로 변경되었습니다.

06 다음과 같이 add 함수를 정의합니다.

```
barista_module_4_6_10.py
48 : def add(mug, froth_maker):
49 :     print("  %s를 %s에 더해줍니다."
50 :           %(mug.getState(), froth_maker.getState()))
51 :     mug.setState("우유 커피")
52 :     print("  %s가 준비되었습니다!" %mug.getState())
53 :     return
```

49, 50 : print 함수를 호출하여 "우린 커피를 거품 우유에 더해줍니다." 문자열을 출력합니다. "우린 커피" 문자열은 mug 변수가 가리키는 객체에 대해 getState 함수를 호출하여 가져옵니다. 이 때, mug 변수의 값이 Mug 클래스의 getState 함수의 self로 전달됩니다. "거품 우유" 문자열은 froth_maker 변수가 가리키는 객체에 대해 getState 함수를 호출하여 가져옵니다. 이 때, froth_maker 변수의 값이 FrothMaker 클래스의 getState 함수의 self로 전달됩니다.

51 : mug 변수가 가리키는 객체에 대해 setState 함수를 호출하면서 "우유 커피"를 인자로 넘겨줍니다.

52 : print 함수를 호출하여 "우유 커피가 준비되었습니다!" 문자열을 출력합니다.

53 : 함수를 빠져 나갑니다.

07 프로그램을 실행시켜 봅니다.

2를 입력해 결과를 확인합니다.

클래스 정의하고 사용하기 – Sugar

마지막으로 Sugar 클래스를 정의하고 사용해 봅니다.

01 다음과 같이 Sugar 클래스를 정의합니다.

```
20 : class Sugar:
21 :     def __init__(self, state):
22 :         self.state = state
23 :     def getState(self):
24 :         return self.state
```

20~24 : Sugar 클래스를 변경합니다. pass는 빼도록 합니다.

21, 22 : __init__ 함수를 정의합니다. __init__ 함수는 객체 생성 시 호출되는 함수로 객체 멤버 변수를 초기화합니다.

21　　: Sugar 클래스의 __init__ 함수는 인자로 self, state를 받습니다. self는 생성된 객체를 받는 인자이며, state는 상태 값을 받는 인자입니다.

22　　: 객체 멤버 변수인 self.state를 생성하고 인자로 넘어온 state 값으로 초기화합니다. 이렇게 하면 self.state 변수는 인자로 넘어온 state 변수가 가리키는 객체를 가리키게 됩니다.

23, 24 : getState 함수를 정의합니다. getState 함수는 self.state 값을 내어주는 함수입니다.

02 make_cafelatte 함수를 다음과 같이 수정합니다.

```
59 : def make_cafelatte():
60 :     print("카페라떼를 만들고 있습니다~")
61 :
62 :     coffee = Coffee("커피 가루")
63 :     milk = Milk("우유")
64 :     sugar = Sugar("설탕")
65 :     mug = Mug("뜨거운 물이 담긴 머그잔")
66 :     froth_maker = FrothMaker("거품기")
67 :
68 :     brew(coffee, mug)
69 :     froth(milk, froth_maker)
70 :     add(mug, froth_maker)
71 :     stir(mug, sugar)
72 :
73 :     return
```

64 : Sugar 객체 생성 부분을 수정합니다. 이렇게 하면 Sugar 객체가 생성되면서, Sugar 클래스의 __init__ 함수로 첫 번째 인자인 self로 생성된 Sugar객체가 전달되고, 두 번째 인자로 "설탕" 문자열이 넘어갑니다.

03 다음과 같이 stir 함수를 정의합니다.

```
barista_module_4_1_13.py

57 : def stir(mug, sugar):
58 :     print(" %s를 %s과 저어줍니다."
59 :           %(mug.getState(), sugar.getState()))
60 :     mug.setState("카페라떼")
61 :     print(" %s가 준비되었습니다!" %mug.getState())
62 :     return
```

58, 59 : print 함수를 호출하여 "우유 커피를 설탕과 저어줍니다." 문자열을 출력합니다. "우유 커피" 문자열은 mug 변수
가 가리키는 객체에 대해 getState 함수를 호출하여 가져옵니다. 이 때, mug 변수의 값이 Mug 클래스의 getState
함수의 self로 전달됩니다. "설탕" 문자열은 sugar 변수가 가리키는 객체에 대해 getState 함수를 호출하여 가져
옵니다. 이 때, sugar 변수의 값이 Sugar 클래스의 getState 함수의 self로 전달됩니다.

60 : mug 변수가 가리키는 객체에 대해 setState 함수를 호출하면서 "카페라떼"를 인자로 넘겨줍니다.

61 : print 함수를 호출하여 "카페라떼가 준비되었습니다!" 문자열을 출력합니다.

62 : 함수를 빠져 나갑니다.

04 프로그램을 실행시켜 봅니다.

```
C:\Users\edu\AppData\Local\Programs\Python\Python38\
Labs>python barista_main_2.py barista_module_4_6_13
==<< 메뉴 >>==
1. 아메리카노
2. 카페라떼
3. 에스프레소
무엇을 주문하시겠어요?(q.종료) 2 ①
2 주문하셨습니다.
카페라떼를 만들고 있습니다~
  커피 가루를 뜨거운 물이 담긴 머그잔에 넣어 우립니
다.
  우린 커피가 준비되었습니다!
  우유를 거품기로 거품을 냅니다.
  거품 우유가 준비되었습니다!
  우린 커피를 거품 우유에 더해줍니다.
  우유 커피가 준비되었습니다!
  우유 커피를 설탕과 저어줍니다. ②
  카페라떼가 준비되었습니다! ③
```

2를 입력해 결과를 확인합니다.

01-13 중간 결과 파일 (6)

다음은 지금까지 작성한 파일의 내용입니다.

```
barista_module_4_6_13.py

01 : menu = {
02 :     "1" : "아메리카노",
03 :     "2" : "카페라떼",
04 :     "3" : "에스프레소"
05 : }
06 :
07 : def make_americano():
08 :     print("아메리카노를 만들고 있습니다~")
09 :     return
10 : class Coffee:
11 :     def __init__(self, state):
12 :         self.state = state
13 :     def getState(self):
14 :         return self.state
15 : class Milk:
16 :     def __init__(self, state):
17 :         self.state = state
18 :     def getState(self):
19 :         return self.state
20 : class Sugar:
21 :     def __init__(self, state):
22 :         self.state = state
23 :     def getState(self):
24 :         return self.state
25 : class Mug:
26 :     def __init__(self, state):
27 :         self.state = state
28 :     def getState(self):
29 :         return self.state
30 :     def setState(self, state):
31 :         self.state = state
32 : class FrothMaker:
33 :     def __init__(self, state):
34 :         self.state = state
35 :     def getState(self):
36 :         return self.state
37 :     def setState(self, state):
38 :         self.state = state
39 : def brew(coffee, mug):
40 :     print(" %s를 %s에 넣어 우립니다."
41 :         %(coffee.getState(), mug.getState()))
```

```python
42 :     mug.setState("우린 커피")
43 :     print("  %s가 준비되었습니다!" %mug.getState())
44 :     return
45 : def froth(milk, froth_maker):
46 :     print("  %s를 %s로 거품을 냅니다."
47 :         %(milk.getState(), froth_maker.getState()))
48 :     froth_maker.setState("거품 우유")
49 :     print("  %s가 준비되었습니다!" %froth_maker.getState())
50 :     return
51 : def add(mug, froth_maker):
52 :     print("  %s를 %s에 더해줍니다."
53 :         %(froth_maker.getState(), mug.getState()))
54 :     mug.setState("우유 커피")
55 :     print("  %s가 준비되었습니다!" %mug.getState())
56 :     return
57 : def stir(mug, sugar):
58 :     print("  %s를 %s으로 저어줍니다."
59 :         %(mug.getState(), sugar.getState()))
60 :     mug.setState("카페라떼")
61 :     print("  %s가 준비되었습니다!" %mug.getState())
62 :     return
63 : def make_cafelatte():
64 :     print("카페라떼를 만들고 있습니다~")
65 :
66 :     coffee = Coffee("커피 가루")
67 :     milk = Milk("우유")
68 :     sugar = Sugar("설탕")
69 :     mug = Mug("뜨거운 물이 담긴 머그잔")
70 :     froth_maker = FrothMaker("거품기")
71 :
72 :     brew(coffee, mug)
73 :     froth(milk, froth_maker)
74 :     add(mug, froth_maker)
75 :     stir(mug, sugar)
76 :
77 :     return
78 : def make_espresso():
79 :     print("에스프레소를 만들고 있습니다~")
80 :     return
81 : recipe = {
82 :     "1": make_americano,
83 :     "2": make_cafelatte,
84 :     "3": make_espresso
85 : }
```

01-14 맘스터치 프로그램 작성해보기 (6)

여기서는 맘스터치 프로그램을 작성해 보면서 지금까지 배웠던 내용을 복습해봅니다.

MoM's Tuch Program

맘스터치의 사이버거를 만드는 make_thighburger 함수를 완성해 봅니다.

❶ _module_mom.py 파일을 _module_mom_4.py 파일로 복사합니다.
❷ 수행할 함수의 구조를 잡습니다.
❸ 필요한 클래스를 정의합니다. 일단 빈 클래스로 정의합니다.
❹ 필요한 함수를 정의합니다.
❺ 필요한 변수를 생성하고 객체로 초기화합니다.
❻ 클래스에 필요한 함수와 속성을 추가합니다.
❼ 하위 함수를 구현합니다. 객체를 인자로 받아 처리합니다.

해답 소스 파일 경로는 5쪽을 참조합니다.

01-15 클래스 정리하기 : 상속

우리가 앞에서 정의한 Coffee, Milk, Sugar, Mug, FrothMaker 클래스는 모두 같은 형태의 __
init__, getState 함수를 가지고 있습니다. 이런 경우 상속을 이용하여 중복된 코드를 줄일 수 있습
니다. 상속은 중복된 코드를 없애 클래스 관리를 편하게 해 주는 방법입니다.

01 이전 예제를 다음과 같이 수정합니다.

```
barista_module_4_7.py
10 : class _Object:
11 :     def __init__(self, state):
12 :         self.state = state
13 :     def getState(self):
14 :         return self.state
15 : class Coffee:
```

```
16 :     def __init__(self, state):
17 :         self.state = state
18 :     def getState(self):
19 :         return self.state
20 : class Milk:
21 :     def __init__(self, state):
22 :         self.state = state
23 :     def getState(self):
24 :         return self.state
25 : class Sugar:
26 :     def __init__(self, state):
27 :         self.state = state
28 :     def getState(self):
29 :         return self.state
30 : class Mug:
31 :     def __init__(self, state):
32 :         self.state = state
33 :     def getState(self):
34 :         return self.state
35 :     def setState(self, state):
36 :         self.state = state
37 : class FrothMaker:
38 :     def __init__(self, state):
39 :         self.state = state
40 :     def getState(self):
41 :         return self.state
42 :     def setState(self, state):
43 :         self.state = state
```

10~14 : _Object 클래스를 정의합니다. _Object 클래스에는 Coffee, Milk, Sugar, Mug, FrothMaker 클래스가 공통적으로
가지고 있는 __init__, getState 함수를 정의합니다.

02 계속해서 예제를 다음과 같이 수정합니다.

barista_module_4_7_2.py

```
10 : class _Object:
11 :     def __init__(self, state):
12 :         self.state = state
13 :     def getState(self):
14 :         return self.state
15 : class Coffee(_Object):
16 :     pass
17 : class Milk(_Object):
18 :     pass
```

```
19 : class Sugar(_Object):
20 :     pass
21 : class Mug(_Object):
22 :     def setState(self, state):
23 :         self.state = state
24 : class FrothMaker(_Object):
25 :     def setState(self, state):
26 :         self.state = state
```

15, 16 : Coffee 클래스가 _Object 클래스를 상속하도록 합니다. 이렇게 하면 Coffee 클래스는 _Object 클래스를 포함하게 됩니다. Coffee 클래스에서 추가로 정의하는 부분은 없습니다.

17, 18 : Milk 클래스가 _Object 클래스를 상속하도록 합니다. 이렇게 하면 Milk 클래스는 _Object 클래스를 포함하게 됩니다. Milk 클래스에서 추가로 정의하는 부분은 없습니다.

19, 20 : Sugar 클래스가 _Object 클래스를 상속하도록 합니다. 이렇게 하면 Sugar 클래스는 _Object 클래스를 포함하게 됩니다. Sugar 클래스에서 추가로 정의하는 부분은 없습니다.

21~23 : Mug 클래스가 _Object 클래스를 상속하도록 합니다. 이렇게 하면 Mug 클래스는 _Object 클래스를 포함하게 됩니다. Mug 클래스에서 setState 함수는 남겨둡니다.

24~26 : FrothMaker 클래스가 _Object 클래스를 상속하도록 합니다. 이렇게 하면 FrothMaker 클래스는 _Object 클래스를 포함하게 됩니다. FrothMaker 클래스에서 setState 함수는 남겨둡니다.

03 프로그램을 실행시켜 봅니다.

```
C:\Users\edu\AppData\Local\Programs\Python\Python38\
Labs>python barista_main_2.py barista_module_4_7_2
==<< 메뉴 >>==
1. 아메리카노
2. 카페라떼
3. 에스프레소
무엇을 주문하시겠어요?(q.종료) 2
2 주문하셨습니다.
카페라떼를 만들고 있습니다~
  커피 가루를 뜨거운 물이 담긴 머그잔에 넣어 우립니
다.
  우린 커피가 준비되었습니다!
  우유를 거품기로 거품을 냅니다.
  거품 우유가 준비되었습니다!
  우린 커피를 거품 우유에 더해줍니다.
  우유 커피가 준비되었습니다!
  우유 커피를 설탕과 저어줍니다.
  카페라떼가 준비되었습니다!
```

2를 입력해 결과를 확인합니다. 이전과 결과는 같습니다.

01-16 중간 결과 파일 (7)

다음은 지금까지 작성한 파일의 내용입니다.

barista_module_4_7_2.py

```
01 : menu = {
02 :     "1" : "아메리카노",
03 :     "2" : "카페라떼",
04 :     "3" : "에스프레소"
05 : }
06 :
07 : def make_americano():
08 :     print("아메리카노를 만들고 있습니다~")
09 :     return
10 : class _Object:
11 :     def __init__(self, state):
12 :         self.state = state
13 :     def getState(self):
14 :         return self.state
15 : class Coffee(_Object):
16 :     pass
17 : class Milk(_Object):
18 :     pass
19 : class Sugar(_Object):
20 :     pass
21 : class Mug(_Object):
22 :     def setState(self, state):
23 :         self.state = state
24 : class FrothMaker(_Object):
25 :     def setState(self, state):
26 :         self.state = state
27 : def brew(coffee, mug):
28 :     print("  %s를 %s에 넣어 우립니다."
29 :         %(coffee.getState(), mug.getState()))
30 :     mug.setState("우린 커피")
31 :     print("  %s가 준비되었습니다!" %mug.getState())
32 :     return
33 : def froth(milk, froth_maker):
34 :     print("  %s를 %s로 거품을 냅니다."
35 :         %(milk.getState(), froth_maker.getState()))
36 :     froth_maker.setState("거품 우유")
37 :     print("  %s가 준비되었습니다!" %froth_maker.getState())
38 :     return
39 : def add(mug, froth_maker):
40 :     print("  %s를 %s에 더해줍니다."
```

```
41 :               %(froth_maker.getState(), mug.getState()))
42 :      mug.setState("우유 커피")
43 :      print("  %s가 준비되었습니다!" %mug.getState())
44 :      return
45 : def stir(mug, sugar):
46 :      print("  %s를 %s으로 저어줍니다."
47 :               %(mug.getState(), sugar.getState()))
48 :      mug.setState("카페라떼")
49 :      print("  %s가 준비되었습니다!" %mug.getState())
50 :      return
51 : def make_cafelatte():
52 :      print("카페라떼를 만들고 있습니다~")
53 :
54 :      coffee = Coffee("커피 가루")
55 :      milk = Milk("우유")
56 :      sugar = Sugar("설탕")
57 :      mug = Mug("뜨거운 물이 담긴 머그잔")
58 :      froth_maker = FrothMaker("거품기")
59 :
60 :      brew(coffee, mug)
61 :      froth(milk, froth_maker)
62 :      add(mug, froth_maker)
63 :      stir(mug, sugar)
64 :
65 :      return
66 : def make_espresso():
67 :      print("에스프레소를 만들고 있습니다~")
68 :      return
69 : recipe = {
70 :      "1": make_americano,
71 :      "2": make_cafelatte,
72 :      "3": make_espresso
73 : }
```

02 _ 함수 인자 살펴보기

함수는 어떤 목적에 맞게 연속으로 나열한 작은 동작들을 대표되는 동작 하나로 묶는 방법입니다. 함수로 만들면 코드에 대한 가독성을 높일 수 있고, 재사용 할 수 있습니다. 이 과정에서 함수의 인자는 함수를 호출하는 바깥 부분과 함수 안쪽을 연결해 주는 중요한 역할을 합니다. 함수의 인자는 단일 값 변수, 목록 값 변수, 객체 값 변수가 올 수 있습니다. 객체는 클래스를 이용하여 생성합니다. 여기서는 단일 값 변수, 목록 값 변수, 객체 값 변수가 함수 인자로 전달되는 과정을 자세히 살펴봅니다. 구체적으로 make_cafelatte, brew 함수와 coffee, mug 변수를 이용하여 함수의 인자가 함수 바깥에서 함수 안쪽으로 전달되는 과정을 자세히 살펴보도록 합니다.

02-1 단일 값 변수 함수 인자 살펴보기

첫 번째로 함수를 통해 단일 값을 갖는 변수가 인자로 넘어가는 과정에 대해서 살펴봅니다. 단일 값 변수는 하나의 문자열 값, 정수 값, 실수 값을 가리키는 변수를 말합니다. 단일 값 변수가 함수의 인자로 넘어가는 과정에서 함수의 매개변수는 인자가 가리키는 단일 값 객체를 가리키게 됩니다.

단일 값 변수 인자와 매개 변수의 관계

여기서는 함수로 단일 값 변수를 인자로 넘길 때 매개변수가 인자의 값을 받는 과정을 살펴봅니다.

01 다음과 같이 예제를 작성합니다.

```
_13_parameter.py
01 : def brew(coffee, mug):
02 :
03 :     mug ="우린 커피"
04 :
05 :     return mug
06 :
07 : def make_cafelatte():
08 :
```

```
09 :     coffee ="커피 가루"
10 :     mug ="뜨거운 물이 담긴 머그잔"
11 :
12 :     brewed_coffee = brew(coffee, mug)
13 :
14 :     return
15 :
16 : make_cafelatte()
```

01~05 : brew 함수를 정의합니다.

01 : brew 함수는 매개변수 coffee, mug를 가집니다.

03 : mug가 가리키는 대상을 "우린 커피" 값으로 변경합니다.

05 : mug 값을 내어주면서 함수를 빠져 나갑니다.

07~14 : make_cafelatte 함수를 정의합니다.

09 : coffee 변수를 생성한 후, "커피 가루" 값으로 초기화합니다. 이렇게 하면 coffee 변수는 "커피 가루" 문자열 객체를 가리킵니다.

10 : mug 변수를 생성한 후, "뜨거운 물이 담긴 머그잔" 값으로 초기화합니다. 이렇게 하면 mug 변수는 "뜨거운 물이 담긴 머그잔" 문자열 객체를 가리킵니다.

12 : brew 함수를 호출하여 coffee, mug 변수를 넘겨줍니다. 이 과정에서 인자로 넘어가는 coffee, mug 변수(09, 10 줄에서 생성된 변수)가 가리키는 대상을 brew 함수의 매개변수 coffee, mug(01 줄에 있는 매개변수)가 가리키게 됩니다. 09, 10 줄에서 생성된 coffee, mug 변수와 01 줄에 있는 매개변수 coffee, mug는 이름은 같지만 서로 다른 변수입니다. 9,10줄에서 생성된 coffee, mug 변수는 make_cafelatte 함수의 지역 변수이며, 01 줄에 있는 매개변수 coffee, mug 는 brew 함수의 지역 변수입니다. 자세한 내용은 뒤에서 살펴봅니다. brew 함수가 내어주는 값을 brewed_coffee 변수로 받습니다. 이렇게 하면 brewed_coffee 변수는 brew 함수가 내어준 값을 갖는 객체를 가리키게 됩니다.

16 : make_cafelatte 함수를 호출합니다.

02 프로그램을 실행시켜 봅니다. 아무것도 출력되지 않습니다.

다음 그림은 단일 값 변수 인자와 매개 변수의 관계를 나타냅니다.

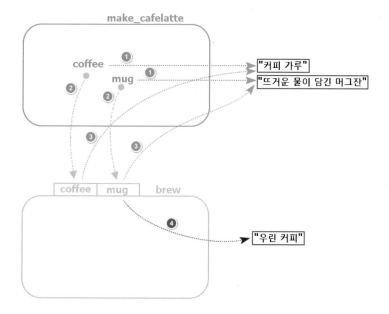

❶ coffee 변수를 생성한 후, "커피 가루" 값으로 초기화합니다. 이렇게 하면 coffee 변수는 "커피 가루" 문자열 객체를 가리킵니다.

mug 변수를 생성한 후, "뜨거운 물이 담긴 머그잔" 값으로 초기화합니다. 이렇게 하면 mug 변수는 "뜨거운 물이 담긴 머그잔" 문자열 객체를 가리킵니다.

❷ brew 함수를 호출하여 coffee, mug 변수를 넘겨줍니다.

❸ 이 과정에서 인자로 넘어가는 coffee, mug 변수(09, 10 줄에서 생성된 변수)가 가리키는 대상을 brew 함수의 매개변수 coffee, mug(1줄에 있는 매개변수)가 가리키게 됩니다. 09, 10줄에서 생성된 coffee, mug 변수와 01 줄에 있는 매개변수 coffee, mug는 이름은 같지만 서로 다른 변수입니다. 09, 10줄에서 생성된 coffee, mug 변수는 make_cafelatte 함수의 지역 변수이며, 01 줄에 있는 매개변수 coffee, mug는 brew 함수의 지역 변수입니다.

❹ mug가 가리키는 대상을 "우린 커피" 값으로 변경합니다. 이렇게 하면 "우린 커피" 문자열 객체가 생성되고 mug 변수는 새로 생성된 "우린 커피" 문자열 객체를 가리키게 됩니다.

locals 함수로 지역 변수 확인하기

locals 함수는 파이썬 셸 내부에 정의된 함수로 현재 수행중인 함수의 범위에 있는 지역 변수를 사전 형태로 내어주는 함수입니다. 여기서는 locals 함수로 make_cafelatte 함수에서 생성되는 지역변수 coffee, mug와 brew 함수를 호출할 때 매개변수 역할을 위해 생성되는 지역변수 coffee, mug 변수를 확인해 봅니다.

01 다음과 같이 예제를 수정합니다.

```
_13_parameter_2.py
01 : def brew(coffee, mug):
02 :
03 :     mug ="우린 커피"
04 :
05 :     print(locals())
06 :
07 :     return mug
08 :
09 : def make_cafelatte():
10 :
11 :     coffee ="커피 가루"
12 :     mug ="뜨거운 물이 담긴 머그잔"
13 :
14 :     brewed_coffee = brew(coffee, mug) # coffee = coffee, mug = mug
15 :
16 :     print(locals())
```

```
17 :
18 :     return
19 :
20 : make_cafelatte()
```

05 : locals 함수를 호출하여 brew 함수에서 생성된 지역 변수를 얻어내어 출력합니다. 여기서는 01 줄에 있는 coffee, mug 매개변수가 출력됩니다. locals 함수는 파이썬 쉘 내부에 정의된 함수로 현재 수행중인 함수의 범위에 있는 지역 변수를 사전 형태로 내어주는 함수입니다.

16 : locals 함수를 호출하여 make_cafelatte 함수에서 생성된 지역 변수를 얻어내어 출력합니다. 여기서는 11, 12 줄에 있는 coffee, mug 변수가 출력됩니다.

02 결과를 확인합니다.

```
>>>
= RESTART: C:\Users\edu\AppData\Local\Programs\Python\Python38\Labs\_13_paramete
r_2.py
{'coffee': '커피 가루', 'mug': '우린 커피'} ❶
{'coffee': '커피 가루', 'mug': '뜨거운 물이 담긴 머그잔', 'brewed_coffee': '우린
커피'} ❷
```

❶ 예제의 05 줄에서 출력된 brew 함수에서 생성된 지역변수입니다. 01 줄에 있는 coffee, mug 매개변수는 brew 함수의 지역변수에 포함됩니다.

❷ 예제의 16 줄에서 출력된 make_cafelatte 함수에서 생성된 지역변수입니다. 11, 12 줄에 있는 coffee, mug 변수 make_cafelatte 함수의 지역변수입니다.

❶에서 출력된 coffee, mug 매개변수와 ❷에서 출력된 coffee, mug 변수는 이름은 같지만 서로 다른 변수입니다. ❶에서 coffee 매개변수가 가리키는 문자열 객체는 ❷에서 coffee 변수가 가리키는 문자열 객체와 같습니다. 예제의 14 줄에서 brew 함수를 호출하면서 brew 함수의 매개변수 coffee는 make_cafelatte 함수의 지역변수인 coffee 값을 받는 과정에서 같은 문자열 객체를 가리키게 됩니다. ❶에서 mug 매개변수가 가리키는 문자열 객체는 ❷에서 mug 변수가 가리키는 문자열 객체와 다릅니다. 예제의 14 줄에서 brew 함수를 호출하면서 brew 함수의 매개변수 mug는 make_cafelatte 함수의 지역변수인 mug 값을 받는 과정에서 같은 문자열 객체를 가리키게 됩니다. 그러나 예제의 03 줄에서 매개변수 mug가 "우린 커피" 문자열 객체를 가리키게 되면서 다른 문자열 객체를 가리키게 됩니다.

매개변수 값 변경 이해하기

여기서는 brew 함수 내부에서 매개변수의 값이 변경되는 상황을 살펴봅니다. 매개변수 값 변경 전과 변경 후의 매개변수의 상태를 locals 함수를 이용해 살펴봅니다.

01 다음과 같이 예제를 수정합니다.

```
_13_parameter_3.py
01 : def brew(coffee, mug):
02 :
03 :     print(locals())
04 :
05 :     mug ="우린 커피"
06 :
07 :     print(locals())
08 :
09 :     return mug
10 :
11 : def make_cafelatte():
12 :
13 :     coffee ="커피 가루"
14 :     mug ="뜨거운 물이 담긴 머그잔"
15 :
16 :     brewed_coffee = brew(coffee, mug)
17 :
18 :     print(locals())
19 :
20 :     return
21 :
22 : make_cafelatte()
```

03 : locals 함수를 호출하여 brew 함수에서 생성된 지역 변수를 얻어내어 출력합니다. 05 줄에서 출력된 결과 값과 비교합니다.

02 결과를 확인합니다.

```
>>>
= RESTART: C:\Users\edu\AppData\Local\Programs\Python\Python38\Labs\_13_paramete
r_3.py
{'coffee': '커피 가루', 'mug': '뜨거운 물이 담긴 머그잔'} ❶
{'coffee': '커피 가루', 'mug': '우린 커피'} ❷
{'coffee': '커피 가루', 'mug': '뜨거운 물이 담긴 머그잔', 'brewed_coffee': '우린
커피'} ❸
```

❶ 예제의 16 줄에서 brew 함수를 호출하면서 brew 함수의 매개변수 coffee, mug는 make_cafelatte 함수의 지역변수인 coffee, mug 값을 받는 과정에서 각각 같은 문자열 객체를 가리키게 됩니다.

❷ 그러나 예제의 05 줄에서 매개변수 mug가 "우린 커피" 문자열 객체를 가리키게 되면서 make_cafelatte 의 mug 변수와 다른 문자열 객체를 가리키게 됩니다.

❸ 그러나 make_cafelatte의 mug 변수는 그대로 "뜨거운 물이 담긴 머그잔" 문자열을 가리키고 있습니다.

매개변수 이름 변경해 보기

여기서는 brew 함수의 매개변수의 이름을 변경해 봅니다. 그리고 바뀐 매개변수의 이름을 locals 함수를 이용해 살펴봅니다.

01 다음과 같이 예제를 수정합니다.

```
_13_parameter_4.py
01 : def brew(pcoffee, pmug):
02 :
03 :     print(locals())
04 :
05 :     pmug ="우린 커피"
06 :
07 :     print(locals())
08 :
09 :     return pmug
10 :
11 : def make_cafelatte():
12 :
13 :     coffee ="커피 가루"
14 :     mug ="뜨거운 물이 담긴 머그잔"
15 :
16 :     brewed_coffee = brew(coffee, mug)
17 :
18 :     print(locals())
19 :
20 :     return
21 :
22 : make_cafelatte()
```

01　　 : coffee, mug를 pcoffee, pmug로 변경합니다.
05, 09 : mug를 pmug로 변경합니다.

02 결과를 확인합니다.

```
>>>
= RESTART: C:\Users\edu\AppData\Local\Programs\Python\Python38\Labs\_13_paramete
r_4.py
{'pcoffee': '커피 가루', 'pmug': '뜨거운 물이 담긴 머그잔'} ❶
{'pcoffee': '커피 가루', 'pmug': '우린 커피'} ❷
{'coffee': '커피 가루', 'mug': '뜨거운 물이 담긴 머그잔', 'brewed_coffee': '우린
커피'} ❸
```

❶ 예제의 16 줄에서 brew 함수를 호출하면서 brew 함수의 매개변수 pcoffee, pmug는 make_cafelatte 함수의 지역변수인 coffee, mug 값을 받는 과정에서 각각 같은 문자열 객체를 가리키게 됩니다.

❷ 그러나 예제의 05 줄에서 매개변수 pmug는 "우린 커피" 문자열 객체를 가리키게 되면서 make_cafelatte 의 mug 변수와 다른 문자열 객체를 가리키게 됩니다.

❸ 그러나 make_cafelatte의 mug 변수는 그대로 "뜨거운 물이 담긴 머그잔" 문자열을 가리키고 있습니다.

id 함수로 객체 주소 확인하기

id 함수는 단일 값 객체, 목록 객체, 클래스 객체 등의 주소를 알려주는 역할을 합니다. 주소는 파이썬 쉘이 내부적으로 사용하는 논리적 주소입니다. 여기서는 id 함수를 이용하여 make_cafelatte, brew 함수의 지역 변수가 가리키는 객체의 주소를 살펴봅니다.

01 다음과 같이 예제를 수정합니다.

```
_13_parameter_5.py
01 : def brew(pcoffee, pmug):
02 :
03 :     print("pmug@%#x:%s" %(id(pmug), pmug))
04 :
05 :     pmug ="우린 커피"
06 :
07 :     print("pmug@%#x:%s" %(id(pmug), pmug))
08 :
09 :     return pmug
10 :
11 : def make_cafelatte():
12 :
13 :     coffee ="커피 가루"
14 :     mug ="뜨거운 물이 담긴 머그잔"
15 :
16 :     brewed_coffee = brew(coffee, mug)
17 :
18 :     print(" mug@%#x:%s" %(id(mug), mug))
19 :
20 :     return
21 :
22 : make_cafelatte()
```

03, 07 : print 함수를 호출하여 pmug 변수가 가리키는 대상의 주소와 값을 출력합니다. %#x 형식은 16진수로 표시할 때 사용하며, %s 형식은 문자열로 표시할 때 사용합니다.

05 : pmug 변수가 가리키는 대상을 "우린 커피" 문자열로 변경합니다. 이렇게 하면 "우린 커피" 값을 갖는 문자열 객체가 생성되고, pmug 변수는 새로 생성된 문자열 객체를 가리키게 됩니다.

18 : print 함수를 호출하여 mug 변수가 가리키는 대상의 주소와 값을 출력합니다. %#x 형식은 16진수로 표시할 때 사용하며, %s 형식은 문자열로 표시할 때 사용합니다.

02 결과를 확인합니다.

```
>>>
= RESTART: C:\Users\edu\AppData\Local\Programs\Python\Python38\Labs\_13_paramete
r_5.py
pmug@0x254f6004b90:뜨거운 물이 담긴 머그잔 ❶
pmug@0x254f5fb6cf0:우린 커피 ❷
 mug@0x254f6004b90:뜨거운 물이 담긴 머그잔 ❸
```

결과 화면에서 ❶에 오는 brew 함수의 매개변수 pmug가 가리키는 대상과 ❸에 오는 make_cafelatte 함수의 지역변수 mug가 가리키는 대상은 같지만, 예제의 05 줄에서 매개변수 pmug가 "우린 커피" 문자열 객체를 가리키게 되면서 ❷에 오는 pmug 변수가 가리키는 대상과 ❸에 오는 mug가 가리키는 대상은 달라집니다. ❶, ❷에 오는 pmug 변수는 같은 변수이지만 가리키는 대상이 다릅니다.

02-2 목록 값 변수 함수 인자 살펴보기

두 번째로 함수를 통해 목록 값을 갖는 변수가 인자로 넘어가는 과정에 대해서 살펴봅니다. 목록 값 변수는 여러 개의 문자열 값, 정수 값, 실수 값을 갖는 목록을 가리키는 변수를 말합니다. 목록 값 변수가 함수의 인자로 넘어가는 과정에서 함수의 매개변수는 인자가 가리키는 목록 객체를 가리키게 됩니다.

※ 이번 단원은 다소 어려울 수 있습니다. 5장에서 실제 사용되는 예제를 이해하고 활용하기 위해 필요한 부분입니다. 이번 단원이 어렵게 느껴질 경우 5장에서 라이브러리 호랑용 예제를 살펴본 후, 복습하시면 도움이 됩니다.

목록 값 변수 인자와 매개 변수의 관계

여기서는 함수로 목록 값 변수를 인자로 넘길 때 매개변수가 인자의 값을 받는 과정을 살펴봅니다.

01 다음과 같이 예제를 작성합니다.

```
_14_parameter_list.py
01 : def brew(coffee, mug):
02 :
03 :     mug[0] ="우린 커피"
04 :
05 :     return
06 :
07 : def make_cafelatte():
08 :
09 :     coffee = ["커피 가루"]
10 :     mug = ["뜨거운 물이 담긴 머그잔"]
11 :
12 :     brew(coffee, mug)
13 :
14 :     return
15 :
16 : make_cafelatte()
```

01~05 : brew 함수를 정의합니다.
01   : brew 함수는 매개변수 coffee, mug를 가집니다.
03   : mug가 가리키는 목록의 0번 항목을 "우린 커피" 값으로 변경합니다.
05   : brew 함수를 빠져 나갑니다.
07~14 : make_cafelatte 함수를 정의합니다.
09   : coffee 변수를 생성한 후, ["커피 가루"] 목록으로 초기화합니다. 이렇게 하면 coffee 변수는 ["커피 가루"] 목록 객체를 가리킵니다.
10   : mug 변수를 생성한 후, ["뜨거운 물이 담긴 머그잔"] 목록으로 초기화합니다. 이렇게 하면 mug 변수는 ["뜨거운 물이 담긴 머그잔"] 목록 객체를 가리킵니다.
12   : brew 함수를 호출하여 coffee, mug 변수를 넘겨줍니다. 이 과정에서 인자로 넘어가는 coffee, mug 변수(09, 10 줄에서 생성된 변수)가 가리키는 대상을 brew 함수의 매개변수 coffee, mug(01 줄에 있는 매개 변수)가 가리키게 됩니다. 09, 10줄에서 생성된 coffee, mug 변수와 01 줄에 있는 매개 변수 coffee, mug는 이름은 같지만 서로 다른 변수입니다. 09, 10줄에서 생성된 coffee, mug 변수는 make_cafelatte 함수의 지역 변수이며, 01 줄에 있는 매개 변수 coffee, mug는 brew 함수의 지역 변수입니다. 자세한 내용은 뒤에서 살펴봅니다.
16   : make_cafelatte 함수를 호출합니다.

02 프로그램을 실행시켜 봅니다. 아무것도 출력되지 않습니다.

다음 그림은 목록 값 변수 인자와 매개 변수의 관계를 나타냅니다.

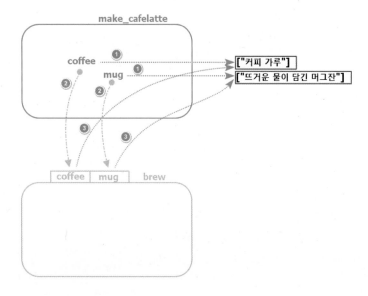

❶ coffee 변수를 생성한 후, ["커피 가루"] 목록으로 초기화합니다. 이렇게 하면 coffee 변수는 ["커피 가루"] 목록 객체를 가리킵니다.

mug 변수를 생성한 후, ["뜨거운 물이 담긴 머그잔"] 목록으로 초기화합니다. 이렇게 하면 mug 변수는 ["뜨거운 물이 담긴 머그잔"] 목록 객체를 가리킵니다.

❷ brew 함수를 호출하여 coffee, mug 변수를 넘겨줍니다.

❸ 이 과정에서 인자로 넘어가는 coffee, mug 변수(09, 10줄에서 생성된 변수)가 가리키는 대상을 brew 함수의 매개변수 coffee, mug(01 줄에 있는 매개 변수)가 가리키게 됩니다. 09,10 줄에서 생성된 coffee,

mug 변수와 01 줄에 있는 매개 변수 coffee, mug는 이름은 같지만 서로 다른 변수입니다. 09, 10 줄에서
생성된 coffee, mug 변수는 make_cafelatte 함수의 지역 변수이며, 01 줄에 있는 매개 변수 coffee, mug
는 brew 함수의 지역 변수입니다.

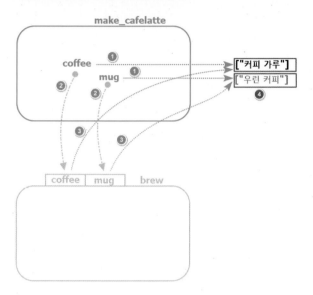

❹ mug가 가리키는 목록의 0번 항목을 "우린 커피" 값으로 변경합니다.

locals 함수로 지역 변수 확인하기

locals 함수는 파이썬 쉘 내부에 정의된 함수로 현재 수행중인 함수의 범위에 있는 지역 변수를 사전
형태로 내어주는 함수입니다. 여기서는 locals 함수로 make_cafelatte 함수에서 생성되는 지역변수
coffee, mug와 brew 함수를 호출할 때 매개변수 역할을 위해 생성되는 지역변수 coffee, mug 변수
를 확인해 봅니다.

01 다음과 같이 예제를 수정합니다.

_14_parameter_list_2.py

```
01 : def brew(coffee, mug):
02 :
03 :     mug[0] ="우린 커피"
04 :
05 :     print(locals())
06 :
07 :     return
08 :
09 : def make_cafelatte():
10 :
```

```
11 :     coffee = ["커피 가루"]
12 :     mug = ["뜨거운 물이 담긴 머그잔"]
13 :
14 :     brew(coffee, mug)
15 :
16 :     print(locals())
17 :
18 :     return
19 :
20 : make_cafelatte()
```

05 : locals 함수를 호출하여 brew 함수에서 생성된 지역 변수를 얻어내어 출력합니다. 여기서는 01 줄에 있는 coffee, mug 매개변수가 출력됩니다. locals 함수는 파이썬 쉘 내부에 정의된 함수로 현재 수행중인 함수의 범위에 있는 지역 변수를 사전 형태로 내어주는 함수입니다.

16 : locals 함수를 호출하여 make_cafelatte 함수에서 생성된 지역 변수를 얻어내어 출력합니다. 여기서는 11, 12 줄에 있는 coffee, mug 변수가 출력됩니다.

02 결과를 확인합니다.

```
>>>
= RESTART: C:₩Users₩edu₩AppData₩Local₩Programs₩Python₩Python38₩Labs₩_14_paramete
r_list_2.py
{'coffee': ['커피 가루'], 'mug': ['우린 커피']}  ❶
{'coffee': ['커피 가루'], 'mug': ['우린 커피']}  ❷
```

❶ 예제의 05 줄에서 출력된 brew 함수에서 생성된 지역변수입니다. 01 줄에 있는 coffee, mug 매개변수는 brew 함수의 지역변수에 포함됩니다.

❷ 예제의 16 줄에서 출력된 make_cafelatte 함수에서 생성된 지역변수입니다. 11, 12 줄에 있는 coffee, mug 변수 make_cafelatte 함수의 지역변수입니다.

❶에서 출력된 coffee, mug 매개변수와 ❷에서 출력된 coffee, mug 변수는 이름은 같지만 서로 다른 변수입니다. ❶에서 coffee 매개변수가 가리키는 목록 객체는 ❷에서 coffee 변수가 가리키는 목록 객체와 같습니다. 예제의 14 줄에서 brew 함수를 호출하면서 brew 함수의 매개변수 coffee는 make_cafelatte 함수의 지역변수인 coffee 값을 받는 과정에서 같은 목록 객체를 가리키게 됩니다. ❶에서 mug 매개변수가 가리키는 목록 객체는 ❷에서 mug 변수가 가리키는 목록 객체와 같습니다. 예제의 14 줄에서 brew 함수를 호출하면서 brew 함수의 매개변수 mug는 make_cafelatte 함수의 지역변수인 mug 값을 받는 과정에서 같은 목록 객체를 가리키게 됩니다. 따라서 예제의 03 줄에서 매개변수 mug가 가리키는 목록의 0번 항목을 "우린 커피" 문자열로 바꾼 것이 결과 화면의 ❷에서도 반영되어 나타납니다.

매개변수를 통한 목록 항목 값 변경 살펴보기

여기서는 brew 함수 내부에서 매개변수가 가리키는 목록의 항목 값이 변경되는 상황을 살펴봅니다. 그리고 변경 전과 변경 후의 매개변수의 상태를 locals 함수를 이용해 살펴봅니다.

01 다음과 같이 예제를 수정합니다.

```
_14_parameter_list_3.py
01 : def brew(coffee, mug):
02 :
03 :     print(locals())
04 :
05 :     mug[0] ="우린 커피"
06 :
07 :     print(locals())
08 :
09 :     return
10 :
11 : def make_cafelatte():
12 :
13 :     coffee = ["커피 가루"]
14 :     mug = ["뜨거운 물이 담긴 머그잔"]
15 :
16 :     brew(coffee, mug)
17 :
18 :     print(locals())
19 :
20 :     return
21 :
22 : make_cafelatte()
```

03 : locals 함수를 호출하여 brew 함수에서 생성된 지역 변수를 얻어내어 출력합니다. 05 줄에서 출력된 결과 값과 비교합니다.

02 결과를 확인합니다.

```
>>>
= RESTART: C:\Users\edu\AppData\Local\Programs\Python\Python38\Labs\_14_paramete
r_list_3.py
{'coffee': ['커피 가루'], 'mug': ['뜨거운 물이 담긴 머그잔']} ❶
{'coffee': ['커피 가루'], 'mug': ['우린 커피']} ❷
{'coffee': ['커피 가루'], 'mug': ['우린 커피']} ❸
```

❶ 예제의 16 줄에서 brew 함수를 호출하면서 brew 함수의 매개변수 coffee, mug는 make_cafelatte 함수의 지역변수인 coffee, mug 값을 받는 과정에서 각각 같은 목록 객체를 가리키게 됩니다. 그 결과 coffee의 0번 항목의 값은 "커피 가루" 문자열이 되고, mug의 0번 항목의 값은 "뜨거운 물이 담긴 머그잔" 문자열이 됩니다.

❷ 그러나 예제의 05 줄에서 매개변수 mug가 가리키는 목록의 0번 항목을 "우린 커피" 문자열로 바꾸면서 결과 화면 ❸에도 반영됩니다.

매개변수 이름 변경해 보기

여기서는 brew 함수의 매개변수의 이름을 변경해 봅니다. 그리고 바뀐 매개변수의 이름을 locals 함수를 이용해 살펴봅니다.

01 다음과 같이 예제를 수정합니다.

```
_14_parameter_list_4.py
01 : def brew(pcoffee, pmug):
02 :
03 :     print(locals())
04 :
05 :     pmug[0] ="우린 커피"
06 :
07 :     print(locals())
08 :
09 :     return
10 :
11 : def make_cafelatte():
12 :
13 :     coffee = ["커피 가루"]
14 :     mug = ["뜨거운 물이 담긴 머그잔"]
15 :
16 :     brew(coffee, mug)
17 :
18 :     print(locals())
19 :
20 :     return
21 :
22 : make_cafelatte()
```

01 : coffee, mug를 pcoffee, pmug로 변경합니다.
05 : mug를 pmug로 변경합니다.

02 결과를 확인합니다.

```
>>>
= RESTART: C:\Users\edu\AppData\Local\Programs\Python\Python38\Labs\_14_paramete
r_list_4.py
{'pcoffee': ['커피 가루'], 'pmug': ['뜨거운 물이 담긴 머그잔']} ❶
{'pcoffee': ['커피 가루'], 'pmug': ['우린 커피']} ❷
{'coffee': ['커피 가루'], 'mug': ['우린 커피']} ❸
```

❶ 예제의 16 줄에서 brew 함수를 호출하면서 brew 함수의 매개변수 pcoffee, pmug는 make_cafelatte 함수의 지역변수인 coffee, mug 값을 받는 과정에서 각각 같은 목록 객체를 가리키게 됩니다. 그 결과 pcoffee의 0번 항목의 값은 "커피 가루" 문자열이 되고, pmug의 0번 항목의 값은 "뜨거운 물이 담긴 머그잔" 문자열이 됩니다.

❷ 그러나 예제의 05 줄에서 매개변수 pmug가 가리키는 목록의 0번 항목을 "우린 커피" 문자열로 바꾸면서 결과 화면 ❸에도 반영됩니다.

id 함수로 객체 주소 확인하기

id 함수는 단일 값 객체, 목록 객체, 클래스 객체 등의 주소를 알려주는 역할을 합니다. 주소는 파이썬 쉘이 내부적으로 사용하는 논리적 주소입니다. 여기서는 id 함수를 이용하여 make_cafelatte, brew 함수의 지역 변수가 가리키는 객체의 주소를 살펴봅니다.

01 다음과 같이 예제를 수정합니다.

```
_14_parameter_list_5.py
01 : def brew(pcoffee, pmug):
02 :
03 :     print("pmug@%#x:%s" %(id(pmug), pmug[0]))
04 :
05 :     pmug[0] ="우린 커피"
06 :
07 :     print("pmug@%#x:%s" %(id(pmug), pmug[0]))
08 :
09 :     return
10 :
11 : def make_cafelatte():
12 :
13 :     coffee = ["커피 가루"]
14 :     mug = ["뜨거운 물이 담긴 머그잔"]
15 :
16 :     brew(coffee, mug)
17 :
18 :     print(" mug@%#x:%s" %(id(mug), mug[0]))
19 :
20 :     return
21 :
22 : make_cafelatte()
```

03, 07 : pmug 변수가 가리키는 대상의 주소와 pmug[0](pmug 변수가 가리키는 대상의 0번) 항목의 값을 출력합니다.

05 : pmug[0](pmug 변수가 가리키는 대상의 0번) 항목의 값을 "우린 커피" 문자열로 변경합니다.

18 : mug 변수가 가리키는 대상의 주소와 mug[0](mug 변수가 가리키는 대상의 0번) 항목의 값을 출력합니다.

02 결과를 확인합니다.

```
>>>
= RESTART: C:\Users\edu\AppData\Local\Programs\Python\Python38\Labs\_14_paramete
r_list_5.py
pmug@0x2cb9bb8fec0:뜨거운 물이 담긴 머그잔 ❶
pmug@0x2cb9bb8fec0:우린 커피 ❷
 mug@0x2cb9bb8fec0:우린 커피 ❸
```

결과 화면에서 make_cafelatte 함수의 mug 변수와 brew 함수의 pmug 변수는 같은 대상을 가리키게 됩니다. 따라서 매개변수 pmug가 가리키는 목록의 0번 항목을 수정하는 것은 mug 변수가 가리키는 목록의 0번 항목을 수정하는 것과 같습니다.

02-3 객체 값 변수 함수 인자 살펴보기

세 번째로 함수를 통해 클래스 객체 값을 갖는 변수가 인자로 넘어가는 과정에 대해서 살펴봅니다. 클래스 객체 값 변수는 클래스를 이용해 생성한 객체를 가리키는 변수를 말합니다. 클래스 객체 값 변수가 함수의 인자로 넘어가는 과정에서 함수의 매개변수는 인자가 가리키는 클래스 객체를 가리키게 됩니다.

※ 이번 단원을 다소 어려울 수 있습니다. 5장에서 실제 사용되는 예제를 이해하고 활용하기 위해 필요한 부분입니다. 이번 단원이 어렵게 느껴질 경우 5장에서 라이브러리 활용 예제를 살펴본 후, 복습하시면 도움이 됩니다.

클래스 객체 값 변수 인자와 매개 변수의 관계

여기서는 함수로 클래스 객체 값 변수를 인자로 넘길 때 매개변수가 인자의 값을 받는 과정을 살펴봅니다.

01 다음과 같이 예제를 작성합니다.

```
_15_parameter_obj.py
01 : class _Object:
02 :     def __init__(self, state):
03 :         self.state = state
04 :     def getState(self):
05 :         return self.state
06 : class Coffee(_Object):
07 :     pass
08 : class Mug(_Object):
09 :     def setState(self, state):
10 :         self.state = state
11 :
12 : def brew(coffee, mug):
13 :
14 :     mug.setState("우린 커피")
15 :
16 :     return
17 :
18 : def make_cafelatte():
19 :
20 :     coffee = Coffee("커피 가루")
21 :     mug = Mug("뜨거운 물이 담긴 머그잔")
22 :
23 :     brew(coffee, mug)
```

```
24 :
25 :    return
26 :
27 : make_cafelatte()
```

01~05 : _Object 클래스를 정의합니다.

06, 07 : Coffee 클래스를 정의합니다. _Object 클래스를 상속합니다.

08~10 : Mug 클래스를 정의합니다. _Object 클래스를 상속합니다.

12~16 : brew 함수를 정의합니다.

12 : brew 함수는 매개변수 coffee, mug를 가집니다.

14 : mug 변수가 가리키는 대상(객체)에 대해 setState 함수를 호출하면서 "우린 커피" 문자열을 인자로 줍니다. 이렇게 하면 mug 객체의 state 속성의 값이 "우린 커피" 문자열로 변경됩니다.

16 : brew 함수를 빠져 나갑니다.

18~25 : make_cafelatte 함수를 정의합니다.

20 : coffee 변수를 생성한 후, Coffee 객체로 초기화합니다. 이렇게 하면 coffee 변수가 생성된 Coffee 객체를 가리키게 됩니다. Coffee 객체 생성 시 "커피 가루" 문자열을 인자로 줍니다. 이렇게 하면 coffee 객체의 state 속성의 값이 "커피 가루" 문자열로 초기화됩니다.

21 : mug 변수를 생성한 후, Mug 객체로 초기화합니다. 이렇게 하면 mug 변수가 생성된 Mug 객체를 가리키게 됩니다. Mug 객체 생성 시 "뜨거운 물이 담긴 머그잔" 문자열을 인자로 줍니다. 이렇게 하면 mug 객체의 state 속성의 값이 "뜨거운 물이 담긴 머그잔" 문자열로 초기화됩니다.

23 : brew 함수를 호출하여 coffee, mug 변수를 넘겨줍니다. 이 과정에서 인자로 넘어가는 coffee, mug 변수(20, 21 줄에서 생성된 변수)가 가리키는 대상을 brew 함수의 매개변수 coffee, mug(12 줄에 있는 매개 변수)가 가리키게 됩니다. 20, 21 줄에서 생성된 coffee, mug 변수와 12 줄에 있는 매개 변수 coffee, mug는 이름은 같지만 서로 다른 변수입니다. 20, 21 줄에서 생성된 coffee, mug 변수는 make_cafelatte 함수의 지역 변수이며, 12 줄에 있는 매개 변수 coffee, mug는 brew 함수의 지역 변수입니다. 자세한 내용은 뒤에서 살펴봅니다.

27 : make_cafelatte 함수를 호출합니다.

02 프로그램을 실행시켜 봅니다. 아무것도 출력되지 않습니다.

다음 그림은 클래스 객체 값 변수 인자와 매개 변수의 관계를 나타냅니다.

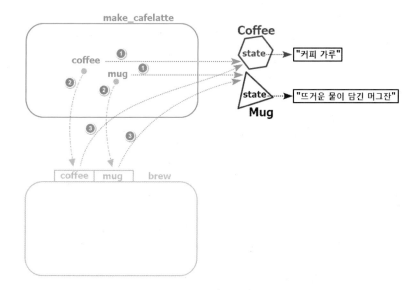

❶ coffee 변수를 생성한 후, Coffee 객체로 초기화합니다. 이렇게 하면 coffee 변수가 생성된 Coffee 객체를 가리키게 됩니다. Coffee 객체 생성 시 "커피 가루" 문자열을 인자로 줍니다. 이렇게 하면 coffee 객체의 state 속성의 값이 "커피 가루" 문자열로 초기화됩니다.

mug 변수를 생성한 후, Mug 객체로 초기화합니다. 이렇게 하면 mug 변수가 생성된 Mug 객체를 가리키게 됩니다. Mug 객체 생성 시 "뜨거운 물이 담긴 머그잔" 문자열을 인자로 줍니다. 이렇게 하면 mug 객체의 state 속성의 값이 "뜨거운 물이 담긴 머그잔" 문자열로 초기화됩니다.

❷ brew 함수를 호출하여 coffee, mug 변수를 넘겨줍니다.

❸ 이 과정에서 인자로 넘어가는 coffee, mug 변수(20, 21 줄에서 생성된 변수)가 가리키는 대상을 brew 함수의 매개변수 coffee, mug(12 줄에 있는 매개 변수)가 가리키게 됩니다. 20, 21 줄에서 생성된 coffee, mug 변수와 12 줄에 있는 매개 변수 coffee, mug는 이름은 같지만 서로 다른 변수입니다. 20, 21 줄에서 생성된 coffee, mug 변수는 make_cafelatte 함수의 지역 변수이며, 12 줄에 있는 매개 변수 coffee, mug는 brew 함수의 지역 변수입니다.

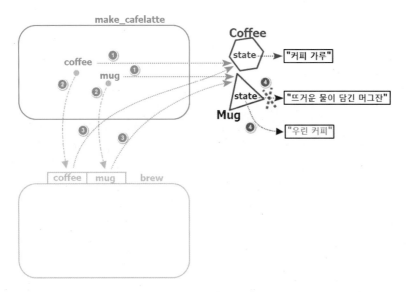

❹ mug 변수가 가리키는 대상(객체)에 대해 setState 함수를 호출하면서 "우린 커피" 문자열을 인자로 줍니다. 이렇게 하면 mug 객체의 state 속성의 값이 "우린 커피" 문자열로 변경됩니다.

locals 함수로 지역 변수 확인하기

locals 함수는 파이썬 쉘 내부에 정의된 함수로 현재 수행중인 함수의 범위에 있는 지역 변수를 사전 형태로 내어주는 함수입니다. 여기서는 locals 함수로 make_cafelatte 함수에서 생성되는 지역변수 coffee, mug와 brew 함수를 호출할 때 매개변수 역할을 위해 생성되는 지역변수 coffee, mug 변수를 확인해 봅니다.

01 다음과 같이 예제를 수정합니다.

```
_15_parameter_obj_2.py
01 : class _Object:
02 :     def __init__(self, state):
03 :         self.state = state
04 :     def getState(self):
05 :         return self.state
06 : class Coffee(_Object):
07 :     pass
08 : class Mug(_Object):
09 :     def setState(self, state):
10 :         self.state = state
11 :
12 : def brew(coffee, mug):
13 :
14 :     mug.setState("우린 커피")
15 :
16 :     print(locals())
17 :
18 :     return
19 :
20 : def make_cafelatte():
21 :
22 :     coffee = Coffee("커피 가루")
23 :     mug = Mug("뜨거운 물이 담긴 머그잔")
24 :
25 :     brew(coffee, mug)
26 :
27 :     print(locals())
28 :
29 :     return
30 :
31 : make_cafelatte()
```

16 : locals 함수를 호출하여 brew 함수에서 생성된 지역 변수를 얻어내어 출력합니다. 여기서는 12 줄에 있는 coffee, mug 매개변수가 출력됩니다. locals 함수는 파이썬 쉘 내부에 정의된 함수로 현재 수행중인 함수의 범위에 있는 지역 변수를 사전 형태로 내어주는 함수입니다.

27 : locals 함수를 호출하여 make_cafelatte 함수에서 생성된 지역 변수를 얻어내어 출력합니다. 여기서는 22, 23 줄에 있는 coffee, mug 변수가 출력됩니다.

02 결과를 확인합니다.

```
>>>
= RESTART: C:\Users\edu\AppData\Local\Programs\Python\Python38\Labs\_15_paramete
r_obj_2.py
{'coffee': <__main__.Coffee object at 0x000001D7B4BF09D0>, 'mug': <__main__.Mug
object at 0x000001D7B4BF0A30>} ❶
{'coffee': <__main__.Coffee object at 0x000001D7B4BF09D0>, 'mug': <__main__.Mug
object at 0x000001D7B4BF0A30>} ❷
```

❶ 예제의 12 줄에서 출력된 brew 함수에서 생성된 지역변수와 각각의 변수가 가리키는 객체의 주소입니다. 12 줄에 있는 coffee, mug 매개변수는 brew 함수의 지역변수에 포함됩니다.

❷ 예제의 27 줄에서 출력된 make_cafelatte 함수에서 생성된 지역변수와 각각의 변수가 가리키는 객체의 주소입니다. 22, 23 줄에 있는 coffee, mug 변수는 make_cafelatte 함수의 지역변수입니다.

❶에서 출력된 coffee, mug 매개변수와 ❷에서 출력된 coffee, mug 변수는 이름은 같지만 서로 다른 변수입니다. ❶에서 coffee 매개변수가 가리키는 Coffee 객체는 ❷에서 coffee 변수가 가리키는 Coffee 객체와 같습니다. 예제의 25 줄에서 brew 함수를 호출하면서 brew 함수의 매개변수 coffee는 make_cafelatte 함수의 지역변수인 coffee 값을 받는 과정에서 같은 Coffee 객체를 가리키게 됩니다. ❶에서 mug 매개변수가 가리키는 Mug 객체는 ❷에서 mug 변수가 가리키는 Mug 객체와 같습니다. 예제의 25 줄에서 brew 함수를 호출하면서 brew 함수의 매개변수 mug는 make_cafelatte 함수의 지역변수인 mug 값을 받는 과정에서 같은 Mug 객체를 가리키게 됩니다.

pprint 라이브러리 활용하기

이전 예제는 결과 값을 보기가 불편합니다. 여기서는 pprint 라이브러리의 pprint 함수를 활용히여 결과 값을 보기 좋게 출력해 봅니다. pprint는 pretty print의 약자로 목록, 튜플, 사전을 보기 좋게 출력해 주는 기능을 갖습니다.

01 다음과 같이 예제를 수정합니다.

```
_15_parameter_obj_3.py
01 : from pprint import pprint
02 :
03 : class _Object:
04 :     def __init__(self, state):
05 :         self.state = state
06 :     def getState(self):
07 :         return self.state
08 : class Coffee(_Object):
09 :     pass
10 : class Mug(_Object):
11 :     def setState(self, state):
12 :         self.state = state
13 :
14 : def brew(coffee, mug):
15 :
16 :     mug.setState("우린 커피")
17 :
18 :     pprint(locals())
19 :
```

```
20 :     return
21 :
22 : def make_cafelatte():
23 :
24 :     coffee = Coffee("커피 가루")
25 :     mug = Mug("뜨거운 물이 담긴 머그잔")
26 :
27 :     brew(coffee, mug)
28 :
29 :     pprint(locals())
30 :
31 :     return
32 :
33 : make_cafelatte()
```

01   : pprint 모듈로부터 pprint 함수를 불러옵니다. pprint는 pretty print의 약자로 목록, 튜플, 사전을 보기 좋게 출력해
         주는 기능을 갖습니다.

18, 29 : pprint 함수를 호출하여 brew 함수와 make_cafelatte 함수의 지역변수를 출력합니다.

02 결과를 확인합니다.

```
>>>
= RESTART: C:\Users\edu\AppData\Local\Programs\Python\Python38\Labs\_15_paramete
r_obj_3.py
{'coffee': <__main__.Coffee object at 0x00000212455F1310>,     ❶
 'mug': <__main__.Mug object at 0x0000021245660A60>}
{'coffee': <__main__.Coffee object at 0x00000212455F1310>,     ❷
 'mug': <__main__.Mug object at 0x0000021245660A60>}
```

결과가 보기 좋게 출력됩니다.

매개변수 이름 변경해 보기

여기서는 brew 함수의 매개변수의 이름을 변경해 봅니다. 그리고 바뀐 매개변수의 이름을 locals 함
수를 이용해 살펴봅니다.

01 다음과 같이 예제를 수정합니다.

_15_parameter_obj_4.py

```
01 : from pprint import pprint
02 :
03 : class _Object:
04 :     def __init__(self, state):
05 :         self.state = state
06 :     def getState(self):
```

```
07 :            return self.state
08 : class Coffee(_Object):
09 :     pass
10 : class Mug(_Object):
11 :     def setState(self, state):
12 :         self.state = state
13 :
14 : def brew(pcoffee, pmug):
15 :
16 :     pmug.setState("우린 커피")
17 :
28 :     pprint(locals())
19 :
20 :     return
21 :
22 : def make_cafelatte():
23 :
24 :     coffee = Coffee("커피 가루")
25 :     mug = Mug("뜨거운 물이 담긴 머그잔")
26 :
27 :     brew(coffee, mug)
28 :
29 :     pprint(locals())
30 :
31 :     return
32 :
33 : make_cafelatte()
```

14 : coffee, mug를 pcoffee, pmug로 변경합니다.
16 : mug를 pmug로 변경합니다.

02 결과를 확인합니다.

```
>>>
= RESTART: C:\Users\edu\AppData\Local\Programs\Python\Python38\Labs\_15_paramete
r_obj_4.py
{'pcoffee': <__main__.Coffee object at 0x0000021E76AB1310>,     ❶
 'pmug': <__main__.Mug object at 0x0000021E76B20A60>}
{'coffee': <__main__.Coffee object at 0x0000021E76AB1310>,     ❷
 'mug': <__main__.Mug object at 0x0000021E76B20A60>}
```

❶ 예제의 29 줄에서 brew 함수를 호출하면서 brew 함수의 매개변수 pcoffee, pmug는 make_cafelatte 함수의 지역변수인 ❷ coffee, mug 값을 받는 과정에서 각각 같은 목록 객체를 가리키게 됩니다.

매개변수를 통한 객체 속성 값 변경 살펴보기

여기서는 brew 함수 내부에서 매개변수가 가리키는 객체의 속성 값이 변경되는 상황을 살펴봅니다.
그리고 변경 전과 변경 후의 매개변수의 상태를 살펴봅니다.

01 다음과 같이 예제를 수정합니다.

```
_15_parameter_obj_5.py
01 : from pprint import pprint
02 :
03 : class _Object:
04 :     def __init__(self, state):
05 :         self.state = state
06 :     def getState(self):
07 :         return self.state
08 : class Coffee(_Object):
09 :     pass
10 : class Mug(_Object):
11 :     def setState(self, state):
12 :         self.state = state
13 :
14 : def brew(pcoffee, pmug):
15 :
16 :     pprint("pmug@%#x:%s" %(id(pmug), pmug.state))
17 :
18 :     pmug.setState("우린 커피")
19 :
20 :     pprint("pmug@%#x:%s" %(id(pmug), pmug.state))
21 :
22 :     return
23 :
24 : def make_cafelatte():
25 :
26 :     coffee = Coffee("커피 가루")
27 :     mug = Mug("뜨거운 물이 담긴 머그잔")
28 :
29 :     brew(coffee, mug)
30 :
31 :     pprint(" mug@%#x:%s" %(id(mug), mug.state))
32 :
33 :     return
34 :
35 : make_cafelatte()
```

16, 20 : pmug 변수가 가리키는 대상의 주소와 pmug.state(pmug 변수가 가리키는 대상의 state) 속성의 값을 출력합니다.

18 : pmug.state(pmug 변수가 가리키는 대상의 state) 속성의 값을 "우린 커피" 문자열로 변경합니다.

31 : mug 변수가 가리키는 대상의 주소와 mug.state(mug 변수가 가리키는 대상의 state) 속성의 값을 출력합니다.

02 결과를 확인합니다.

```
>>>
= RESTART: C:₩Users₩edu₩AppData₩Local₩Programs₩Python₩Python38₩Labs₩_15_paramete
r_obj_5.py
'pmug@0x1c8c601fa60:뜨거운 물이 담긴 머그잔'  ❶
'pmug@0x1c8c601fa60:우린 커피'  ❷
' mug@0x1c8c601fa60:우린 커피'  ❸
```

결과 화면에서 make_cafelatte 함수의 mug 변수와 brew 함수의 pmug 변수는 같은 대상을 가리키게 됩니다. 매개변수 pmug가 가리키는 Mug 객체의 state 속성을 수정하는 것은 mug 변수가 가리키는 Mug 객체의 state 속성을 수정하는 것과 같습니다.

02-4 self 매개변수 이해하기

여기서는 self가 함수를 통해 넘어오는 원리를 살펴봅니다.

01 이전 예제의 18 줄을 다음과 같이 변경해 봅니다.

```
_15_parameter_obj_6.py

17 :
18 :     Mug.setState(pmug, "우린 커피")
19 :
```

18 : 이전 예제의 pmug.setState("우린 커피")는 Mug.setState(pmug, "우린 커피")로 대체되어 처리됩니다. pmug 인자가 self 매개 변수를 통해 Mug 클래스의 setState 함수로 넘겨지게 됩니다.

02 결과를 확인합니다.

```
>>>
= RESTART: C:₩Users₩edu₩AppData₩Local₩Programs₩Python₩Python38₩Labs₩_15_paramete
r_obj_6.py
'pmug@0x24c79310a60:뜨거운 물이 담긴 머그잔'
'pmug@0x24c79310a60:우린 커피'
' mug@0x24c79310a60:우린 커피'
```

이전 예제와 결과가 같습니다.

03 _ 바리스타 프로그램 확장하기

여러분은 지금까지 기본적인 바리스타 프로그램을 작성해 보았습니다. 이 과정에서 프로그램을 작성하는 순서, 파이썬 프로그램의 문법적인 요소들을 살펴보았습니다. 프로그램도 시간이 지나면 유지보수가 필요해집니다. 예를 들어, 우리가 작성한 바리스타 프로그램은 커피를 주문받고 커피를 만드는 기능만 있습니다. 이 프로그램을 실제 커피점에서 사용하기 위해서는 계산 기능이 필요합니다. 또, 여러 사람이 주문할 경우도 처리해야 합니다. 유지보수를 위해 2 파일을 모두 수정하면서 바리스타 프로그램을 확장해 보도록 합니다. 커피를 하나 이상 주문할 수 있게 하고 커피에 가격을 붙여 가격을 계산하도록 합니다. 예를 들어, 다음 그림은 커피 종류에 따라 가격이 표시되어 있습니다.

03-1 메뉴와 레시피 변경하기 : 사전 이용하기

먼저 사전을 이용하여 메뉴와 레시피를 변경해 보도록 합니다. 메뉴는 ["커피이름" : 가격]의 형태로 바꾸고, 레시피는 ["커피이름" : 함수이름]의 형태로 바꿉니다.

01 다음과 같이 예제를 수정합니다. barista_module_4_7_2.py를 barista_module_5.py로 복사해 수정합니다.

```
barista_module_5.py

01 : menu = {
02 :     "Americano" : 1500,
03 :     "Cafe Latte" : 2100,
04 :     "Espresso" : 1600,
05 : }
```

01~05 : menu가 가리키는 사전의 항목의 형식을 ["커피이름" : 가격]의 형태로 바꿉니다.
02   : 아메리카노의 가격은 1500원으로 합니다.
03   : 카페라떼의 가격은 2100원으로 합니다.
04   : 에스프레소의 가격은 1600원으로 합니다.

02 다음과 같이 예제를 수정합니다.

```
barista_module_5.py

69 : recipe = {
70 :     "Americano" : make_americano,
71 :     "Cafe Latte" : make_cafelatte,
72 :     "Espresso" : make_espresso
73 : }
```

69~73 : recipe가 가리키는 사전의 항목의 형식을 ["커피이름" : 함수이름]의 형태로 바꿉니다.
70   : 아메리카노를 만드는 함수는 make_americano로 합니다.
71   : 카페라떼를 만드는 함수는 make_cafelatte로 합니다.
72   : 에스프레소를 만드는 함수는 make_espresso로 합니다.

03 다음과 같이 예제를 수정합니다. barista_main_2.py를 barista_main_3.py로 복사해 수정합니다.

```
barista_main_3.py

12 : def show_menu():
13 :     print("==<< 메뉴 >>==")
14 :     for item in menu:
15 :         print("%s\t%d" %(item, menu[item]))
16 :     return
```

15 : 메뉴의 출력 형식을 ["커피이름" : 가격]의 형태로 변경합니다.

02 결과를 확인합니다.

```
C:\Users\edu\AppData\Local\Programs\Python\Python38\
Labs>python barista_main_3.py barista_module_5
==<< 메 뉴 >>==
Americano       1500
Cafe Latte      2100
Espresso        1600
무엇을 주문하시겠어요?(q.종료)
```

메뉴가 ["커피이름" : 가격]의 형태로
출력됩니다.

03-2 커피 하나 이상 주문 받기

지금까지는 커피를 하나만 주문 받을 수 있었습니다. 여기서는 커피를 하나 이상, 한 종류 이상 주문 받을 수 있도록 합니다.

예를 들어, 다음과 같은 상황입니다.

점원 : 어떻게 주문 하시겠어요?
손님 : americano 하나, cafe latte 둘요
점원 : (계산 후) 6300원 입니다.
손님 : 계산 후 기다린다.
점원 : americano 두 잔, cafe latte 한 잔을 만든 후, 손님에게 제공한다.

이 상황을 다음과 같이 해결합니다.

❶ 주문 목록을 나타내는 orders 사전을 생성한 후, 주문을 받습니다. orders는 [커피 종류 : 커피 잔 수]로 구성됩니다.
❷ orders와 menu를 이용하여 지불해야 할 가격을 계산합니다.
❸ 계산한 결과를 말해줍니다.
❹ orders를 이용하여 커피를 만듭니다.
❺ orders의 항목을 이용하여 해당 recipe를 찾아
❻ orders의 개수만큼 커피를 만듭니다.
❼ 완성된 커피를 orderToServe 사전을 생성하여 담습니다. 이 경우도 [커피 종류 : 커피 잔 수]로 구성됩니다. 다음과 같은 형태로 orderToServe 사전을 채웁니다.
    { "Americano ":2,
     "CafeLatte Ready " :1}
❽ 이 사전의 내용을 화면에 출력합니다.

01 다음과 같이 예제를 수정합니다.

```
barista_main_3_2.py

17 : def get_order():
18 :     print("무엇을 주문하시겠어요?(q.종료) ")
19 :
20 :     orders = {}
21 :     while True:
22 :         order = input(" 어떤 커피? (d.완료) ")
23 :         if order =="q":
24 :             print("오늘은 이만! 안녕~")
25 :             sys.exit(0)
26 :         elif order =="d":
27 :             break
28 :
29 :         howMany =int(input(" 몇 잔? "))
30 :
31 :         print("%s %d" %(order, howMany))
32 :
33 :         orders[order] = howMany
34 :
35 :     print("다음과 같이 주문하셨습니다!")
36 :     for order in orders:
37 :         print("%s : %d" %(order, orders[order]))
38 :
39 :     return order
```

20 : 주문 내용을 저장할 빈 사전을 하나 생성하고 orders 변수를 생성하여 가리키도록 합니다. 주문의 형태가 [커피 종류 : 커피 잔 수]이기 때문입니다.

21~33 : 계속해서 22~33 줄을 수행합니다. 여기서는 하나 이상의 커피를 주문받습니다. 주문의 형태는 커피 종류, 커피 잔 수를 필요한 만큼 입력한 후, done을 입력합니다.

22 : input 함수를 호출하여 어떤 커피를 원하는지 출력하고 입력받은 커피 종류를 order 변수가 가리키도록 합니다. 커피 종류는 "americano", "cafelatte", "espresso"를 입력할 수 있습니다.

23~25 : order가 가리키는 값이 "q"이면 프로그램을 종료합니다.

26 : 그렇지 않고 order가 가리키는 값이 "done"이면 break문을 이용하여 while 문을 나와 35 줄로 이동합니다.

29 : 여기서는 커피 잔 수를 입력받아 howMany 변수가 가리키도록 합니다. input 함수를 호출하여 몇 잔을 원하는지 잔 수를 입력받습니다. 이 때 입력받은 값은 문자열이므로 int 클래스 키워드를 이용하여 정수로 변경합니다.

35 : 주문한 내용을 확인하기 위한 문자열을 출력합니다.

36, 37 : orders 사전의 내용을 출력합니다.

39 : order 값을 내어주는 부분은 그대로 둡니다. 뒤에서 변경하도록 합니다.

02 프로그램을 실행시켜 결과를 확인합니다.

```
C:\Users\edu\AppData\Local\Programs\Python\Python38\
Labs>python barista_main_3_2.py barista_module_5
==<< 메뉴 >>==
Americano          1500
Cafe Latte         2100
Espresso           1600
무엇을 주문하시겠어요?(q.종료)
 어떤 커피? (d.완료) Americano ❶
 몇 잔? 2 ❷
Americano 2 ❸
 어떤 커피? (d.완료) Cafe Latte ❹
 몇 잔? 1 ❺
Cafe Latte 1 ❻
 어떤 커피? (d.완료) Espresso ❼
 몇 잔? 1 ❽
Espresso 1 ❾
 어떤 커피? (d.완료) d ❿
다음과 같이 주문하셨습니다! ⓫
Americano : 2
Cafe Latte : 1
Espresso : 1
에스프레소를 만들고 있습니다~ ⓬
```

❶ Americano ❷ 2잔을 입력하면 ❸ Americano 2잔을 확인해주고, ❹ Cafe Latte ❺ 1잔을 입력하면 ❻ Cafe Latte 1잔을 확인해주고, ❼ Espresso ❽ 1잔을 입력하면 ❾ Espresso 1잔을 확인해줍니다. ❿ d를 입력하여 주문을 완료하면 ⓫ 지금까지 주문한 내용을 확인해 줍니다. ⓬ 아직 주문한 커피를 모두 만들지는 못합니다.

03-3 잘못된 주문 처리하기

여기서는 주문한 커피가 없는 경우를 처리하도록 합니다.

01 예제를 다음과 같이 수정합니다.

barista_main_3_3.py

```
17 : def get_order():
18 :     print("무엇을 주문하시겠어요?(q.종료) ")
19 :
20 :     orders = {}
21 :     while True:
22 :         order = input(" 어떤 커피? (d.완료) ")
23 :         if order =="q":
24 :             print("오늘은 이만! 안녕~")
25 :             sys.exit(0)
```

```
26 :         elif order =="d":
27 :             break
28 :
29 :         if menu.get(order) == None:
30 :             print("해당 메뉴는 없습니다~")
31 :             continue
32 :
33 :         howMany =int(input(" 몇 잔? "))
34 :
35 :         print("%s %d" %(order, howMany))
36 :
37 :         orders[order] = howMany
38 :
39 :     print("다음과 같이 주문하셨습니다!")
40 :     for order in orders:
41 :         print("%s : %d" %(order, orders[order]))
42 :
43 :     return order
```

29~31 : 메뉴에 없는 커피를 주문할 경우를 처리합니다.

29   : menu 사전의 get 함수를 호출하여 주문한 커피가 없으면

30   : 메뉴가 없다는 메시지를 출력하고

31   : continue 문을 이용하여 while 문의 시작 위치로 다시 이동하여 계속해서 주문을 받습니다. continue 문은 continue 문을 싸고 있는 while 문이나 for 문의 처음으로 돌아가 다시 수행할 때 사용합니다.

02 프로그램을 실행시켜 결과를 확인합니다.

```
C:\Users\edu\AppData\Local\Programs\Python\Python38\
Labs>python barista_main_3_3.py barista_module_5
==<< 메뉴 >>==
Americano        1500
Cafe Latte       2100
Espresso         1600
무엇을 주문하시겠어요?(q.종료)
 어떤 커피? (d.완료) Green Tea     ❶
해당 메뉴는 없습니다~  ❷
 어떤 커피? (d.완료) ▯
```

❶ 없는 메뉴인 Green Tea를 주문하면 ❷ 해당 메뉴가 없다는 메시지를 출력합니다.

03-4 커피 값 계산하기

여기서는 커피 값을 계산하는 루틴을 추가해 봅니다.
예제를 다음과 같이 수정합니다.

```
barista_main_3_4.py
17 : def get_order():
18 :     print("무엇을 주문하시겠어요?(q.종료) ")
19 :
20 :     orders = {}
21 :     while True:
22 :         order = input(" 어떤 커피? (d.완료) ")
23 :         if order =="q":
24 :             print("오늘은 이만! 안녕..")
25 :             sys.exit(0)
26 :         elif order =="d":
27 :             break
28 :
29 :         if menu.get(order) == None:
30 :             print("해당 메뉴는 없습니다~")
31 :             continue
32 :
33 :         howMany =int(input(" 몇 잔? "))
34 :
35 :         print("%s %d" %(order, howMany))
36 :
37 :         orders[order] = howMany
38 :
39 :     print("다음과 같이 주문하셨습니다!")
40 :     for order in orders:
41 :         print("%s : %d" %(order, orders[order]))
42 :
43 :     # 계산하기
44 :     howMuch =0
45 :     for order in orders:
46 :         howMuch += orders[order]*menu[order]
47 :     print("%d원 입니다~" %howMuch)
48 :
49 :     return order
```

44~47 : 주문한 커피 값 전체를 계산하기 위한 부분을 추가합니다.

44   : howMuch 변수를 생성한 후, 0값 정수 객체를 가리키게 합니다.

45   : orders 사전에 있는 주문한 커피의 개수에 대하여

46   : 주문한 커피의 개수에 주문한 커피의 가격을 곱해 howMuch 값에 더해줍니다.

47   : howMuch 값을 출력합니다.

02 프로그램을 실행시켜 결과를 확인합니다.

```
C:\Users\edu\AppData\Local\Programs\Python\Python38\
Labs>python barista_main_3_4.py barista_module_5
==<< 메뉴 >>==
Americano          1500
Cafe Latte         2100
Espresso           1600
무엇을 주문하시겠어요?(q.종료)
 어떤 커피? (d.완료) Americano ❶
 몇 잔? 1 ❷
Americano 1
 어떤 커피? (d.완료) Cafe Latte ❸
 몇 잔? 2 ❹
Cafe Latte 2
 어떤 커피? (d.완료) d ❺
다음과 같이 주문하셨습니다!
Americano : 1    ❻
Cafe Latte : 2
5700원 입니다~ ❼
```

❶ Americano ❷ 1잔, ❸ Cafe Latte ❹ 2잔을 ❺ 주문하면 ❻ 지금까지 주문한 내용을 확인해 준 후, ❼ 가격을 출력합니다.

03-5 주문 목록 주고받기

여기서는 get_order 함수가 orders 사전을 내어주고 process_order 함수가 orders 사전을 인자로 받도록 수정해 봅니다.

01 파일을 다음과 같이 수정합니다.

barista_main_3_5.py

```
17 : def get_order():
18 :     print("무엇을 주문하시겠어요?(q.종료) ")
19 :
```

```
20 :        orders = {}
21 :        while True:
22 :            order = input(" 어떤 커피? (d.완료) ")
23 :            if order =="q":
24 :                print("오늘은 이만! 안녕~")
25 :                sys.exit(0)
26 :            elif order =="d":
27 :                break
28 :
29 :            if menu.get(order) == None:
30 :                print("해당 메뉴는 없습니다~")
31 :                continue
32 :
33 :            howMany =int(input(" 몇 잔? "))
34 :
35 :            print("%s %d" %(order, howMany))
36 :
37 :            orders[order] = howMany
38 :
39 :        print("다음과 같이 주문하셨습니다!")
40 :        for order in orders:
41 :            print("%s %d잔" %(order, orders[order]))
42 :
43 :        # 계산하기
44 :        howMuch =0
45 :        for order in orders:
46 :            howMuch += orders[order]*menu[order]
47 :        print("%d원 입니다~" %howMuch)
48 :
49 :        return orders
```

49 : orders 사전을 내어주도록 변경합니다.

02 파일을 다음과 같이 수정합니다.

```
barista_main_3_5.py

60 : while True:
61 :     # 메뉴 보여주기
62 :     show_menu()
63 :
64 :     # 주문 받기
65 :     orders = get_order()
66 :
67 :     # 주문 처리하기
68 :     process_order(orders)
```

65, 68 : order 변수를 orders 변수로 변경합니다.

03 프로그램을 실행시켜 결과를 확인합니다.

```
C:\Users\edu\AppData\Local\Programs\Python\Python38\
Labs>python barista_main_3_5.py barista_module_5
==<< 메뉴 >>==
Americano        1500
Cafe Latte       2100
Espresso         1600
무엇을 주문하시겠어요?(q.종료)
 어떤 커피? (d.완료) Americano
 몇 잔? 1
Americano 1
 어떤 커피? (d.완료) d
다음과 같이 주문하셨습니다!
Americano 1잔
1500원 입니다~
Traceback (most recent call last):
  File "barista_main_3_5.py", line 68, in <module>
    process_order(orders)❷          ❶
  File "barista_main_3_5.py", line 53, in process_or
der                                 ❸
    func = recipe.get(order)❹
TypeError: unhashable type: 'dict' ❺
```

❶ 68 줄에 있는 ❷ process_order 함수를 호출해 수행하는 도중에 ❸ 53 줄에 있는 ❹ recepe.get 함수에서 ❺ 형 오류가 발생합니다. orders 변수는 사전을 가리키는 변수이고 recipe.get 함수는 사전의 키 값을 받는 함수이기 때문에 형 오류가 발생합니다.

03-6 커피 하나 이상 만들기

여기서는 하나 이상 주문 받은 커피를 만드는 과정을 추가해 봅니다.

01 예제를 다음과 같이 수정합니다.

barista_main_3_6.py

```
52 : def process_order(orders):
53 :     for order in orders.keys():
54 :         orderCnt = orders[order]
55 :         for curOrder in range(orderCnt):
56 :             func = recipe.get(order)
57 :             func()
58 :
59 :     return
```

52 : process_order 함수의 매개변수를 orders로 변경합니다.
53 : orders 변수가 가리키는 사전의 키 값을 하나씩 order 변수로 받아 54~57 줄을 수행합니다.
54 : orders 사전의 키 값에 해당하는 주문 개수를 orderCnt 변수로 받습니다.
55 : orderCnt 개수만큼

56 : recipe 변수가 가리키는 사전에 대해 get 함수를 호출하여 주문한 커피를 키 값으로 하는 함수를 func 변수로 받습니다.
57 : func 변수가 가리키는 함수를 호출합니다.

02 프로그램을 실행시켜 결과를 확인합니다.

```
C:\Users\edu\AppData\Local\Programs\Python\Python38\
Labs>python barista_main_3_6.py barista_module_5
==<< 메뉴 >>==
Americano      1500
Cafe Latte     2100
Espresso       1600
무엇을 주문하시겠어요?(q.종료)
 어떤 커피? (d.완료) Americano  ❶
 몇 잔? 2  ❷
Americano 2
 어떤 커피? (d.완료) Espresso  ❸
 몇 잔? 1  ❹
Espresso 1
 어떤 커피? (d.완료) d  ❺
다음과 같이 주문하셨습니다!
Americano 2잔
Espresso 1잔
4600원 입니다~
아메리카노를 만들고 있습니다~
아메리카노를 만들고 있습니다~  ❻
에스프레소를 만들고 있습니다~
```

❶ Americano ❷ 2잔, ❸ Espresso ❹ 1잔을 ❺ 주문하면 ❻ 주문한 커피를 만듭니다.

03-7 커피 준비하기

여기서는 커피가 준비되는 상황을 가정하여 소스를 수정해 봅니다. barista_module_5.py 파일을 barista_module_6.py로 복사하여 수정합니다.

01 다음과 같이 예제를 수정합니다.

barista_module_6.py

```
07 : def make_americano():
08 :     print("아메리카노를 만들고 있습니다~")
09 :     return "Americano"
```

09 : "Americano" 문자열을 내어 주도록 수정합니다.

02 다음과 같이 예제를 수정합니다.

```
barista_module_6.py
51 : def make_cafelatte():
52 :     print("카페라떼를 만들고 있습니다~")
53 :
54 :     coffee = Coffee("커피 가루")
55 :     milk = Milk("우유")
56 :     sugar = Sugar("설탕")
57 :     mug = Mug("뜨거운 물이 담긴 머그잔")
58 :     froth_maker = FrothMaker("거품기")
59 :
60 :     brew(coffee, mug)
61 :     froth(milk, froth_maker)
62 :     add(mug, froth_maker)
63 :     stir(mug, sugar)
64 :
65 :     return "Cafe Latte"
```

65 : "Cafe Latte" 문자열을 내어 주도록 수정합니다.

03 다음과 같이 예제를 수정합니다.

```
barista_module_6.py
66 : def make_espresso():
67 :     print("에스프레소를 만들고 있습니다~")
68 :     return "Espresso"
```

68 : "Espresso" 문자열을 내어 주도록 수정합니다.

04 프로그램을 실행시켜 정상적으로 수행되는 지 확인합니다. 이전 예제와 결과는 같습니다.

```
C:\Users\edu\AppData\Local\Programs\Python\Python38\
Labs>python barista_main_3_6.py barista_module_6
==<< 메뉴 >>==
Americano       1500
Cafe Latte      2100
Espresso        1600
무엇을 주문하시겠어요?(q.종료)
 어떤 커피? (d.완료)
```

03-8 커피 내놓기

여기서는 준비된 커피를 내어 놓는 상황을 추가해 봅니다.

01 다음과 같이 예제를 수정합니다.

```
barista_main_3_7.py

52 : def process_order(orders):
53 :     orderToServe = {}
54 :     for order in orders.keys():
55 :         orderCnt = orders[order]
56 :         for curOrder in range(orderCnt):
57 :             func = recipe.get(order)
58 :             orderReady = func()
59 :             if orderToServe.get(orderReady)==None:
60 :                 orderToServe[orderReady] =1
61 :             else:
62 :                 orderToServe[orderReady] +=1
63 :
64 :     return
```

53 : 주문받은 커피를 담을 빈 사전 객체를 생성한 후, orderToServe 변수가 가리키도록 합니다.

58 : func 변수가 가리키는 함수를 호출한 후, 결과 값을 orderReady 변수로 받습니다.

59 : orderToServe 변수가 가리키는 사전에 대해 get 함수를 호출하여 orderReady 변수가 가리키는 문자열을 키 값으로
하는 항목이 없으면

60 : orderToServe의 orderReady 키 값에 해당하는 항목을 1로 초기화합니다. 이 부분은 주문한 커피가 처음
orderToServe에 더해질 때 수행됩니다.

61 : 그렇지 않으면

62 : orderToServe의 orderReady 키 값에 해당하는 항목에 1을 더해 줍니다. 이 부분은 주문한 커피가 두 번째 이상
orderToServe에 더해질 때 수행됩니다.

02 다음과 같이 예제를 수정합니다.

```
barista_main_3_8.py

52 : def process_order(orders):
53 :     orderToServe = {}
54 :     for order in orders.keys():
55 :         orderCnt = orders[order]
56 :         for curOrder in range(orderCnt):
57 :             func = recipe.get(order)
58 :             orderReady = func()
59 :             if orderToServe.get(orderReady)==None:
60 :                 orderToServe[orderReady] =1
61 :             else:
62 :                 orderToServe[orderReady] +=1
63 :
64 :     # 커피 완성
65 :     print("\n주문하신 커피가 나왔습니다~")
66 :     for orderReady in orderToServe.keys():
67 :         print("%s %d잔" %(orderReady, orderToServe[orderReady]))
68 :
69 :     return
```

64~67 : 주문한 커피를 내어주는 부분입니다.

66 : orderToServe 사전의 키 값을 orderReady 변수로 하나씩 받아서

67 : print 함수를 호출하여 주문한 커피와 잔 수를 출력합니다.

03 프로그램을 실행시켜 결과를 확인합니다.

```
C:\Users\edu\AppData\Local\Programs\Python\Python38\
Labs>python barista_main_3_8.py barista_module_6
==<< 메뉴 >>==
Americano          1500
Cafe Latte         2100
Espresso           1600
무엇을 주문하시겠어요?(q.종료)
 어떤 커피? (d.완료) Americano ❶
 몇 잔? 2 ❷
Americano 2
 어떤 커피? (d.완료) Espresso ❸
 몇 잔? 1 ❹
Espresso 1
 어떤 커피? (d.완료) d ❺
다음과 같이 주문하셨습니다!
Americano 2잔
Espresso 1잔
4600원 입니다~
아메리카노를 만들고 있습니다~
아메리카노를 만들고 있습니다~
에스프레소를 만들고 있습니다~

주문하신 커피가 나왔습니다~ ❻
Americano 2잔
Espresso 1잔
```

❶ Americano ❷ 2잔, ❸ Espresso ❹ 1잔을 ❺ 주문하면 ❻ 만든 커피를 내놓습니다.

03-9 최종 결과 파일

다음은 지금까지 작성한 파일의 전체 내용입니다.

barista_main_3_8.py

```
1 : import sys
2 : import importlib
3 : import os
4 :
5 : if len(sys.argv) >=2:
6 :     _module = importlib.import_module(sys.argv[1], package =None)
7 : else:
8 :     print("사용법 : python %s _module" %os.path.basename(sys.argv[0]))
9 :     sys.exit(-1)
10 :
11 : menu = _module.menu
12 : def show_menu():
```

```
13 :     print("=≪ 메뉴 ≫=")
14 :     for item in menu:
15 :         print("%s\t%d" %(item, menu[item]))
16 :     return
17 : def get_order():
18 :     print("무엇을 주문하시겠어요?(q.종료) ")
19 :
20 :     orders = {}
21 :     while True:
22 :         order = input(" 어떤 커피? (d.완료) ")
23 :         if order =="q":
24 :             print("오늘은 이만! 안녕~")
25 :             sys.exit(0)
26 :         elif order =="d":
27 :             break
28 :
29 :         if menu.get(order) == None:
30 :             print("해당 메뉴는 없습니다~")
31 :             continue
32 :
33 :         howMany =int(input(" 몇 잔? "))
34 :
35 :         print("%s %d" %(order, howMany))
36 :
37 :         orders[order] = howMany
38 :
39 :     print("다음과 같이 주문하셨습니다!")
40 :     for order in orders:
41 :         print("%s %d잔" %(order, orders[order]))
42 :
43 :     # 계산하기
44 :     howMuch =0
45 :     for order in orders:
46 :         howMuch += orders[order]*menu[order]
47 :     print("%d원 입니다~" %howMuch)
48 :
49 :     return orders
50 :
51 : recipe = _module.recipe
52 : def process_order(orders):
53 :     orderToServe = {}
54 :     for order in orders.keys():
55 :         orderCnt = orders[order]
56 :         for curOrder in range(orderCnt):
57 :             func = recipe.get(order)
58 :             orderReady = func()
59 :             if orderToServe.get(orderReady)==None:
60 :                 orderToServe[orderReady] =1
```

```
61 :            else:
62 :                orderToServe[orderReady] +=1
63 :
64 :     # 커피 완성
65 :     print("\n주문하신 커피가 나왔습니다~")
66 :     for orderReady in orderToServe.keys():
67 :         print("%s %d잔" %(orderReady, orderToServe[orderReady]))
68 :
69 :     return
70 :
71 : while True:
72 :     # 메뉴 보여주기
73 :     show_menu()
74 :
75 :     # 주문 받기
76 :     orders = get_order()
77 :
78 :     # 주문 처리하기
79 :     process_order(orders)
```

barista_module_6.py

```
1 : menu = {
2 :     "Americano" : 1500,
3 :     "Cafe Latte" : 2100,
4 :     "Espresso" : 1600,
5 : }
6 :
7 : def make_americano():
8 :     print("아메리카노를 만들고 있습니다~")
9 :     return "Americano"
10 : class _Object:
11 :     def __init__(self, state):
12 :         self.state = state
13 :     def getState(self):
14 :         return self.state
15 : class Coffee(_Object):
16 :     pass
17 : class Milk(_Object):
18 :     pass
19 : class Sugar(_Object):
20 :     pass
21 : class Mug(_Object):
22 :     def setState(self, state):
23 :         self.state = state
24 : class FrothMaker(_Object):
25 :     def setState(self, state):
26 :         self.state = state
```

```
27 : def brew(coffee, mug):
28 :     print("  %s를 %s에 넣어 우립니다."
29 :           %(coffee.getState(), mug.getState()))
30 :     mug.setState("우린 커피")
31 :     print("  %s가 준비되었습니다!" %mug.getState())
32 :     return
33 : def froth(milk, froth_maker):
34 :     print("  %s를 %s로 거품을 냅니다."
35 :           %(milk.getState(), froth_maker.getState()))
36 :     froth_maker.setState("거품 우유")
37 :     print("  %s가 준비되었습니다!" %froth_maker.getState())
38 :     return
39 : def add(mug, froth_maker):
40 :     print("  %s를 %s에 더해줍니다."
41 :           %(froth_maker.getState(), mug.getState()))
42 :     mug.setState("우유 커피")
43 :     print("  %s가 준비되었습니다!" %mug.getState())
44 :     return
45 : def stir(mug, sugar):
46 :     print("  %s를 %s으로 저어줍니다."
47 :           %(mug.getState(), sugar.getState()))
48 :     mug.setState("카페라떼")
49 :     print("  %s가 준비되었습니다!" %mug.getState())
50 :     return
51 : def make_cafelatte():
52 :     print("카페라떼를 만들고 있습니다~")
53 :
54 :     coffee = Coffee("커피 가루")
55 :     milk = Milk("우유")
56 :     sugar = Sugar("설탕")
57 :     mug = Mug("뜨거운 물이 담긴 머그잔")
58 :     froth_maker = FrothMaker("거품기")
59 :
60 :     brew(coffee, mug)
61 :     froth(milk, froth_maker)
62 :     add(mug, froth_maker)
63 :     stir(mug, sugar)
64 :
65 :     return "Cafe Latte"
66 : def make_espresso():
67 :     print("에스프레소를 만들고 있습니다~")
68 :     return "Espresso"
69 : recipe = {
70 :     "Americano" : make_americano,
71 :     "Cafe Latte" : make_cafelatte,
72 :     "Espresso" : make_espresso
73 : }
```

Barista

Python

여기서는 인공지능 라이브러리를 활용하여 영상인식, 음성인식을 수행해봅니다. 영상인식의 경우 opencv 인공지능 라이브러리를 활용해 사진 또는 카메라 영상으로부터 얼굴인식을 수행해 봅니다. 음성인식의 경우 마이크 또는 파일로부터 음성을 받아 google.cloud.speech 라이브러리를 활용해 문자로 변경해 봅니다. 또 문자를 구글의 gtts 라이브러리를 활용해 음성으로 변환해 봅니다. 이 과정에서 인공지능 라이브러리를 활용하기 위한 파이썬 언어의 요소를 살펴보고 활용할 수 있도록 합니다.

※ 이번 장은 인공지능 라이브러리를 활용하면서 필요한 파이썬 문법 요소를 소개하고 있습니다. 인공지능 관련 프로젝트를 수행하거나, 실제 사용하는 예제에 도전해 보고 싶은 독자를 위해 준비했습니다. 여기서 소개하는 예제들은 라즈베리파이, 젯슨 나노, 비글본 AI 등의 임베디드 리눅스 환경에서도 거의 그대로 사용할 수 있습니다. 그래서 독자 여러분만의 음성 인식기 등의 프로젝트를 만들어 볼 수도 있습니다.

Chapter 05

인공지능 라이브러리
활용하기

01 _ 이미지로 얼굴 인식하기

여기서는 사진 파일로부터 이미지를 읽어 흑백 이미지로 변경한 후, Haar Cascade 머신 러닝 필터를 이용하여 얼굴과 눈을 인식한 후, 사진에 표시해 봅니다.

01-1 opencv-python 설치하기

파이썬에서 이미지와 영상을 처리하기 위해 opencv-python 라이브러리를 설치합니다. opencv는 Open Source Computer Vision Library의 약자로 공개 소스 컴퓨터 영상 처리 라이브러리입니다. opencv-python은 파이썬에서 opencv 라이브러리를 접근할 수 있는 파이썬 함수 라이브러리입니다. 다음과 같이 opencv-python 라이브러리를 설치합니다.

01 [명령 프롬프트] 창을 띄웁니다.

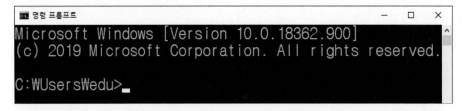

02 다음과 같이 명령을 수행하여 opencv-python 라이브러리를 설치합니다.

```
C:\Users\edu>pip install opencv-python
```

※ pip은 package install for python의 약자로 라이브러리 패키지를 설치하고 관리하는 프로그램입니다.

03 다음과 같이 설치가 완료됩니다.

```
Installing collected packages: numpy, opencv-python
Successfully installed numpy-1.18.5 opencv-python-4.
2.0.34
```

※ 패키지는 다음 위치에 설치됩니다.
C:\Users\edu\AppData\Local\Programs\Python\Python38\Lib\site-packages

※ 다음은 기존 패키지와 추가로 설치된 패키지를 보여줍니다.

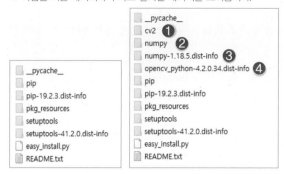

04 다음과 같이 [WARNING] 메시지가 뜹니다.

```
WARNING: You are using pip version 19.2.3, however v
ersion 20.1.1 is available.
You should consider upgrading via the 'python -m pip
 install --upgrade pip' command.
```

pip 프로그램을 최신 프로그램으로 갱신하라는 메시지입니다.

05 다음과 같이 명령을 수행하여 현재 pip 프로그램 버전을 확인합니다.

```
Labs>pip --version
pip 19.2.3 from c:\users\edu\appdata\local\programs\
python\python38\lib\site-packages\pip (python 3.8)
```

06 다음과 같이 명령을 수행하여 pip 프로그램을 갱신합니다.

```
C:\Users\edu>python -m pip install --upgrade pip
```

07 갱신된 pip 프로그램 버전을 확인합니다.

```
Labs>pip --version
pip 20.1.1 from c:\users\edu\appdata\local\programs\
python\python38\lib\site-packages\pip (python 3.8)
```

01-2 이미지 읽고 보여주기

여기서는 사진 파일로부터 컬러 이미지를 읽어 화면에 출력해봅니다. 다음은 실습에 사용할 사진 파일입니다. 제공되는 소스에서 해당 이미지를 찾을 수 있습니다.

※ 만약 소스 경로에서 파일을 찾을 수 없다면, 바리스타 관련 사진이나 개인적인 사진을 사용하셔도 무관합니다.

▲ 출처 : https://c0.wallpaperflare.com/preview/745/444/17/male-chef-holding-plate-of-sliced-cake.jpg

먼저 이미지를 실습 디렉터리로 옮깁니다. 필자의 경우는 다음 디렉터리를 실습 디렉터리로 사용하고 있습니다.

C:\Users\edu\AppData\Local\Programs\Python\Python38\Labs

01 다음과 같이 예제를 작성합니다.

```
_16_cv2_image.py
01 : import cv2
02 :
03 : img = cv2.imread('barista.jpg')
04 :
05 : cv2.imshow('barista', img)
06 : cv2.waitKey(0)
07 : cv2.destroyAllWindows()
```

01 : cv2 모듈을 가져옵니다. cv2는 OpenCV에 대한 파이썬 라이브러리입니다. 여기서는 3,5,6,7 줄에서 사용합니다. OpenCV 라이브러리는 영상 처리 라이브러리입니다.

03 : cv2 모듈의 imread 함수를 호출하여 barista.png 파일을 읽어와 img 변수로 가리키게 합니다. imread 함수는 numpy. ndarray 객체를 내어줍니다. numpy.ndarray는 numpy 모듈에서 제공하는 배열입니다.

05 : cv2 모듈의 imshow 함수를 호출하여 img 변수가 가리키는 그림을 화면에 보여줍니다. 첫 번째 인자인 'barista'는 화면에 표시된 그림의 제목을 나타내며 변경할 수 있습니다.

06 : cv2 모듈의 waitKey 함수를 호출하여 키보드 입력을 기다립니다. 인자로 넘어가는 0 값은 키보드 입력을 기다리는 시간으로 밀리 초 단위입니다. 0이 인자로 넘어갈 경우엔 키보드 입력이 있을 때까지 계속 기다립니다. 키 값은 임의의 키 값입니다.

07 : cv2 모듈의 destroyAllWindows 함수를 호출하여 열려있는 모든 그림 창을 닫습니다.

02 프로그램을 실행시켜 봅니다. 컬러 이미지가 화면에 뜨는 것을 확인합니다.

임의의 키를 눌러 화면을 닫습니다.

※ _16_cv2_image.py 파일과 barista.jpg 파일은 같은 디렉터리에 있어야 합니다. 그렇지 않을 경우 다음과 같이 오류 메시지가 발생합니다.

```
>>>
= RESTART: C:₩Users₩edu₩AppData₩Local₩Programs₩Python₩Python38₩Labs₩_16_cv2_imag
e.py
Traceback (most recent call last):
  File "C:₩Users₩edu₩AppData₩Local₩Programs₩Python₩Python38₩Labs₩_16_cv2_image.p
y", line 5, in <module>
    cv2.imshow('photo', img)
cv2.error: OpenCV(4.2.0) C:₩projects₩opencv-python₩opencv₩modules₩highgui₩src₩wi
ndow.cpp:376: error: (-215:Assertion failed) size.width>0 && size.height>0 in fu
nction 'cv::imshow'
```

01-3 흑백 이미지로 바꾸기

여기서는 컬러 이미지를 흑백 이미지로 바꿔 화면에 출력해봅니다.

01 다음과 같이 예제를 작성합니다.

```
_16_cv2_image_2.py
01 : import cv2
02 :
03 : img = cv2.imread('barista.jpg')
04 : gray = cv2.cvtColor(img, cv2.COLOR_BGR2GRAY)
05 :
06 : cv2.imshow('barista', gray)
07 : cv2.waitKey(0)
08 : cv2.destroyAllWindows()
```

04 : cv2 모듈의 cvtColor 함수를 호출하여 img 변수가 가리키는 그림의 색깔을 바꾼 후, 바뀐 그림을 gray 변수가 가리키 도록 합니다. BGR 형식의 파일을 GRAY 형식의 파일로 바꿉니다. OpenCV의 색깔 형식을 RGB라고 하나 실제로는 바이트 데이터의 순서가 반대인 BGR 형식입니다.

06 : cv2 모듈의 imshow 함수를 호출하여 gray 변수가 가리키는 그림을 화면에 보여줍니다.

02 프로그램을 실행시켜 봅니다. 흑백으로 바뀐 이미지가 화면에 뜨는 것을 확인합니다.

임의의 키를 눌러 화면을 닫습니다.

01-4 얼굴 인식하기

여기서는 Haar Cascade 머신 러닝 필터를 이용하여 이미지에 있는 얼굴 인식을 해 봅니다. Haar Cascade는 머신 러닝 기반의 객체 검출 알고리즘입니다. Haar cascade classifier(다단계 분류)는 2001년 Paul Viola와 Michael Jones의 논문 'Rapid Detection using a Boosted Cascade of Simple Features'에서 제안된 효과적인 객체 검출 방법입니다. 이 방법은 다수의 객체 이미지(이를 positive 이미지라고 합니다)와 객체가 아닌 이미지(이름 negative 이미지라고 합니다)를 cascade 함수로 학습시켜 객체 검출을 달성하는 머신 러닝 기반의 접근 방법입니다.

Haar Cascade 머신 러닝 필터 파일 가져오기

먼저 Haar Cascade 머신 러닝 필터를 가져와 필터 파일을 Labs 디렉터리로 복사하도록 합니다.

01 다음 사이트에 접속합니다.

이 사이트는 opencv 라이브러리 소스를 제공합니다.

02 다음과 같이 [Clone or download] 버튼을 찾아 마우스 클릭한 후, [Download ZIP] 버튼을 눌러 파일을 다운로드 받습니다.

03 다음과 같이 다운로드가 완료되면 압축을 풉니다.

04 [opencv−master]−[data]−[haarcascades] 디렉터리에서 다음 두 개의 파일을 Labs 디렉터리로 복사합니다.

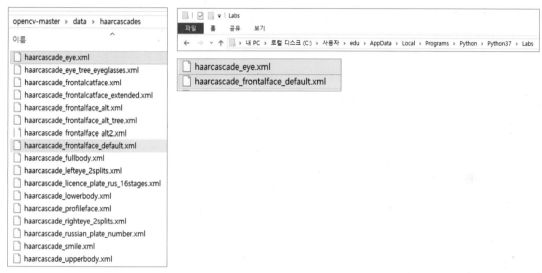

※ haarcascade_frontalface_default.xml 파일은 이번 예제에서 사용하고, haarcascade_eye.xml 파일은 다음 예제에서 사용합니다.

얼굴 인식하기

haarcascade_frontalface_default.xml 파일을 이용하여 얼굴 인식을 수행해 봅니다.

01 다음과 같이 예제를 작성합니다.

```
_16_cv2_image_3.py
01 : import cv2
02 :
03 : img = cv2.imread('barista.jpg')
04 : gray = cv2.cvtColor(img, cv2.COLOR_BGR2GRAY)
05 :
06 : face_cascade = cv2.CascadeClassifier('haarcascade_frontalface_default.xml')
07 : faces = face_cascade.detectMultiScale(gray, 1.3, 5)
08 : for (x,y,w,h) in faces:
09 :     img = cv2.rectangle(img,(x,y),(x +w,y +h),(255,0,0),2)
10 :
11 : cv2.imshow('barista', img)
12 : cv2.waitKey(0)
13 : cv2.destroyAllWindows()
```

06 : cv2 모듈의 CascadeClassifier 클래스를 이용하여 CascadeClassifier 객체를 생성한 후, face_cascade 변수가 가리키도록 합니다. CascadeClassifier 객체 생성 시 인자로 haarcascade_frontalface_default.xml 파일을 인자로 줍니다. CascasdClassifier는 다단계 분류기라는 의미로 머신러닝 기반의 객체 검출 알고리즘을 구현한 클래스입니다. haarcascade_frontalface_default.xml 파일은 전면 얼굴을 검출하기 위해 미리 학습시켜 놓은 XML 포맷으로 저장된 분류기 파일입니다.

07 : face_cascade 변수가 가리키는 CascadeClassifier 객체에 대해 detectMultiScale 함수를 호출하여 gray 변수가 가리키는 회색 그림에서 얼굴을 검출합니다. 검출된 얼굴은 사각형의 목록으로 나옵니다. detectMultiScale 함수는 입력된 그림을 내부적으로 축소해가며 검출 대상을 검출하는 함수입니다. detectMultiScale 함수의 첫 번째 인자는 그림 파일을 가리키는 변수입니다. 두 번째 인자는 scaleFactor로 그림 파일을 이 비율만큼 반복적으로 줄여가며 검출 대상을 검출하게 됩니다. 여기서는 1.3 값을 주어 1.3배만큼 줄여가며 검출합니다. 즉, 그림을 30%씩 줄여가며 얼굴을 찾습니다. 값이 작을수록 검출율이 높지만 시간이 더 걸립니다. 세 번째 인자는 minNeighbors로 scaleFactor에 따라 단계별로 얼굴을 검출하는 과정에서 같은 대상이 여러 번 검출될 수 있는데, 최소 추가 검출 회수를 나타냅니다. 예를 들어, 해당 인자를 0값으로 주면 한 번이라도 얼굴로 검출된 것들은 모두 표시됩니다. 1값으로 주면 최소 검출 회수가 2회는 되어야 얼굴로 인식하게 됩니다. 우리 예제에서는 최소 5회 얼굴로 검출되었을 때 얼굴로 인식됩니다.

08 : 검출된 얼굴들의 좌표 (x,y)와 크기 (w,h)에 대해

09 : cv2 모듈의 rectangle 함수를 이용하여 img가 가리키는 그림 파일에 사각형 표시를 추가합니다.

02 프로그램을 실행시켜 봅니다. 얼굴 주변에 파란색 사각형 표시가 되는 것을 확인합니다.

임의의 키를 눌러 화면을 닫습니다.

01-5 눈 인식하기

여기서는 haarcascade_eye.xml 파일을 이용하여 눈 인식을 수행해 봅니다.

01 다음과 같이 예제를 작성합니다.

```
_16_cv2_image_4.py
01 : import cv2
02 :
03 : img = cv2.imread('barista.jpg')
04 : gray = cv2.cvtColor(img, cv2.COLOR_BGR2GRAY)
05 :
```

```
06 : face_cascade = cv2.CascadeClassifier('haarcascade_frontalface_default.xml')
07 : eye_cascade = cv2.CascadeClassifier('haarcascade_eye.xml')
08 :
09 : faces = face_cascade.detectMultiScale(gray, 1.3, 5)
10 : for (x,y,w,h) in faces:
11 :     img = cv2.rectangle(img,(x,y),(x +w,y +h),(255,0,0),2)
12 :     roi_gray = gray[y:y +h, x:x +w]
13 :     roi_color = img[y:y +h, x:x +w]
14 :     eyes = eye_cascade.detectMultiScale(roi_gray)
15 :     for (ex,ey,ew,eh) in eyes:
16 :             cv2.rectangle(roi_color,(ex,ey),(ex +ew,ey +eh),(0,255,0),2)
17 :
18 : cv2.imshow('barista', img)
19 : cv2.waitKey(0)
20 : cv2.destroyAllWindows()
```

07 : cv2 모듈의 CascadeClassifier 클래스를 이용하여 CascadeClassifier 객체를 생성한 후, eye_cascade 변수가 가리키 도록 합니다. CascadeClassifier 객체 생성 시 인자로 haarcascade_eye.xml 파일을 인자로 줍니다. CascasdClassifier 는 다단계 분류기라는 의미로 머신러닝 기반의 객체 검출 알고리즘을 구현한 클래스입니다. haarcascade_eye.xml 파일은 눈을 검출하기 위해 미리 학습시켜 놓은 XML 포맷으로 저장된 분류기 파일입니다.

12 : roi_gray 변수를 생성하여 gray 변수가 가리키는 그림의 부분적인 그림(감지한 얼굴 영역의 그림)에 대한 numpy. ndarray 객체를 가리키게 합니다.

13 : roi_color 변수를 생성하여 img 변수가 가리키는 그림의 부분적인 그림(감지한 얼굴 영역의 그림)에 대한 numpy. ndarray 객체를 가리키게 합니다.

14 : eye_cascade 변수가 가리키는 CascadeClassifier 객체에 대해 detectMultiScale 함수를 호출하여 roi_gray 변수가 가 리키는 회색 그림에서 눈을 검출합니다. 검출된 눈은 사각형의 목록으로 나옵니다. detectMultiScale 함수는 입력된 그 림을 내부적으로 축소해가며 검출 대상을 검출하는 함수입니다. detectMultiScale 함수의 인자는 그림 파일을 가리키 는 변수입니다.

15 : 검출된 눈들의 좌표 (ex,ey)와 크기 (ew,eh)에 대해

16 : cv2 모듈의 rectangle 함수를 이용하여 roi_color가 가리키는 그림 파일에 사각형 표시를 추가합니다.

※ roi는 Region of Interest의 약자로 관심영역이라는 의미입니다.

02 프로그램을 실행시켜 봅니다. 눈 주변에 초록색 사각형 표시가 되는 것을 확인합니다.

임의의 키를 눌러 화면을 닫습니다.

02 _ PyCharm 개발 환경 구성하기

우리는 앞에서 opencv 라이브러리를 이용하여 얼굴 인식을 수행해 보았습니다. 외부 라이브러리를 사용하다 보면 많은 패키지, 모듈, 클래스, 함수, 변수를 사용하게 됩니다. 파이참을 이용하면 아래와 같이 intellisense 기능 등을 통해 모듈이나 클래스 내의 함수를 사용할 때 편리하게 개발이 가능합니다. 또 문법에 대한 오류 체크도 자동으로 해 줍니다. 여기서는 파이썬 개발을 좀 더 효율적으로 할 수 있는 파이참을 설치하도록 합니다.

```
1  ▶  import cv2
2
3     cap = cv2.Vid
         ┌──────────────────────────────────────────────────────────┐
         │ ⓒ VideoCapture                      cv2.cv2.VideoCapture    │
         │ ⓒ VideoWriter                        cv2.cv2.VideoWriter     │
         │ ⓕ VideoWriter_fourcc(c1, c2, c3, c4)          cv2.cv2       │
         │ ⓥ VIDEOWRITER_PROP_FRAMEBYTES                 cv2.cv2       │
         │ ⓥ VIDEOWRITER_PROP_NSTRIPES                   cv2.cv2       │
         │ ⓥ VIDEOWRITER_PROP_QUALITY                    cv2.cv2       │
         │ ⓥ COLORMAP_CIVIDIS                            cv2.cv2       │
         │ Press Enter to insert  Tab to replace  Next Tip        ⋮   │
         └──────────────────────────────────────────────────────────┘
```

※ 독자 여러분의 선택에 따라 파이참을 설치하지 않고 IDLE을 그대로 사용하여 이후의 실습을 진행해도 같은 결과를 얻을 수 있습니다.

02-1 파이참 설치하기

먼저 파이참 프로그램을 설치합니다.

01 다음과 같이 검색합니다.

```
Google      pycharm edu download
```

02 다음 사이트로 들어갑니다.

```
JB  www.jetbrains.com › pycharm-edu › download  ▼ 이 페이지 번역하기
Download PyCharm Edu: Python IDE to Learn ... - JetBrains
PyCharm Edu is free & open source. Licensed under Apache License, Version 2.0. System
requirements. Microsoft Windows 10/8/7/Vista/2003/XP (incl.64-bit) ...
```

03 다음 페이지가 열립니다. [DOWNLOAD] 버튼을 누릅니다.

※ 이 책에서는 Windows용 프로그램을 사용하여 실습을 진행합니다.

04 다운로드가 완료되면 프로그램을 실행시켜 설치합니다.

05 다음과 같이 설치 시작 창이 뜹니다. [Next〉] 버튼을 눌러 설치를 진행합니다.

06 [설치 위치 선택] 창입니다. 기본 상태에서 [Next〉] 버튼을 누릅니다.

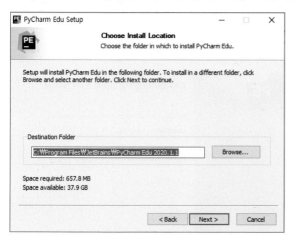

※ 독자 여러분의 필요에 따라 다른 디렉터리에 설치할 수 있습니다.

07 [설치 옵션] 창입니다. 다음과 같이 선택한 후, [Next>] 버튼을 누릅니다.

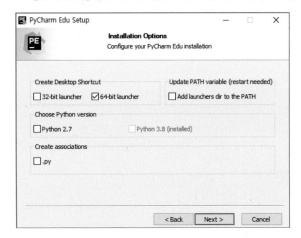

[Create Desktop Shortcut] : 바탕화면에 바로가기 아이콘을 추가합니다.

[Create associations] : .py 확장자를 pyCharm Edu로 연결합니다.

※ 파이썬 3.8은 앞에서 설치를 했습니다.

08 [시작 메뉴 폴더 선택] 창입니다. 기본 상태로 [Install] 버튼을 눌러 설치를 진행합니다.

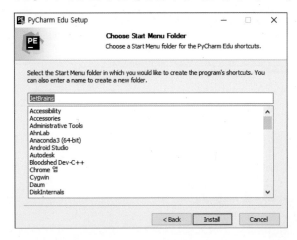

09 설치가 완료되면 다음과 같은 창이 뜹니다. [Finish] 버튼을 눌러 설치를 완료합니다.

02-2 파이썬 실습 환경 설정하기

여기서는 파이참 실습 환경을 설정해 봅니다.

파이참 실행하기

01 데스크 탑 좌측 하단에 있는 [검색] 창을 찾아 [pycharm edu]를 입력합니다.

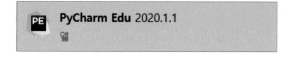

02 다음 프로그램을 실행합니다.

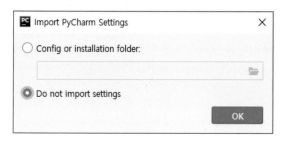

03 파이참을 처음 실행하면 [파이참 설정 불러오기] 창이 뜹니다. 다음과 같이 선택하고 [OK] 버튼을 누릅니다.

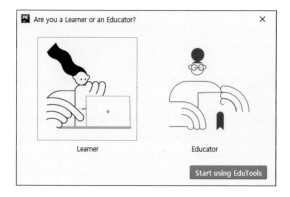

04 다음과 같이 [학습자 또는 교육자 선택] 창이 뜹니다. 여기서는 [학습자]로 선택한 후, [Start using EduTools] 버튼을 누릅니다.

파이썬 프로젝트 생성하기

05 다음과 같이 [Welcome to PyCharm] 창이 뜹니다.

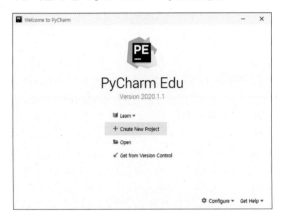

[+ Create New Project] 항목을 선택합니다.

06 다음은 [New Project] 창입니다. 다음과 같이 설정한 후, [Create] 비튼을 누릅니다.

❶ 프로젝트 디렉터리를 입력합니다.

❷ 사용할 파이썬 프로그램을 선택합니다. 이 책에서
는 파이썬 3.8을 사용하고 있습니다.

07 다음과 같이 프로젝트가 생성됩니다.

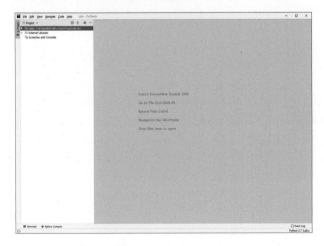

파이썬 파일 생성하기

08 다음과 같이 파일을 생성합니다.

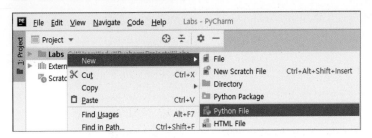

Labs 프로젝트 상에서 마우스 오른쪽 버튼을 눌러 팝업 창을 띄운 후, [New]–[Python File] 메뉴를 선택합니다.

09 파일 이름을 입력한 후, 엔터키를 칩니다. 여기서는 [_00_hello]을 입력합니다.

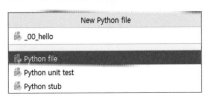

※ [_00_hello.py]로 입력할 수도 있습니다.

10 다음과 같이 파일이 생성됩니다.

파이썬 프로그램 작성하기

11 다음과 같이 프로그램을 작성합니다.

```
while True:
    print("반가워 파이참~")
```

파이썬 프로그램 실행하기

12 다음과 같이 프로그램을 실행시킵니다.

```
_00_hello.py ×
1 ▶  while True:
2        print("반가워 파이참~")
```

초록색 삼각형 기호를 마우스로 눌러줍니다.

13 다음은 실행 결과 화면입니다.

```
Run:    _00_hello ×
        반가워 파이참~
        반가워 파이참~
        반가워 파이참~
        반가워 파이참~
        반가워 파이참~
        반가워 파이참~
        반가워 파이참~
        반가워 파이참~
        반가워 파이참~
        반가워 파이참~
        반가워 파이참~
▶ 4: Run    Terminal    Python Console
```

파이썬 프로그램 종료하기

14 다음과 같이 프로그램을 종료합니다.

```
Run:    _00_hello ×
        반가워 파이참~
        반가워 파이참~
        반가워 파이참~
    Stop '_00_hello' Ctrl+F2
        반가워 파이참~
        반가워 파이참~
        반가워 파이참~
        반가워 파이참~
        반가워 파이참~
        반가워 파이참~
        반가워 파이참~
        반가워 파이참~
▶ 4: Run    Terminal    Python Console
Stop process
```

빨간색 사각형 기호를 마우스로 눌러줍니다.

15 다음은 프로그램 종료 화면입니다.

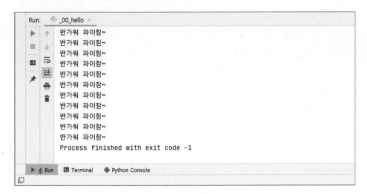

02-3 opencv-python 설치하기

파이참 환경에서 이미지와 영상을 처리하기 위해 opencv-python 라이브러리를 새로 설치합니다.
이전에 설치한 opencv-python 라이브러리는 현재 파이참 환경에서 사용할 수 없습니다.

01 다음과 같이 파이참 하단에서 [Terminal] 탭을 선택합니다.

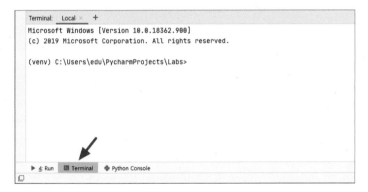

02 다음과 같이 명령을 수행해 봅니다. pip 버전을 확인해 봅니다.

※ 파이참에 설치된 pip 프로그램은 c:₩users₩edu₩pycharmprojects₩labs₩venv₩lib₩site-packages₩pip 디렉터리에 있습니다.

03 다음과 같이 명령을 수행하여 opencv-python 라이브러리를 설치합니다.

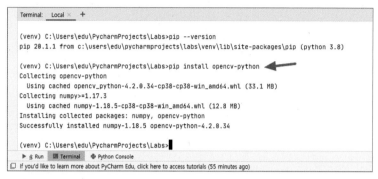

※ 패키지는 다음 위치에 설치됩니다.

C:₩Users₩edu₩PycharmProjects₩Labs₩venv₩Lib₩site-packages

※ 다음은 추가로 설치된 패키지를 보여줍니다.

03 _ 카메라로 얼굴 인식하기

여기서는 웹캠으로부터 영상을 받아 각 프레임을 흑백으로 변경한 후, Haar Cascade 머신 러닝 필터를 이용하여 얼굴과 눈을 인식한 후, 영상에 표시해 봅니다.

03-1 웹캠 영상 읽고 출력하기

여기서는 웹캠으로부터 영상을 받아 화면에 출력해봅니다. 일반적으로 노트북의 경우 웹캠이 기본적으로 장착되어 있으므로 그것을 사용하도록 합니다. 데스크 탑의 경우 USB 기반의 웹캠을 장착하여 실습을 진행하도록 합니다.

01 다음과 같이 파이썬 파일을 생성합니다.

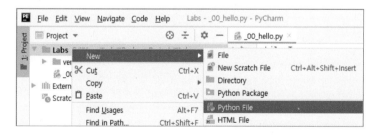

Labs 프로젝트 상에서 마우스 오른쪽 버튼을 눌러 팝업 창을 띄운 후, [New]-[Python File] 메뉴를 선택합니다.

02 다음과 같이 파일 이름을 [_17_cv2_video]라고 입력한 후, 엔터키를 칩니다.

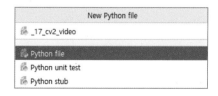

03 다음과 같이 [_17_cv2_video.py] 파일이 생성됩니다.

※ 이후에는 같은 방식으로 실습 파일을 생성합니다.

04 다음과 같이 예제를 작성합니다.

_17_cv2_video.py

```
01 : import cv2
02 :
03 : cap = cv2.VideoCapture(0)
04 : if cap.isOpened():
05 :     print('width:', cap.get(cv2.CAP_PROP_FRAME_WIDTH))
06 :     print('height:', cap.get(cv2.CAP_PROP_FRAME_HEIGHT))
07 :     print('fps:', cap.get(cv2.CAP_PROP_FPS))
08 :
09 : while cap.isOpened():
10 :     ret,img = cap.read()
11 :
12 :     if ret:
13 :             cv2.imshow('Video Capture', img)
14 :
15 :             key = cv2.waitKey(1) &0xFF #1ms wait
16 :             if key ==27: #ESC
17 :                     break
18 :
19 : cap.release()
20 : cv2.destroyAllWindows()
```

03 : cv2 모듈의 VideoCapture 클래스로 VideoCapture 객체를 생성한 후, cap 변수가 가리키도록 합니다. VideoCapture 클래스는 영상 입력 기능을 가지는 클래스로 카메라 또는 파일로부터 영상을 입력 받을 수 있습니다. VideoCapture 객체 생성 시 인자로 주는 0은 카메라의 번호를 나타냅니다.

04 : 영상 입력 기능이 정상적으로 열렸으면

05~07 : print 함수를 호출하여 영상의 가로, 세로, 초당 프레임 수를 출력합니다.

09 : 영상 입력 기능이 정상적으로 열려있는 동안에

10 : 비디오 프레임을 읽어옵니다. ret는 프레임이 정상적으로 읽히면 True 값을 그렇지 않으면 False 값을 받게 됩니다. img는 그림에 대한 행렬 객체를 받게 됩니다.

12 : ret 값이 True이면

13 : cv2 모듈의 imshow 함수를 호출하여 img 변수가 가리키는 그림을 화면에 보여줍니다. 첫 번째 인자인 'Video Capture'는 화면에 표시된 영상의 제목을 나타내며, 변경할 수 있습니다.

15 : cv2 모듈의 waitKey 함수를 호출하여 키보드 입력을 기다립니다. 인자로 넘어가는 1은 키보드 입력을 기다리는 시간으로 밀리 초 단위입니다. 1이 인자로 넘어가기 때문에 1밀리 동안 키보드 입력을 기다립니다. waitKey 함수를 통해 입력받은 키가 있을 경우 하위 8비트만 거른 후, key 변수에 할당합니다.

16 : key 변수가 가리키는 값이 27(ESC 키 값)이면

17 : break를 이용하여 09 줄에 있는 while 문을 빠져 나옵니다.

19 : 영상 입력 기능을 종료합니다.

20 : cv2 모듈의 destroyAllWindows 함수를 호출하여 열려있는 모든 창을 닫습니다.

05 프로그램을 실행시켜 봅니다. 초록색 삼각형 기호를 마우스로 눌러줍니다.

```python
import cv2

cap = cv2.VideoCapture(0)
if cap.isOpened():
    print('width:', cap.get(cv2.CAP_PROP_FRAME_WIDTH))
    print('height:', cap.get(cv2.CAP_PROP_FRAME_HEIGHT))
    print('fps:', cap.get(cv2.CAP_PROP_FPS))

while cap.isOpened():
    ret,img = cap.read()

    if ret:
        cv2.imshow('Video Capture', img)

        key = cv2.waitKey(1) &0xFF #1ms wait
        if key ==27: #ESC
            break

cap.release()
cv2.destroyAllWindows()
```

웹캠 영상이 화면으로 출력되는 것을 확인합니다.

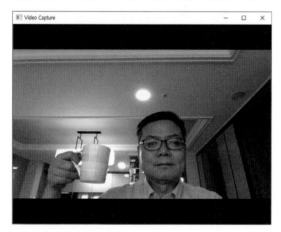

※ 놀라지 마세요. 필자입니다.

파이참 화면 하단에는 다음과 같이 표시됩니다.

가로는 640픽셀, 세로는 480픽셀, 초당 프레임 수는 30프레임으로 표시됩니다.

06 Esc 키를 눌러 화면을 닫습니다. 또는 빨간색 사각형 기호를 마우스로 눌러 프로그램을 종료합니다.

```
Run:    _17_cv2_video  ×
        width: 640.0
        height: 480.0
        fps: 30.0
    Stop '_17_cv2_video'  Ctrl+F2


▶ 4: Run   Terminal   Python Console
Stop process
```

03-2 웹캠 영상 저장하기

여기서는 웹캠으로부터 영상을 받아 화면에 출력하면서, 동시에 화면의 내용을 파일로 저장해 봅니다.

01 Labs 프로젝트에 _17_cv2_video_2.py 파일을 생성합니다.

02 다음과 같이 예제를 작성합니다.

_17_cv2_video_2.py

```python
01 : import cv2
02 :
03 : cap = cv2.VideoCapture(0)
04 : if cap.isOpened():
05 :     w =int(cap.get(cv2.CAP_PROP_FRAME_WIDTH))
06 :     h =int(cap.get(cv2.CAP_PROP_FRAME_HEIGHT))
```

```
07 :      fps =int(cap.get(cv2.CAP_PROP_FPS))
08 :
09 :      fourcc = cv2.VideoWriter_fourcc(*'DIVX')
10 :      out = cv2.VideoWriter('output.avi', fourcc, fps, (w,h))
11 :
12 : while cap.isOpened():
13 :      ret,img = cap.read()
14 :
15 :      if ret:
16 :              cv2.imshow('Video Capture', img)
17 :
18 :              out.write(img)
19 :
20 :              k = cv2.waitKey(1) &0xFF #30ms wait
21 :              if k ==27: #ESC
22 :                        break
23 :
24 : out.release()
25 : cap.release()
26 : cv2.destroyAllWindows()
```

09 : cv2 모듈의 VideoWriter_fourcc 함수를 호출하여 DIVX 형식의 fourcc 코드를 받습니다. fourcc 코드는 영상 파일 저장 형식으로 여기서는 DIVX 형식입니다. *'DIVX' 인자는 'D','I','V','X' 형태로 바뀌어 인자로 넘겨집니다.

10 : cv2 모듈의 VideoWriter 객체를 생성하여 out 변수가 가리키도록 합니다. VideoWriter 객체는 파일을 생성하여 입력 영상을 저장하는 기능을 갖습니다. VideoWriter 객체 생성 시 주는 첫 번째 인자는 영상을 저장할 파일 이름으로 여기서는 output.avi 파일입니다. 두 번째 인자인 fourcc는 영상 파일 저장 형식으로 여기서는 DIVX 형식입니다. 세 번째, 네 번째 인자는 초당 저장할 프레임 수, (가로, 세로) 해상도를 나타냅니다.

18 : 13 줄에서 읽은 img가 가리키는 그림을 out 변수가 가리키는 파일에 저장합니다.

24 : 영상 저장 기능을 닫습니다.

03 프로그램을 실행시켜 봅니다. 웹캠 영상이 화면으로 출력되는 것을 확인합니다. ESC 키를 눌러 화면을 닫습니다. Labs 디렉터리에 output.avi 파일을 확인합니다.

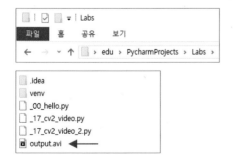

함수 호출과 *인자 살펴보기 : *'DIVX'

함수 호출에서 *(aterisk : 별표)로 시작하는 인자는 문자열을 개별 문자로, 목록, 튜플을 개별 항목으로 나누어 넘길 때 사용합니다. 예를 들어, 다음과 같습니다.

```
f(*'DIVX') => f('D','I','V','X')
g(*[1,2,3,4,5]) => g(1,2,3,4,5)
h(*('How', 'are', 'you?')) => h('how', 'are', 'you?')
```

함수 f, g, h는 각각 문자열, 목록, 튜플에 *를 붙여 인자로 넘기고 있습니다. 이 함수들은 각각 오른쪽의 형태로 해석되어 실행됩니다. 즉, *'DIVX'는 'DIVX' 문자열을 'D','I','V','X'와 같이 문자 하나하나로 나누어 인자로 넘깁니다. *[1,2,3,4,5]는 [1,2,3,4,5] 목록을 1,2,3,4,5와 같이 개별 항목으로 나누어 인자로 넘깁니다. *('how', 'are', 'you?')는 ('how', 'are', 'you?') 튜플을 'how', 'are', 'you?'와 같이 개별 항목으로 나누어 인자로 넘깁니다.

- 인자를 받는 함수의 매개변수는 *매개변수 형태가 적당합니다. 예를 들어, 다음과 같습니다.

```
def f(*args):
    print(args)
def g(*args):
    print(args)
def h(*args):
    print(args)
```

함수 f, g, h는 *로 시작하는 매개변수를 갖습니다. *args는 *arguments의 줄임말로 다른 이름을 사용할 수도 있습니다. *args 형태의 매개변수는 여러 개의 인자를 받고자 할 때 쓰입니다.

- 매개변수를 사용하지 않을 경우에는 *인자에 의해 풀리는 인자를 받을 수 있도록 인자의 개수만큼 매개변수를 갖도록 함수를 작성해 주어야 합니다. 예를 들어, 다음과 같습니다.

```
def f(a,b,c,d):
    print(a,b,c,d)
def g(a,b,c,d,e):
    print(a,b,c,d,e)
def h(a,b,c):
    print(a,b,c)
```

인자의 개수와 매개변수의 개수가 맞지 않을 경우엔 오류가 발생합니다.

01 Labs 프로젝트에 _18_star_args.py 파일을 생성합니다.

02 다음과 같이 예제를 작성합니다.

```
_18_star_args.py
01 : def f(*args):
02 :     print(args)
03 : def g(*args):
04 :     print(args)
05 : def h(*args):
06 :     print(args)
07 :
08 : def f_1(a,b,c,d):
09 :     print(a,b,c,d)
10 : def g_1(a,b,c,d,e):
11 :     print(a,b,c,d,e)
12 : def h_1(a,b,c):
13 :     print(a,b,c)
14 :
15 : f(*'DIVX')
16 : g(*[1,2,3,4,5])
17 : h(*('How', 'are', 'you?'))
18 :
19 : f_1('d','i','v','x')
20 : g_1(6,7,8,9,10)
21 : h_1('I', 'am', 'fine!')
```

03 결과를 확인합니다.

```
Run:    _18_star_args ×
    ('D', 'I', 'V', 'X')
    (1, 2, 3, 4, 5)
    ('How', 'are', 'you?')
    d i v x
    6 7 8 9 10
    I am fine!

    Process finished with exit code 0

  ▶ 4: Run    ⊠ Terminal    🐍 Python Console
```

※ args 매개변수는 인자를 받아 튜플로 묶습니다.

04 Labs 프로젝트에 _18_star_args_2.py 파일을 생성합니다.

05 다음과 같이 예제를 수정합니다.

_18_star_args_2.py

```
01 : def f(*args):
02 :     print(args)
03 : def g(*args):
04 :     print(args)
05 : def h(*args):
06 :     print(args)
07 :
08 : def f_1(a,b,c,d):
09 :     print(a,b,c,d)
10 : def g_1(a,b,c,d,e):
11 :     print(a,b,c,d,e)
12 : def h_1(a,b,c):
13 :     print(a,b,c)
14 :
15 : f_1(*'DIVX')
16 : g_1(*[1,2,3,4,5])
17 : h_1(*('How', 'are', 'you?'))
18 :
19 : f('d','i','v','x')
20 : g(6,7,8,9,10)
21 : h('I', 'am', 'fine!')
```

06 결과를 확인합니다.

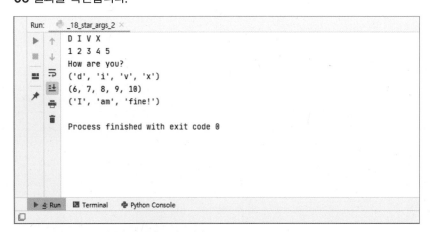

※ args 매개변수는 인자를 받아 튜플로 묶습니다.

03-3 파일 영상 읽고 출력하기

여기서는 이전 예제에서 저장한 영상을 읽어 화면에 출력해 봅니다.

01 Labs 프로젝트에 _19_cv2_video.py 파일을 생성합니다.

02 다음과 같이 예제를 작성합니다.

```
_19_cv2_video.py
01 : import cv2
02 :
03 : cap = cv2.VideoCapture('output.avi')
04 : if cap.isOpened():
05 :     print('width:', cap.get(cv2.CAP_PROP_FRAME_WIDTH))
06 :     print('height:', cap.get(cv2.CAP_PROP_FRAME_HEIGHT))
07 :     print('fps:', cap.get(cv2.CAP_PROP_FPS))
08 :
09 : while cap.isOpened():
10 :     ret,img = cap.read()
11 :
12 :     if ret:
13 :             cv2.imshow('Video Capture', img)
14 :
15 :             k = cv2.waitKey(30) &0xFF #30ms wait
16 :             if k ==27: #ESC
17 :                     break
18 :     else: break
19 :
20 : cap.release()
21 : cv2.destroyAllWindows()
```

03 : VideoCapture 객체 생성 시, output.avi 파일을 인자로 줍니다. 이렇게 하면 VideoCapture 객체는 output.avi 파일에서 영상 데이터를 읽습니다.

03 프로그램을 실행시켜 봅니다. output.avi 파일 영상이 화면으로 출력되는 것을 확인합니다. 또 다음과 같이 출력되는 것을 확인합니다.

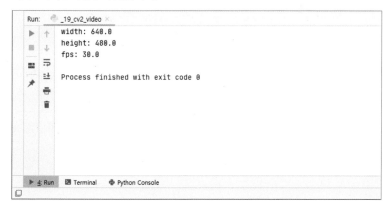

```
Run:    _19_cv2_video ×
    width: 640.0
    height: 480.0
    fps: 30.0

    Process finished with exit code 0
```

03-4 웹캠 영상 얼굴 인식하기

여기서는 Haar Cascade 머신 러닝 필터를 이용하여 웹캠 영상으로부터 얼굴 인식을 해 봅니다.

01 파이참 Labs 디렉터리로 다음 두 파일을 복사해 줍니다.

02 Labs 프로젝트에 _19_cv2_video_2.py 파일을 생성합니다.

03 다음과 같이 예제를 작성합니다.

```
_19_cv2_video_2.py
01 : import cv2
02 :
03 : face_cascade = cv2.CascadeClassifier('haarcascade_frontalface_default.xml')
04 :
05 : cap = cv2.VideoCapture(0)
06 :
07 : while cap.isOpened():
08 :     ret,img = cap.read()
09 :
10 :     if ret:
11 :             gray = cv2.cvtColor(img, cv2.COLOR_BGR2GRAY)
12 :             faces = face_cascade.detectMultiScale(gray, 1.3, 5)
13 :             for (x,y,w,h) in faces:
14 :                     img = cv2.rectangle(img,(x,y),(x +w,y +h),(255,0,0),2)
15 :
16 :             cv2.imshow('Video Capture', img)
17 :
18 :             key = cv2.waitKey(1) &0xFF #1ms wait
19 :             if key ==27: #ESC
20 :                     break
21 :
22 : cap.release()
23 : cv2.destroyAllWindows()
```

03 : cv2 모듈의 CascadeClassifier 클래스를 이용하여 CascadeClassifier 객체를 생성한 후, face_cascade 변수가 가리키도록 합니다. CascadeClassifier 객체 생성 시 인자로 haarcascade_frontalface_default.xml 파일을 인자로 줍니다. CascasdClassifier는 다단계 분류기라는 의미로 머신 러닝 기반의 객체 검출 알고리즘을 구현한 클래스입니다. haarcascade_frontalface_default.xml 파일은 전면 얼굴을 검출하기 위해 미리 학습시켜 놓은 XML 포맷으로 저장된 분류기 파일입니다.

11 : cv2 모듈의 cvtColor 함수를 호출하여 img 변수가 가리키는 그림의 색깔을 바꾼 후, 바뀐 그림을 gray 변수가 가리키 도록 합니다. BGR 형식의 파일을 GRAY 형식의 파일로 바꿉니다. OpenCV의 색깔 형식을 RGB라고 하나 실제로는 바이트 데이터의 순서가 반대인 BGR 형식입니다.

12 : face_cascade 변수가 가리키는 CascadeClassifier 객체에 대해 detectMultiScale 함수를 호출하여 gray 변수가 가리 키는 회색 그림에서 얼굴을 검출합니다. 검출된 얼굴은 사각형의 목록으로 나옵니다. detectMultiScale 함수는 입력된 그림을 내부적으로 축소해가며 검출 대상을 검출하는 함수입니다. detectMultiScale 함수의 인자는 그림 파일을 가리 키는 변수입니다.

13 : 검출된 얼굴들의 좌표 (x,y)와 크기 (w,h)에 대해

14 : cv2 모듈의 rectangle 함수를 이용하여 img가 가리키는 그림 파일에 사각형 표시를 추가합니다.

04 프로그램을 실행시켜 봅니다. 웹캠 영상에 나타나는 얼굴 주변에 파란색 사각형 표시가 되는 것을 확인 합니다.

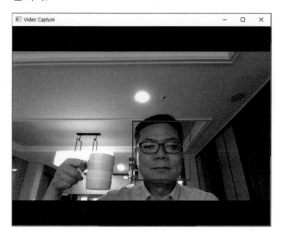

04 _ 음성 녹음하고 재생하기

pyaudio 모듈은 음성 데이터를 다루는 라이브러리인 portaudio를 파이썬에서 사용할 수 있도록 만든 모듈입니다. pyaudio 모듈을 이용하여 음성 데이터를 파일로 저장하거나, 파일로부터 음성데이터를 불러올 수 있습니다. 파일 뿐만 아니라 실시간으로 음성 데이터를 다루는 것도 가능합니다. 여기서는 pyaudio 라이브러리를 설치한 후, pyaudio 라이브러리를 이용하여 마이크로 음성을 녹음하고 재생하는 방법을 살펴봅니다. 음성 녹음과 재생은 동기식과 비동기식으로 수행해 봅니다.

04-1 pyaudio 설치하기

파이썬 3.8용 pyaudio 패키지는 pip이 접속하는 인터넷 사이트에 올라와 있지 않습니다. 그래서 다음과 같이 설치를 했을 때, 정상적으로 설치되지 않습니다.

```
Terminal:   Local ×   +

(venv) C:\Users\edu\PycharmProjects\Labs>pip install pyaudio
Collecting pyaudio
  Using cached PyAudio-0.2.11.tar.gz (37 kB)
Using legacy setup.py install for pyaudio, since package 'wheel' is not installed.
Installing collected packages: pyaudio
    Running setup.py install for pyaudio ... error
    ERROR: Command errored out with exit status 1:
```

여기서는 파이썬 3.8용 pyaudio 패키지를 직접 받아 설치해 보도록 합니다.

01 다음 사이트에 접속합니다.

https://www.lfd.uci.edu/~gohlke/pythonlibs/#pyaudio

02 다음과 같이 PyAudio 라이브러리 패키지 다운로드 페이지로 이동합니다. 화살표로 표시된 링크를 클릭하여 패키지 파일을 받습니다.

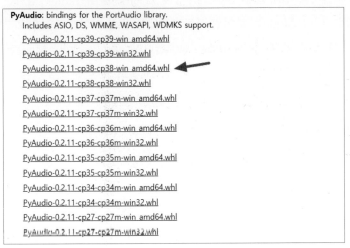

※ 파이썬 버전을 구분하기 위해 파일 이름 중간에 cp38-cp38과 같은 문자열이 포함됩니다. 파이썬 3.7의 경우는 cp37-cp37문자열을 포함한 파일을 받아 설치하면 됩니다.

03 파일이 다운로드 되는 것을 확인합니다.

04 다운로드가 완료되면 파일을 Labs 디렉터리로 복사합니다.

05 다음과 같이 pyaudio 라이브러리를 설치합니다.

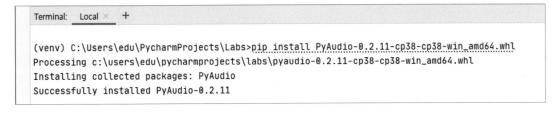

04-2 음성 녹음하고 재생하기 : Blocking Mode

여기서는 컴퓨터의 마이크로 음성 데이터를 입력받아 파일로 저장해 봅니다. 음성 데이터 입력은 Blocking Mode를 사용해 봅니다. Blocking Mode는 파이썬 프로그램에서 음성 데이터가 들어오기를 기다렸다가 음성 데이터가 들어오면 음성 데이터를 읽어내는 방식입니다. 즉, Blocking Mode는 파이썬 프로그램이 음성 데이터를 직접 읽는 방식입니다. 일반적으로 노트북의 경우 웹캠 주변에 내장 마이크가 장착되어 있으므로 그것을 사용합니다. 데스크 탑의 경우 USB 웹캠의 마이크를 이용하거나 외부 마이크를 장착하여 실습을 진행하도록 합니다.

음성 녹음하기

여기서는 Blocking Mode를 이용하여 5초간 음성 데이터를 받아서 파일로 저장해 봅니다.

01 Labs 프로젝트에 _20_audio.py 파일을 생성합니다.

02 다음과 같이 예제를 작성합니다.

```
_20_audio.py
01 : import pyaudio
02 : import wave
03 :
04 : SAMPLE_RATE =44100
05 : FORMAT = pyaudio.paInt16
06 : CHANNELS =1
07 : CHUNK =512
08 : RECORD_SECONDS =5
09 : WAVE_OUTPUT_FILENAME ="output.wav"
10 :
11 : p = pyaudio.PyAudio()
12 :
13 : stream = p.open(format =FORMAT,
14 :                 channels =CHANNELS,
15 :                 rate =SAMPLE_RATE,
16 :                 input =True,
17 :                 frames_per_buffer =CHUNK)
18 :
19 : print("Start to record the audio.")
20 :
21 : frames = []
22 :
23 : for i in range(0, int(SAMPLE_RATE / CHUNK * RECORD_SECONDS)):
24 :     data = stream.read(CHUNK)
25 :     frames.append(data)
```

```
26 :
27 : print("Recording is finished.")
28 :
29 : stream.stop_stream()
30 : stream.close()
31 : p.terminate()
32 :
33 : wf = wave.open(WAVE_OUTPUT_FILENAME, 'wb')
34 : wf.setnchannels(CHANNELS)
35 : wf.setsampwidth(p.get_sample_size(FORMAT))
36 : wf.setframerate(SAMPLE_RATE)
37 : wf.writeframes(b''.join(frames))
38 : wf.close()
```

01 : pyaudio 모듈을 불러옵니다. pyaudio 모듈은 오디오 입출력 라이브러리입니다. 11, 13, 24, 29, 30, 31 줄에서 필요합니다.

02 : wave 모듈을 불러옵니다. wave 모듈은 wave 파일을 다루기 위해 필요합니다. 33~38 줄에서 필요합니다.

04 : SAMPLE_RATE 변수를 생성한 후, 44100으로 초기화합니다. SAMPLE_RATE는 흘러나오는 소리나 음성에 대해 초당 표본 추출할 횟수를 나타냅니다. 여기서는 소리나 음성을 1초당 44100번을 추출한다는 의미입니다.

05 : FORMAT 변수를 생성한 후, pyaudio.paInt16으로 초기화합니다. FORMAT은 표본 추출 1개의 결과를 저장할 데이터의 크기입니다. 여기서는 표본 추출 1개에 대해 16비트 정수를 사용해서 저장한다는 의미입니다. 04, 05 줄의 조건으로 1초간 음성을 녹음했을 때, 44100번*16비트/8비트 = 88200바이트의 음성 데이터가 저장됩니다.

06 : CHANNELS 변수를 생성한 후, 1로 초기화합니다. CHANNELS는 표본 추출할 소리나 음성의 흐름 개수를 나타내며, 1일 경우에는 Mono, 2일 경우에는 Stereo입니다. Mono는 스피커 양쪽에 같은 소리가 출력되는 형식이며, Stereo는 스피커 양쪽에 서로 독립된 소리가 출력되는 형식이라 입체적인 소리가 납니다. 04, 05, 06 줄의 조건으로 1초간 음성을 녹음했을 때, 44100번*16비트/8비트*1채널 = 88200바이트의 음성 데이터가 저장됩니다.

07 : CHUNK 변수를 생성한 후, 512로 초기화합니다. CHUNK 변수는 24 줄에 있는 stream.read 함수를 통해 소리나 음성의 흐름을 읽어올 때 한 번에 읽어올 표본 추출의 개수를 나타냅니다. 이 예제에서는 read 함수를 한 번 수행할 때마다 512개*16비트/8비트 = 1024바이트씩 음성 데이터를 읽어옵니다.

08 : RECORD_SECONDS 변수를 생성한 후, 5로 초기화합니다. RECORD_SECONDS는 음성 녹음 시간으로 이 예제에서는 5초 동안 음성을 녹음합니다.

09 : WAVE_OUTPUT_FILENAME 변수를 생성한 후, "output.wav"로 초기화합니다. WAVE_OUTPUT_FILENAME는 음성 녹음을 저장할 파일의 이름입니다.

11 : pyaudio 모듈의 PyAudio 클래스를 이용하여 PyAudio 객체를 생성합니다. p 변수를 생성한 후, PyAudio 객체를 가리키도록 합니다.

13~17 : p 변수가 가리키는 PyAudio 객체에 대해 open 함수를 호출하여 오디오 흐름을 엽니다. 함수의 결과 값은 stream 변수를 생성해 가리키도록 합니다. 첫 번째 인자인 format은 표본 추출 데이터 1개에 대한 데이터 크기를 설정합니다. 여기서는 pyaudio.paInt16이므로 16비트 크기가 됩니다. 두 번째 인자인 channels는 표본 추출할 소리나 음성의 채널의 개수를 나타냅니다. 세 번째 인자인 rate는 1초당 표본 추출할 오디오 데이터의 개수입니다. 여기서는 일반적으로 사용하는 44100Hz를 선택합니다. 네 번째 인자인 input은 입력 스트림 여부를 설정합니다. 입력 스트림의 경우 True를 넣어줍니다. 다섯 번째 인자인 frames_per_buffer는 24 줄에 있는 stream.read 함수를 통해 한 번에 읽어올 표본 추출의 개수를 나타냅니다.

19 : 음성 녹음 시작을 알리는 문자열을 출력합니다.

21 : 입력 받은 음성을 저장할 빈 목록을 생성한 후, frames 변수가 가리키도록 합니다.

23~25 : 5초 간 음성 입력을 받습니다.

23 : int(SAMPLE_RATE / CHUNK * RECORD_SECONDS) == int(44100 / 512 * 5) == int(430.664) == 430이 되고, 430번 동안 24,25 줄을 반복합니다.

24 : 오디오 데이터를 읽어 data 변수로 받습니다. CHUNK==512이고, 오디오 데이터 하나의 크기가 2 바이트, 채널의 개수는 1로 설정했기 때문에 read 함수를 한 번 수행하면 512*2*1==1024 바이트 크기의 데이터를 받습니다.

25 : read 함수에서 받은 데이터를 frames 목록에 붙입니다.

27 : 음성 녹음 끝을 알리는 문자열을 출력합니다.

29 : 오디오 입력 흐름을 멈춥니다.

30 : 오디오 입력 흐름을 닫습니다.

31 : PyAudio 객체의 동작을 종료합니다.

33~38 : 입력받은 음성 데이터를 파일로 저장하는 부분입니다.

33 : wave 모듈의 open 함수를 호출하여 WAVE_OUTPUT_FILENAME 변수가 가리키는 output.wav를 이름으로 하는 파일을 엽니다. output.wav 파일이 없을 경우엔 생성을 하고, 있을 경우엔 기존에 있는 파일을 덮어씁니다. 두 번째 인자는 이진 파일 쓰기로 연다는 의미입니다. 음성 파일이나 영상 파일은 이진 파일입니다. 열린 녹음 파일은 wf 변수로 받습니다. 이렇게 하면 wf 변수는 wave.Wave_write 객체를 받습니다. 33 줄 밑에 print(wf)하면 볼 수 있습니다.

34 : 녹음 파일의 채널 개수를 설정합니다.

35 : 녹음 파일의 오디오 데이터 하나의 크기를 설정합니다. p.get_sample_size(FORMAT)의 값은 2로 2바이트를 나타냅니다.

36 : 녹음 파일의 1초 당 표본 추출된 오디오 데이터의 개수를 설정합니다.

37 : 앞에서 입력 받은 음성 데이터를 붙여 넣습니다. b''.join(frames)는 빈 바이트 열에 frames 목록을 더하는 동작입니다.

38 : 녹음 파일을 닫습니다.

03 프로그램을 실행시켜 봅니다. 마이크를 통해 음성을 입력해 봅니다.

프로그램이 5초간 실행된 후 동작을 멈춥니다. pyLabs 디렉터리에 output.wav 파일이 생성된 것을 확인합니다.

녹음 재생하기

여기서는 Blocking Mode를 이용하여 녹음한 파일을 재생해 봅니다.

01 Labs 프로젝트에 _20_audio_2.py 파일을 생성합니다.

02 다음과 같이 예제를 작성합니다.

```
_20_audio_2.py

01 : import pyaudio
02 : import wave
03 : import sys
04 :
05 : CHUNK =512
06 :
07 : if len(sys.argv) <2:
08 :     print("Plays a wave file.\n\nUsage: %s filename.wav" % sys.argv[0])
09 :     sys.exit(-1)
10 :
11 : wf = wave.open(sys.argv[1], 'rb')
12 :
13 : p = pyaudio.PyAudio()
14 :
15 : stream = p.open(format =p.get_format_from_width(wf.getsampwidth()),
16 :                 channels =wf.getnchannels(),
17 :                 rate =wf.getframerate(),
18 :                 output =True)
19 :
20 : data = wf.readframes(CHUNK)
21 :
22 : while data:
23 :     stream.write(data)
24 :     data = wf.readframes(CHUNK)
25 :
26 : stream.stop_stream()
27 : stream.close()
28 : wf.close()
29 :
30 : p.terminate()
```

01 : pyaudio 모듈을 불러옵니다. pyaudio 모듈은 오디오 입출력 라이브러리입니다. 13, 15, 23, 26, 27, 30 줄에서 필요합니다.

02 : wave 모듈을 불러옵니다. wave 모듈은 wave 파일을 다루기 위해 필요합니다. 11, 20, 24, 28 줄에서 필요합니다.

03 : sys 모듈을 불러옵니다. sys 모듈은 07, 08 줄에 있는 sys.argv 변수와 09 줄에 sys.exit 함수를 사용하기 위해 필요합니다.

05 : CHUNK 변수를 생성한 후, 512로 초기화합니다. 20 줄에서 음성 녹음 파일을 읽을 때 CHUNK 만큼의 표본 추출 데이터를 읽어옵니다.

07 : sys.argv 목록의 개수가 2 미만이면

08 : print 함수를 호출하여 사용 방법을 출력합니다.

09 : sys.exit 함수를 호출해 프로그램을 종료합니다. −1 값은 정상적인 종료가 아닐 경우 일반적으로 주는 값입니다.

11 : wave 모듈의 open 함수를 호출하여 sys.argv[1] 항목으로 넘어온 이름의 파일을 엽니다. 두 번째 인자는 이진 파일 읽기로 연다는 의미입니다. 열린 녹음 파일은 wf 변수로 받습니다. 이렇게 하면 wf 변수는 wave.Wave_read 객체를 받습니다. 11 줄 다음에 print(wf)하면 볼 수 있습니다.

13 : pyaudio 모듈의 PyAudio 클래스를 이용하여 PyAudio 객체를 생성합니다. p 변수를 생성하여 PyAudio 객체를 가리키도록 합니다. 이렇게 하면 p 변수는 pyaudio.PyAudio 객체를 받습니다. print(p)하면 볼 수 있습니다.

15~18 : p 변수가 가리키는 PyAudio 객체에 대해 open 함수를 호출하여 오디오 흐름을 엽니다. 결과 값은 stream 변수를 생성해 가리키도록 합니다. 첫 번째 인자인 format은 표본 추출 데이터 1개에 대한 데이터의 크기를 설정합니다. 두 번째 인자인 channels는 표본 추출할 소리나 음성의 채널의 개수를 나타냅니다. 세 번째 인자인 rate는 1초당 표본 추출할 오디오 데이터의 개수입니다. 네 번째 인자인 output은 출력 스트림 여부를 설정합니다. 출력 스트림의 경우 True를 넣어줍니다.

20 : wf에 대해 readframes 함수를 호출하여 CHUNK 만큼의 데이터를 읽어옵니다. 결과 값은 data 변수로 받습니다.

22 : 읽어온 data가 있는 동안에

23 : stream에 대하여 write 함수를 호출하여 오디오 재생을 합니다.

24 : wf에 대해 readframes 함수를 호출하여 CHUNK 만큼의 데이터를 읽어옵니다. 결과 값은 data 변수로 받습니다.

26 : 오디오 출력 흐름을 멈춥니다.

27 : 오디오 출력 흐름을 닫습니다.

28 : 녹음 파일을 닫습니다.

30 : PyAudio 객체의 동작을 종료합니다.

03 다음과 같이 프로그램을 실행시켜 봅니다.

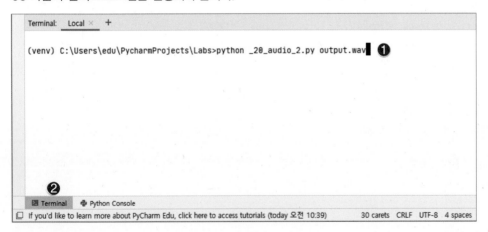

❶ 하단에 있는 [Terminal] 탭을 선택한 후, ❷ 명령을 입력합니다. 전 예제에서 녹음한 파일이 재생되는 것을 확인합니다.

04-3 wave 파일 구조 살펴보기

※ 이 부분은 wave 파일의 구조를 설명한 실화 단원입니다. 예제 실행과 직접적으로 관련되지 않으므로 다음 단원으로 넘어가셔도 됩니다.

여기서는 이전 예제의 이해를 돕기 위해 wave 파일의 구조를 살펴봅니다. 이전 예제에서 생성한 output.wav 파일의 내용을 보면서 wave 파일의 구조를 자세히 살펴봅니다.

표준 wave 파일 구조

다음은 표준 wave 파일의 구조를 나타냅니다.

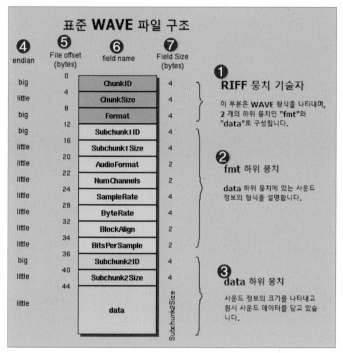

▲ 출처 : http://soundfile.sapp.org/doc/WaveFormat/

표준 wave 파일은 ❶ RIFF 뭉치 기술자, ❷ fmt 하위 뭉치 기술자, ❸ data 하위 뭉치 기술자로 구성됩니다. ❹ endian은 바이트 단위의 데이터 나열 방식을 말하며, big endian은 좌에서 우로, littlen endian은 우에서 좌로 바이트 단위로 필드를 읽습니다. 예를 들어 첫 번째 필드인 ChunkID 는 좌에서 우로 읽어 해석하면 되고, 두 번째 필드인 ChunkSize는 우에서 좌로 읽어 해석합니다. ❺ 각 필드의 파일에서의 바이트 단위의 위치입니다. 예를 들어 ChunkID는 0번째 바이트 위치부터 시 작하고, ChunkSize는 4번째 바이트 위치부터 시작합니다. ❻ 각 필드의 이름입니다. ❼ 각 필드의 바이트 단위의 크기를 나타냅니다.

notepad++ 편집기 설치하기

wave 파일은 이진(binary) 파일입니다. wave 파일의 구조를 살펴보기 위해서는 이진 파일을 16진 수 형태로 볼 수 있는 프로그램이 필요합니다. 여기서는 Notepad++ 프로그램을 설치한 후 이진 파일을 쉽게 볼 수 있도록 HEX-Editor 플러그인을 설치합니다.

01 다음과 같이 [notepad++] 홈페이지에 접속합니다.

02 다음과 같은 그림의 홈페이지가 열립니다.

03 다음 부분을 찾아 마우스 선택합니다.

Current Version 7.8.6

04 그러면 우측에 다음과 같이 표시됩니다.

Download 32-bit x86

05 다음 버튼을 누릅니다.

※ 이 버튼을 누르면 32 비트 버전을 받게 되며, 64 비트 윈도우에서도 사용할 수 있습니다.

06 다음과 같이 다운로드가 완료됩니다. 프로그램을 실행시켜 설치를 진행합니다. 설치는 기본 상태로 설치합니다.

07 설치가 완료되면 다음과 같이 프로그램이 실행됩니다.

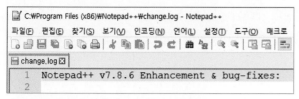

※ 이후에는 다음 아이콘을 이용하여 프로그램을 실행시킵니다.

08 [플러그인]-[플러그인 관리...] 메뉴를 선택합니다.

09 다음과 같이 HEX-Editor 플러그인을 설치합니다.

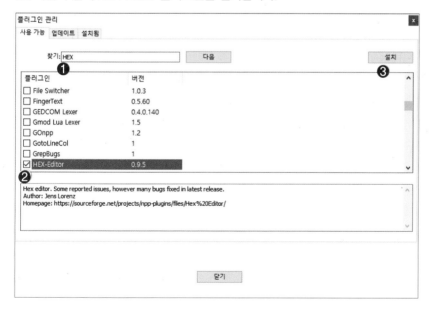

❶ 찾기 창에서 HEX를 입력하고 ❷ 플러그인 창에서 HEX-Editor를 체크한 후, ❸ [설치] 버튼을 눌러줍니다.

10 [플러그인]-[HEX-Editor]가 설치된 것을 확인합니다.

output.wav 파일 살펴보기

이제 output.wav 파일을 앞에서 본 wave 파일의 구조와 비교해 봅니다. output.wav 파일은 이진
(binary) 파일입니다. 앞에서 설치한 Notepad++ 편집기를 이용하여 output.wav 파일을 살펴봅니다.

01 Notepad++ 앱을 실행합니다.

02 Labs 디렉터리에 생성된 output.wav 파일을 notepad++로 열어봅니다. 다음과 같이 표시됩니다.

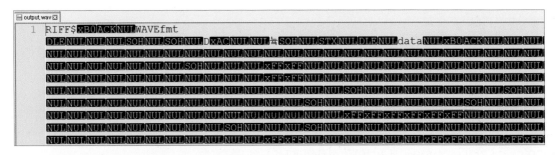

RIFF, WAVE, fmt, data 문자열이 표시된 것을 볼 수 있습니다.

03 다음과 같이 [플러그인]–[HEX–Editor]—[View in HEX] 메뉴를 선택합니다.

04 다음과 같이 16진수와 문자열 형태로 표시됩니다.

Address	0	1	2	3	4	5	6	7	8	9	a	b	c	d	e	f	Dump
00000000	52	49	46	46	24	b0	06	00	57	41	56	45	66	6d	74	20	RIFF$?.WAVEfmt
00000010	10	00	00	00	01	00	01	00	44	ac	00	00	88	58	01	00	........D?.늚..
00000020	02	00	10	00	64	61	74	61	00	b0	06	00	00	00	00	00	....data.?.....
00000030	ff	ff	00	00	00	00	00	00	00	00	ff	ff	00	00	00	00	....

05 다음 wave 파일의 구조와 파일의 내용을 비교하면서 살펴봅니다.

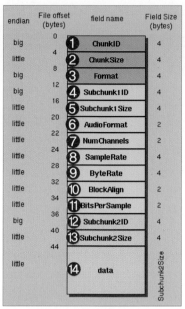

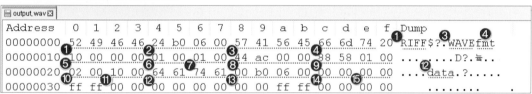

❶ ChunkID : 빅 엔디언 형식으로 왼쪽에서 오른쪽으로 읽습니다. ASCII 형식으로 "RIFF" 문자열을 담고 있습니다. 오른쪽 Dump 필드에 RIFF라고 표시되어 있습니다.

❷ ChunkSize : 0x0006b024(리틀 엔디언 형식으로 오른쪽에서 왼쪽으로 읽습니다). ❶ ChunkID, ❷ ChunkSize 두 필드를 제외한 나머지 부분의 크기로, ❸ Format~ ⓮ data의 크기를 나타냅니다. (output. wav 파일의 크기 − 8)과 같습니다. 다음과 같이 output.wav 파일에서 마우스 오른쪽 버튼을 눌러 속성 메뉴를 선택한 후, 파일의 크기를 확인해 봅니다.

이 예제에서 파일의 크기는 빨간 점선으로 밑줄 친 부분에서 438,316 바이트입니다. 다음과 같이 컴퓨터에서 계산기 앱을 실행합니다.

계산기의 ❶ 메뉴에서 ❷[⟨/⟩ 프로그래머] 항목을 선택합니다.

계산기에 0006B024를 입력하면 십진수로 438,308이 되며 앞에서 본 output.wav 파일의 크기인 438,316보다 8 작습니다.

HEX	6 B024
DEC	438,308

❸ Format : 빅 엔디언 형식으로 왼쪽에서 오른쪽으로 읽습니다. ASCII 형식으로 "WAVE" 문자열을 담고 있습니다. 오른쪽 Dump 필드에 WAVE라고 표시되어 있습니다.

❹ Subchunk1ID : 빅 엔디언 형식으로 왼쪽에서 오른쪽으로 읽습니다. ASCII 형식으로 "fmt" 문자열을 담고 있습니다. 오른쪽 Dump 필드에 fmt라고 표시되어 있습니다.

❺ Subchunk1Size : 0x00000001(리틀 엔디언 형식으로 오른쪽에서 왼쪽으로 읽습니다). 이 숫자 이후의 하위 뭉치 1번 영역의 크기를 나타냅니다. 즉, ❻ AudioFormat부터 ⓫ BitsPerSample까지의 크기를 나타냅니다. PCM 형식의 경우 0x10(==16)입니다.

❻ AudioFormat : 0x0001(리틀 엔디언 형식으로 오른쪽에서 왼쪽으로 읽습니다). PCM 형식의 경우 1입니다. 1이 아닌 경우 압축 형식을 나타냅니다.

❼ NumChannels : 0x0001(리틀 엔디언 형식으로 오른쪽에서 왼쪽으로 읽습니다). Mono는1, Streo는 2입니다. 이 예제의 경우 Mono입니다.

❽ SampleRate : 0x0000ac44(리틀 엔디언 형식으로 오른쪽에서 왼쪽으로 읽습니다). 초 당 추출하는 소리 데이터의 개수입니다. 여기서는 0x0000ac44 = 44100가 됩니다. 다음은 계산기 앱으로 계산한 결과입니다.

HEX	AC44
DEC	44,100

❾ ByteRate : 0x00015888(리틀 엔디언 형식으로 오른쪽에서 왼쪽으로 읽습니다). (SampleRate * NumChannels * BitsPerSample / 8)과 같이 계산합니다. ❽ SampleRate는 44100, ❼ NumChannels는 1, ⓫BitsPerSample은 16이 되어 44100*1*16/8 = 882000이 됩니다. 다음의 계산기 앱으로 계산한 결과입니다.

HEX	1 5888
DEC	88,200

⓫ BlockAlign : 0x0002(리틀 엔디언 형식으로 오른쪽에서 왼쪽으로 읽습니다). (NumChannels * BitsPerSample / 8)과 같이 계산합니다. ❼ NumChannels는 1, ⓫ BitsPerSample은 16이 되어 1*16/8 = 2가 됩니다. 다음의 계산기 앱으로 계산한 결과입니다.

HEX	2
DEC	2

❶ BitsPerSample : 0x0010(리틀 엔디언 형식으로 오른쪽에서 왼쪽으로 읽습니다). 추출 데이터의 비트 단위의 크기입니다. 0x0010은 십진수로 16이 되어 16비트를 나타냅니다. 이 예제에서 추출된 데이터 하나의 크기는 16비트입니다. 다음의 계산기 앱으로 계산한 결과입니다.

```
HEX   10
DEC   16
```

❷ Subchunk2ID : 빅 엔디언 형식으로 왼쪽에서 오른쪽으로 읽습니다. ASCII 형식으로 "data" 문자열을 담고 있습니다. 오른쪽 Dump 필드에 data라고 표시되어 있습니다.

❸ Subchunk2Size : 0x0006b000(리틀 엔디언 형식으로 오른쪽에서 왼쪽으로 읽습니다). (NumSamples * NumChannels * BitsPerSample / 8)과 같이 계산하며, ❹ data 영역의 바이트 단위 크기를 나타냅니다. 다음은 계산기 앱으로 계산한 결과입니다.

```
HEX   6 B000
DEC   438,272
```

❹ data : 실제 사운드 데이터로 첫 번째 수집된 데이터입니다.
❺ data : 실제 사운드 데이터로 두 번째 수집된 데이터입니다.

이상 wave 파일의 구조를 살펴보았습니다.

04-4 음성 녹음하고 재생하기 : Callback Mode

앞에서 우리는 Blocking Mode를 이용해 음성을 녹음하고 재생해 보았습니다. 여기서는 Callback Mode를 이용해 음성 데이터를 입력받아 파일로 저장해 봅니다. Callback Mode는 음성 입력을 받는 callback 함수를 파이썬 프로그램에서 PyAudio 모듈에 등록한 후에 음성 데이터가 들어오면 PyAudio 모듈에서 callback 함수를 호출하여 음성 데이터를 파이썬 프로그램으로 전달해주는 방식입니다. 즉, Callback Mode는 PyAudio 모듈에서 callback 함수를 통해 음성 데이터를 전달하는 방식입니다. PyAudio 모듈은 callback 함수를 다른 흐름(thread)에서 호출합니다. 프로그램의 동작을 이해하기는 Blocking Mode가 쉽지만 일반적으로 Callback Mode를 사용합니다.

음성 녹음하기

여기서는 Callback Mode를 이용하여 5초간 음성 데이터를 받아서 파일로 저장해 봅니다.

01 Labs 프로젝트에 _20_audio_3.py 파일을 생성합니다.

02 다음과 같이 예제를 작성합니다.

_20_audio_3.py

```
01 : import pyaudio
02 : import wave
03 : import time
04 :
05 : SAMPLE_RATE =44100
06 : FORMAT = pyaudio.paInt16
07 : CHANNELS =1
08 : CHUNK =512
09 : RECORD_SECONDS =5
10 : WAVE_OUTPUT_FILENAME ="output_2.wav"
11 :
12 : p = pyaudio.PyAudio()
13 :
14 : frames = []
15 :
16 : def callback(in_data, frame_count, time_info, status):
17 :     frames.append(in_data)
18 :     return (None, pyaudio.paContinue)
19 :
20 : stream = p.open(format =FORMAT,
21 :                 channels =CHANNELS,
22 :                 rate =SAMPLE_RATE,
23 :                 input =True,
24 :                 frames_per_buffer =CHUNK,
25 :                 stream_callback =callback)
26 :
27 : print("Start to record the audio.")
28 :
29 : stream.start_stream()
30 :
31 : cnt =0
32 : while stream.is_active():
33 :     time.sleep(0.1)
34 :     cnt +=1
35 :     if cnt >RECORD_SECONDS *10:
36 :         break
37 :
38 : print("Recording is finished.")
39 :
40 : stream.stop_stream()
41 : stream.close()
42 : p.terminate()
43 :
44 : wf = wave.open(WAVE_OUTPUT_FILENAME, 'wb')
45 : wf.setnchannels(CHANNELS)
```

```
46 : wf.setsampwidth(p.get_sample_size(FORMAT))
47 : wf.setframerate(SAMPLE_RATE)
48 : wf.writeframes(b''.join(frames))
49 : wf.close()
```

03 : time 모듈을 불러옵니다. 33 줄에서 time.sleep 함수를 사용하기 위해 필요합니다.

16~18 : callback 함수를 정의합니다. callback 함수는 25 줄에서 stream_callback 함수로 등록합니다. callback 함수는 소리나 음성 입력을 받아 처리하는 함수로 OS에서 호출하는 함수이며, 25 줄은 이 함수를 등록해 주는 부분입니다. 즉, 소리나 음성 입력이 있을 때 callback 함수를 호출해달라고 등록해주면 됩니다.

16 : callback 함수의 매개변수는 차례대로, 오디오 입력 데이터(1024 바이트==CHUNK*2바이트), 데이터의 개수 (512==CHUNK), 입력 데이터에 대한 시간 정보, 입력 데이터에 대한 상태 정보입니다.

17 : 입력 데이터를 frames 목록에 더해줍니다.

18 : 결과 값으로 (None, pyaudio.paContinue)을 내어줍니다. None은 OS로 내어줄 데이터가 없다는 의미입니다. 즉, 이 함수는 OS에서 오디오 데이터를 파이썬 프로그램으로 줄 때 사용하기 때문에 거꾸로 파이썬 프로그램에서 OS로 줄 데이터가 없습니다. pyaudio.paContinue는 오디오 입력이 더 있다는 의미입니다. 즉, 오디오 입력을 계속 받겠다는 의미입니다.

25 : p.open 함수를 호출하면서, stream_callback 함수로 callback 함수를 등록합니다.

29 : stream.start_stream 함수를 호출하여 오디오 입력을 시작합니다.

31 : cnt 변수를 생성한 후, 0으로 초기화합니다.

32~36 : 5초 간 오디오 입력을 받습니다. 이 부분에서 대기하는 동안 callback 함수가 OS에 의해서 호출됩니다.

32 : 오디오 입력이 활성화 상태이면

33 : 0.1 초 동안 대기하고

34 : cnt 값을 1 증가시키고

35 : cnt 값이 RECORD_SECONDS*10보다 크면(==50보다 크면==5초가 지나면)

36 : while 문을 빠져 나옵니다.

03 프로그램을 실행시켜 봅니다. 마이크를 통해 음성을 입력해 봅니다.

프로그램이 5초 간 실행된 후 동작을 멈춥니다. pyLabs 디렉터리에 output_2.wav 파일이 생성된 것을 확인합니다.

녹음 재생하기

여기서는 Callback Mode를 이용하여 녹음한 파일을 재생해 봅니다.

01 Labs 프로젝트에 _20_audio_4.py 파일을 생성합니다.

02 다음과 같이 예제를 작성합니다.

```
_20_audio_4.py
01 : import pyaudio
02 : import wave
03 : import sys
04 : import time
05 :
06 : CHUNK =512
07 :
08 : if len(sys.argv) <2:
09 :     print("Plays a wave file.\n\nUsage: %s filename.wav" % sys.argv[0])
10 :     sys.exit(-1)
11 :
12 : wf = wave.open(sys.argv[1], 'rb')
13 :
14 : p = pyaudio.PyAudio()
15 :
16 : def callback(in_data, frame_count, time_info, status):
17 :     out_data = wf.readframes(frame_count)
18 :     return (out_data, pyaudio.paContinue)
19 :
20 : stream = p.open(format =p.get_format_from_width(wf.getsampwidth()),
21 :                 channels =wf.getnchannels(),
22 :                 rate =wf.getframerate(),
23 :                 output =True,
24 :                 stream_callback =callback)
25 :
26 : stream.start_stream()
27 :
28 : while stream.is_active():
29 :     time.sleep(0.1)
30 :
31 : stream.stop_stream()
32 : stream.close()
33 : wf.close()
34 :
35 : p.terminate()
```

04   : time 모듈을 불러옵니다. 29 줄에서 time.sleep 함수를 사용하기 위해 필요합니다.

16~18 : callback 함수를 정의합니다. callback 함수는 24 줄에서 stream_callback 함수로 등록합니다. 여기서 callback 함수는 소리나 음성 출력을 받는 함수로 OS에서 호출하는 함수이며, 24 줄은 등록해 주는 부분입니다. 즉, 소리나 음성 출력이 가능할 때 callback 함수를 호출해달라고 등록해주면 됩니다.

16   : callback 함수의 매개변수는 차례대로, 오디오 입력 데이터(이 예제에서는 None 값이 됩니다), 바이트 단위의 데이터 크기(이 예제에서는 1024), 출력 데이터에 대한 시간 정보, 출력 데이터에 대한 상태 정보입니다.

17   : 출력 데이터를 frame_count 만큼 wave 파일에서 읽어 내 out_data에 할당합니다.

18   : (out_data, pyaudio.paContinue)을 내어줍니다. out_data는 OS로 전달되어 스피커로 출력됩니다. pyaudio.paContinue는 오디오 출력이 더 있다는 의미입니다.

24   : p.open 함수를 호출하면서, stream_callback 함수로 callback 함수를 등록합니다.

26   : stream.start_stream 함수를 호출하여 오디오 출력을 시작합니다.

28, 29 : 오디오 출력을 수행합니다. 이 부분에서 대기하는 동안 callback 함수가 OS에 의해서 호출됩니다.

03 다음과 같이 프로그램을 실행시켜 봅니다.

```
(venv) C:\Users\edu\PycharmProjects\Labs>python _20_audio_4.py output_2.wav
```

파이참 하단에 터미널 탭을 선택한 후, 위와 같이 명령을 입력합니다. 전 예제에서 녹음한 파일이 새 생되는 것을 확인합니다.

04-5 MicrophoneStream 클래스 구현하기

여기서는 Callback Mode를 이용하여 마이크로부터 음성을 입력받는 MicrophoneStream 클래스를 구현합니다. 여기서 작성한 MicrophoneStream 클래스는 뒤에서 음성 인식 예제에서 사용합니다. MicrophoneStream 클래스는 six 패키지에서 제공하는 queue 모듈을 사용합니다.

01 먼저 다음과 같이 six 패키지를 설치합니다.

```
(venv) C:\Users\edu\PycharmProjects\Labs>pip install six  ◀━━━
Collecting six
  Using cached six-1.15.0-py2.py3-none-any.whl (10 kB)
Installing collected packages: six
Successfully installed six-1.15.0
```

02 Labs 프로젝트에 micstream.py 파일을 생성합니다.

03 다음과 같이 예제를 작성합니다.

micstream.py

```
01 : import pyaudio
02 : from six.moves import queue
03 :
04 : class MicrophoneStream(object):
05 :     def __init__(self, rate, chunk):
06 :         self._rate = rate
07 :         self._chunk = chunk
08 :         self._buff = queue.Queue()
09 :         self.closed = True
10 :
11 :     def __enter__(self):
12 :         self._audio_interface = pyaudio.PyAudio()
13 :         self._audio_stream = self._audio_interface.open(
14 :             format =pyaudio.paInt16,
15 :             channels =1, rate =self._rate,
16 :             input =True, frames_per_buffer =self._chunk,
17 :             stream_callback =self._fill_buffer,
18 :         )
19 :         self.closed = False
20 :         return self
21 :
22 :     def __exit__(self, type, value, traceback):
23 :         self._audio_stream.stop_stream()
24 :         self._audio_stream.close()
25 :         self.closed = True
26 :         self._buff.put(None)
27 :         self._audio_interface.terminate()
28 :
29 :     def _fill_buffer(self, in_data, frame_count, time_info, status_flags):
30 :         self._buff.put(in_data)
31 :         return None, pyaudio.paContinue
32 :
33 :     def generator(self):
34 :         while not self.closed:
35 :             chunk = self._buff.get()
36 :             if chunk is None:
37 :                 return
38 :             data = [chunk]
39 :
40 :             while True:
41 :                 try:
42 :                     chunk = self._buff.get(block =False)
43 :                     if chunk is None:
```

```
44 :                         return
45 :                     data.append(chunk)
46 :            except queue.Empty:
47 :                break
48 :
49 :        yield b''.join(data)
```

01 : pyaudio 모듈을 불러옵니다. pyaudio 모듈은 녹음 입출력 라이브러리입니다. 12, 13, 14, 31 줄에서 사용합니다.

02 : six.moves 모듈로부터 queue 모듈을 불러옵니다. six 모듈은 파이썬 2와 파이썬 3 사이의 차이점에 대해 같은 방식으로 접근할 수 있도록 만들어진 모듈입니다. six는 2*3의 의미입니다. 파이썬 3는 표준 라이브러리를 재구 성하고 몇 가지 기능을 다른 모듈로 옮겼습니다. six 모듈은 six.moves 모듈을 통해 이 모듈들에 대해 일관된 인 터페이스를 제공합니다. six.moves 모듈의 queue 모듈은 다중 생산자, 다중 소비자 큐로 하나 이상의 쓰레드가 읽거나 쓸 수 있는 큐입니다. 08, 46 줄에서 사용합니다.

04~49 : MicrophoneStream 클래스를 정의합니다. MicrophoneStream 클래스는 object 클래스를 상속합니다. 파이썬에 서 클래스를 정의할 때는 object 클래스를 상속하도록 합니다. MicrophoneStream 클래스는 __init__ 함수(05~09 줄), __enter__ 함수(11~20 줄), __exit__ 함수(22~27 줄), _fill_buffer 함수(29~31 줄), generator 함수(33~49 줄) 의 함수로 구성됩니다. __init__ 함수는 생성자 함수로 MicrophoneStream 객체를 생성할 때 호출됩니다. __ enter__, __exit__ 함수는 with 문과 함께 사용되는 함수로 되면 __enter__ 함수는 객체 생성 후, with 문 내부로 들어가기 전에 호출됩니다. __exit__ 함수는 with 문을 끝내고 나오면서 호출됩니다. with 문은 파일 입출력, 소켓 통신, 메시지 큐 통신 등을 할 때 할당받은 내부 자원을 자동으로 해제하기 위해 사용합니다. 즉, __enter__ 함수 에서 파일 입출력, 소켓 통신, 메시지 큐 통신 등을 위한 자원을 할당받고, __exit__ 함수에서는 파일 입출력, 소 켓 통신, 메시지 큐 통신 등을 위해 할당받은 자원을 해제합니다. _fill_buffer 함수는 callback 함수로 등록할 함수 로 이 예제에서는 오디오 입력을 받을 함수입니다. generator 함수는 동적으로 항목을 내어주는 튜플과 같은 역 할을 하며, yield 문을 포함합니다.

05~09 : __init__ 함수를 정의합니다. __init__ 함수는 self, rate, chunk 매개변수를 갖습니다. MicrophoneStream 객체는 _rate, _chunk, _buff, closed 멤버 변수를 갖습니다. self._rate를 매개변수 rate로, self._chunk를 매개변수 chunk 로, self._buff를 queue.Queue 객체로, self.closed를 True로 초기화합니다.

11~20 : __enter__ 함수를 정의합니다. __enter__ 함수는 self 매개변수를 갖습니다. MicrophoneStream 객체는 추가적 으로 _audio_interface, _audio_stream 멤버 변수를 갖습니다. self._audio_interface를 pyaudio.PyAudio 객체로 초 기화합니다. self._audio_interface 멤버 변수가 가리키는 PyAudio 객체에 대해 open 함수를 호출하여 오디오 입 력 흐름을 엽니다. 결과 값은 self._audio_stream 멤버 변수를 생성해 가리키도록 합니다. 첫 번째 인자인 format 은 표본 추출 데이터 1개에 대한 데이터의 크기를 설정합니다. 여기서는 pyaudio.paInt16이므로 16비트 크기가 됩 니다. 두 번째 인자인 channels는 표본 추출할 녹음 채널의 개수를 나타냅니다. 세 번째 인자인 rate는 1 초당 표 본 추출할 녹음 데이터의 개수입니다. 네 번째 인자인 input은 입력 스트림 여부를 설정합니다. 입력 스트림의 경 우 True를 넣어줍니다. 다섯 번째 인자인 frames_per_buffer는 29 줄에 있는 _fill_buffer 콜백 함수를 통해 한 번 에 읽어올 표본 추출의 개수를 나타냅니다. 여섯 번째 인자인 stream_callback은 오디오 데이터를 읽어올 콜백 함수를 등록하는 부분입니다. self.closed 변수를 False로 설정한 후, self를 내어줍니다. self.closed 변수는 오디오 흐름의 닫힘 여부를 알려주는 변수입니다.

22~27 : __exit__ 함수를 정의합니다. __exit__ 함수는 self, type, value, traceback 매개변수를 갖습니다. 이 매개변수들 은 __exit__ 함수의 형식입니다. 여기서는 사용하지는 않습니다.

23 : 오디오 입력 흐름을 멈춥니다.

24 : 오디오 입력 흐름을 닫습니다.

25 : self.closed 변수를 True로 설정합니다.

26 : 큐를 비웁니다.

27 : PyAudio 객체의 동작을 종료합니다.

29~31 : _fill_buffer 함수를 정의합니다. _fill_buffer 함수는 17 줄에서 stream_callback 함수로 등록합니다. _fill_buffer 함수는 녹음 입력을 받는 함수로 OS에서 호출하는 함수이며, 17줄은 등록해 주는 부분입니다. 즉, 녹음 입력이 있을 때 OS에서 _fill_buffer 함수를 호출해달라고 등록해주면 됩니다.

33~49 : generator 함수를 정의합니다. generator 함수는 self 매개변수를 갖습니다. generator 함수는 49 줄에 yield 문을 포함한 제너레이터 함수입니다. 제너레이터 함수는 for 문과 함께 사용되며, 내부적으로 yield 문을 통해 값을 무한정 제공합니다. 제너레이터 함수는 파일 입출력, 소켓 통신, 메시지 큐 통신 등을 통해 입력받은 데이터를 for 문을 통해 처리하기에 적합합니다. 입력의 끝을 알 수 없을 때, 그 입력을 for 문을 통해 목록처럼 처리하고자 할 때, 제너레이터 함수가 적합합니다.

34~49 : self.closed가 False인 동안에 34~39 줄을 수행합니다. self.closed 변수는 __enter__ 함수에서 False로 설정되고 __exit__ 함수에서 True로 설정됩니다. self.closed 변수는 오디오 흐름의 닫힘 여부를 알려주는 변수로 False이면 오디오 흐름이 열렸다는 의미이고, True이면 닫혔다는 의미입니다.

35 : 큐의 get 함수를 호출하여 데이터를 받아옵니다.

36, 37 : 데이터가 없으면 함수를 종료합니다.

38 : 데이터를 목록에 담아 data 변수가 가리키도록 합니다.

40 : 계속해서 40~47 줄을 수행합니다.

41~47 : try~except 문을 수행합니다.

42 : 큐의 get 함수를 호출하여 데이터를 받아옵니다. 매개변수 block을 False로 설정하여 큐에 데이터가 없더라도 대기하지 않고 빠져 나옵니다.

43, 44 : 데이터가 없으면 함수를 종료합니다.

45 : Queue에서 읽어온 데이터를 data 목록에 추가합니다.

46 : 큐가 비면

47 : 40 줄에 있는 while 문을 빠져 나옵니다.

49 : yield 문을 이용하여 빈 바이트에 data를 붙여 내어줍니다.

04-6 MicrophoneStream 클래스 활용하기

여기서는 앞에서 작성한 MicrophoneStream 클래스를 이용해 음성 녹음을 수행해 봅니다.

01 Labs 프로젝트에 _20_audio_5.py 파일을 생성합니다.

02 다음과 같이 예제를 작성합니다.

```
_20_audio_5.py

01 : import pyaudio
02 : import wave
03 :
04 : from micstream import MicrophoneStream
05 :
06 : SAMPLE_RATE =44100
07 : FORMAT = pyaudio.paInt16
08 : CHANNELS =1
09 : CHUNK =int(SAMPLE_RATE /10)   # 100ms
10 : WAVE_OUTPUT_FILENAME ="output_3.wav"
11 :
```

```
12 : p = pyaudio.PyAudio()

13 :

14 : wf = wave.open(WAVE_OUTPUT_FILENAME, 'wb')

15 : wf.setnchannels(CHANNELS)

16 : wf.setsampwidth(p.get_sample_size(FORMAT))

17 : wf.setframerate(SAMPLE_RATE)

18 :

19 : try:

20 :     with MicrophoneStream(SAMPLE_RATE, CHUNK) as stream:

21 :             audio_generator = stream.generator()

22 :             for content in audio_generator:

23 :                     wf.writeframes(content)

24 :

25 : except: pass

26 :

27 : wf.close()

28 :

29 : p.terminate()
```

01   : pyaudio 모듈을 불러옵니다. pyaudio 모듈은 오디오 입출력 라이브러리입니다. 07, 12 줄에서 사용합니다.

02   : wave 모듈을 불러옵니다. wave 모듈은 wave 파일을 다루기 위해 필요합니다. 14 줄에서 사용합니다.

04   : micstream 모듈로부터 MicrophoneStream 모듈을 불러옵니다.

06   : SAMPLE_RATE 변수를 생성한 후, 44100으로 초기화합니다. SAMPLE_RATE는 흘러나오는 소리나 음성에 대해 초당 표본 추출할 횟수를 나타냅니다. 여기서는 소리나 음성을 1 초당 44100번을 추출한다는 의미입니다.

07   : FORMAT 변수를 생성한 후, pyaudio.paInt16으로 초기화합니다. FORMAT은 표본 추출 1개의 결과를 저장할 데이터의 크기입니다. 여기서는 16비트 정수를 사용해서 저장한다는 의미입니다. 04, 05 줄의 조건으로 1초 간 음성을 녹음했을 때, 44100번*16비트/8비트 = 88200바이트의 음성 데이터가 저장됩니다.

08   : CHANNELS 변수를 생성한 후, 1로 초기화합니다. CHANNELS는 표본 추출할 소리나 음성의 흐름을 나타내며, 1일 경우에는 Mono, 2일 경우에는 Stereo입니다. Mono는 스피커 양쪽에 같은 소리가 출력되는 형식이며, Stereo는 스피커 양쪽에 서로 독립된 소리가 출력되는 형식이라 입체적인 소리가 납니다. 06, 07, 08 줄의 조건으로 1초간 음성을 녹음했을 때, 44100번*16비트/8비트*1채널 = 88200바이트의 음성 데이터가 저장됩니다.

09   : CHUNK 변수를 생성한 후, (SAMPLE_RATE /10 == 4410) 값으로 초기화합니다. CHUNK 변수는 20 줄에서 MicrophoneStream 객체를 생성하면서 2 번째 인자로 줍니다. MicrophoneStream 객체의 generator 함수에서 오디오 데이터를 읽어올 표본 추출의 개수를 나타냅니다. 이 예제에서는 generator 함수를 한 번 수행할 때마다 4410개*16비트/8비트 = 8820 바이트씩 음성 데이터를 읽어옵니다.

10   : WAVE_OUTPUT_FILENAME 변수를 생성한 후, "output.wav"로 초기화합니다. WAVE_OUTPUT_FILENAME는 음성 녹음을 저장할 파일의 이름입니다.

12   : pyaudio 모듈의 PyAudio 클래스를 이용하여 PyAudio 객체를 생성합니다. p 변수를 생성한 후, PyAudio 객체를 가리키도록 합니다. PyAudio 객체는 16 줄에서 표본 추출 데이터 하나의 바이트 단위 크기를 얻어올 때 사용합니다.

14~17 : 입력받은 음성 데이터를 저장할 파일을 생성하고 설정하는 부분입니다.

14   : wave 모듈의 open 함수를 호출하여 WAVE_OUTPUT_FILENAME 변수가 가리키는 output.wav를 이름으로 하는 파일을 엽니다. output.wav 파일이 없을 경우엔 생성을 하고 있을 경우엔 기존에 있는 파일을 덮어씁니다. 두 번째 인자는 이진 파일 쓰기로 연다는 의미입니다. 열린 녹음 파일은 wf 변수로 받습니다. 이렇게 하면 wf 변수는 wave.Wave_write 객체를 받습니다. print(wf)하면 볼 수 있습니다.

15 : 녹음 파일의 채널 개수를 설정합니다.

16 : 표본 추출 데이터 하나의 바이트 단위 크기를 얻어올 때 사용합니다. 여기서는 FORMAT 변수가 pyaudio. paint16을 가리키므로 2가 됩니다.

17 : 녹음 파일의 1 초당 추출할 오디오 데이터의 개수를 설정합니다.

19~25 : try~except 문을 수행합니다.

20~23 : with 문을 수행하여 MicrophoneStream 객체를 stream이라는 이름으로 생성합니다. with 문을 수행하여 생성된 객체는 __enter__, __exit__ 함수가 자동으로 수행됩니다. __enter__ 함수는 with 문으로 들어가기 전에, __exit__ 함수는 with 문을 나오면서 수행됩니다. with 문은 파일 입출력, 소켓 통신, 메시지 큐 통신 등을 할 때 할당받은 내부 자원을 자동으로 해제하기 위해 사용합니다. 즉, __enter__ 함수에서 파일 입출력, 소켓 통신, 메시지 큐 통신 등을 위한 자원을 할당받고, __exit__ 함수에서는 파일 입출력, 소켓 통신, 메시지 큐 통신 등을 위해 할당받은 자원을 해제합니다.

21 : stream.generator() 함수를 audio_generator 변수가 가리키도록 합니다. 제너레이터 함수는 바로 수행되지 않으며, for 문에서 yield 단위로 수행됩니다.

22 : audio_generator가 생성하는 값을 content로 받아

23 : 녹음 파일에 저장합니다.

27 : 녹음 파일을 닫습니다.

29 : PyAudio 객체의 동작을 종료합니다.

03 프로그램을 실행시켜 봅니다. 마이크를 통해 음성을 입력해 봅니다.

그림에 표시된 [Stop] 버튼을 눌러 프로그램을 멈춥니다. Labs 디렉터리에 output_3.wav 파일이 생성된 것을 확인합니다.

04 다음과 같이 프로그램을 실행시켜 봅니다.

```
(venv) C:\Users\edu\PycharmProjects\Labs>python _20_audio_4.py output_3.wav
```

하단에 있는 [Terminal] 탭을 선택한 후, 그림과 같이 명령을 실행합니다. 전 예제에서 녹음한 파일이 재생되는 것을 확인합니다.

04-7 with~as 문의 이해와 활용

이 예제에서는 with~as 문을 이용하여 MicrophoneStream 객체를 생성하고 있습니다. with~as 문은 파이썬 2.5에서 도입된 기능으로 파이썬 쉘 내에 있는 context manager에 의해서 실행되는 __enter__ 함수와 __exit__ 함수를 클래스에 정의하여, with~as 하위 구문을 실행하기 전과 후에 자동으로 실행되도록 합니다. with~as 문은 클래스의 __enter__ 함수에서 필요한 자원을 할당하고 __exit__ 함수에서 해제하기를 권합니다. 그래서 안전하게 자원을 할당하고 해제할 수 있도록 합니다. 일반적으로 자원 할당은 파일 열기, 소켓 열기 등을 말하며, 자원 해제는 파일 닫기, 소켓 닫기 등을 말합니다. 소켓은 통신을 할 때 필요합니다. 여기서는 with~as 문에 대해서 자세히 살펴보고 응용할 수 있도록 해 봅니다. 먼저 try~finally 문을 이용한 예제를 작성해 보고 with~as 문을 이용한 예제로 변경해 봅니다.

try~finally

먼저 try~finally 문을 이용하여 자원 할당과 해제를 수행해 봅니다.

01 Labs 프로젝트에 _21_with_as.py 파일을 생성합니다.

02 다음과 같이 예제를 작성해 봅니다.

```
_21_with_as.py
01 : print("1. 자원 할당")
02 : print(" 파일 열기")
03 : print(" 소켓 열기")
04 : try:
05 :     print("2. 본 작업 진행")
06 :     print(" 파일 입출력")
07 :     print(" 소켓 입출력")
08 : finally:
09 :     print("3. 자원 해제")
10 :     print(" 파일 닫기")
11 :     print(" 소켓 닫기")
```

01~03 : 자원 할당과 관련된 메시지를 출력합니다.
04~07 : try 문을 수행합니다. 자원 이용과 관련된 메시지를 출력합니다.
08~11 : finally 문을 수행합니다. finally 문은 try 문 수행 후에 반드시 수행하는 구문입니다. 예를 들어, try 문을 수행하는 도중에 오류가 발생하더라도 finally 문은 반드시 수행합니다. 일반적으로 할당된 자원을 해제하기 위해 사용합니다. 여기서는 자원 해제와 관련된 메시지를 출력합니다.

03 프로그램을 실행해 봅니다.

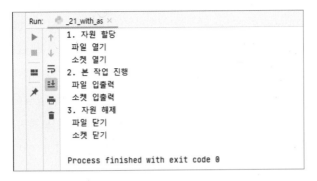

with~as

다음은 with~as 문을 이용하여 자원 할당과 해제를 수행해 봅니다.

01 Labs 프로젝트에 _21_with_as_2.py 파일을 생성합니다.

02 다음과 같이 예제를 작성합니다.

```
_21_with_as_2.py
01 : class ResourceManager(object):
02 :     def __enter__(self):
03 :         print("1. 자원 할당")
04 :         print(" 파일 열기")
05 :         print(" 소켓 열기")
06 :         return self
07 :     def __exit__(self, type, value, traceback):
08 :         print("3. 자원 해제")
09 :         print(" 파일 닫기")
10 :         print(" 소켓 닫기")
11 :     def doJob(self):
12 :         print("2. 본 작업 진행")
13 :         print(" 파일 입출력")
14 :         print(" 소켓 입출력")
15 :
16 : with ResourceManager() as rm:
17 :     rm.doJob()
```

01~14 : ResourceManager 클래스를 정의합니다. object 클래스를 상속합니다. object 클래스는 파이썬에 미리 정의된 클래스로 모든 클래스는 명시적으로 또는 암시적으로 object 클래스를 상속합니다.

02~06 : __enter__ 함수를 정의합니다. self 하나만 매개변수로 갖습니다. 자원 할당과 관련된 메시지를 출력합니다. 함수를 나갈 때 self를 내어줍니다. self는 with~as 문의 as 다음에 오는 변수가 받습니다. __enter__ 함수는 with~as 문에서 객체를 생성 시 호출됩니다.

07~10 : `__exit__` 함수를 정의합니다. self, type value, traceback 매개변수를 갖습니다. 매개변수는 고정되어 있습니다. 자원 해제와 관련된 메시지를 출력합니다. `__exit__` 함수는 with~as 문에서 나올 때 객체가 소멸되면서 호출됩니다.

11~14 : doJob 함수를 정의합니다. 자원 이용과 관련된 메시지를 출력합니다.

16, 23 : with~as 문을 수행하여 ResourceManager 객체를 생성하여 rm 변수가 가리키도록 합니다. rm 변수는 `__enter__` 함수에서 내어주는 객체를 가리킵니다. ResourceManager 객체를 생성 시 `__enter__` 함수가 호출됩니다. with~as 하위 구문인 rm.doJob을 수행한 후, with~as 문을 빠져 나갈 때 ResourceManager 객체는 소멸되며 이 때 `__exit__` 함수가 호출됩니다.

03 프로그램을 실행해 봅니다.

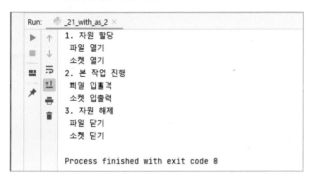

컨텍스트 매니저(Context Manager)

컨텍스트 매니저는 with 구문과 사용하기 위한 객체로 파이썬 2.5에서 도입되었습니다. 컨텍스트 매니저는 with와 함께 생성되는 객체에 대해 다음 두 개의 함수가 정의되어 있는 것으로 간주합니다.

```
__enter__(self) : with 문에 진입하는 시점에 자동으로 호출된다.
__exit__(self, type, value, traceback) : with 문이 끝나기 직전에 자동으로 호출된다.
```

`__exit__()` 함수가 self 외에 추가적으로 받는 세 개의 매개변수는 해당 객체와 연관된 루틴을 수행하는 도중에 오류가 발생되었을 때 사용합니다. 오류 없이 with 구문이 종료되었다면 이 세 매개변수는 모두 None이 됩니다.

with~as와 파일

다음은 with~as 문으로 파일을 열고 닫는 예제입니다.

01 Labs 프로젝트에 _22_with_as_fio.py 파일을 생성합니다.

02 다음과 같이 예제를 작성합니다.

_22_with_as_fio.py

```
01 : with open("hello.txt", "w") as f:
02 :     f.write("Hello world!")
```

01 : with~as 문을 이용하여 open 함수로 hello.txt 파일을 쓰기용으로 열어 f 변수가 가리키게 합니다.
02 : with~as 문의 하위 구문에서는 f 변수가 가리키는 파일에 write 함수를 호출하여 Hello world! 문자열을 씁니다.

03 프로그램을 실행합니다. Labs 디렉터리에 hello.txt 파일이 생성된 것을 확인합니다.

hello.txt 파일을 열어 Hello world! 문자열을 확인합니다.

04 Labs 프로젝트에 _22_with_as_fio_2.py 파일을 생성합니다.

05 다음과 같이 예제를 수정합니다.

_22_with_as_fio_2.py

```
01 : with open("hello.txt", "w") as f:
02 :     f.write("Hello world!")
03 :
04 : f.write("How are you?")
```

04 : f 변수가 가리키는 파일에 write 함수를 호출하여 Hello world! 문자열을 씁니다. 이 때 f 변수가 가리키는 파일은 with~as 문을 빠져 나오면서 닫히게 됩니다. 따라서 여기서는 파일에 문자열을 쓸 수 없습니다.

06 프로그램을 실행합니다. 다음과 같이 오류가 발생합니다.

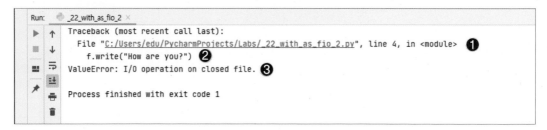

with~as와 소켓

다음은 with~as 문으로 통신을 위한 소켓을 열고 닫는 예제입니다. 소켓은 일반적으로 인터넷 상에서 통신을 할 때 사용합니다. 여기서는 간단한 서버와 클라이언트 프로그램을 작성해 봅니다.

01 Labs 프로젝트에 _22_with_as_sio_server.py 파일을 생성합니다.

02 다음과 같이 예제를 작성합니다. 다음은 서버 프로그램입니다.

```
_22_with_as_sio_server.py
01 : import socket
02 : ADDR = ("127.0.0.1", 6001)
03 : SIZE =1024
04 :
05 : with socket.socket(socket.AF_INET, socket.SOCK_STREAM) as s:
06 :     s.bind(ADDR)
07 :     s.listen()
08 :
09 :     c_socket, c_addr = s.accept()
10 :     msg = c_socket.recv(SIZE)
11 :     print("from : {}  message : {}".format(c_addr,msg))
12 :     c_socket.sendall("Hello Client!".encode())
13 :     c_socket.close()
```

01 : socket 모듈을 불러옵니다. socket 모듈은 유선랜 또는 무선랜 등을 통해 인터넷 통신을 할 때 필요합니다. 04~12 줄에서 사용합니다.

02 : ADDR 변수를 생성한 후, TCP/IP v4 인터넷 주소 튜플을 가리키게 합니다. TCP/IP v4 인터넷 주소는 네트워크 카드 등에 할당된 4 바이트의 주소와 프로그램에 할당된 2 바이트의 주소로 구성됩니다. "127.0.0.1"은 통신 프로그램이 실행되는 컴퓨터의 주소를 나타내며, 일반적으로 테스트 용 주소로 사용됩니다. 6001은 포트 주소라고 하며 프로그램에 할당된 주소입니다. 일반적으로 0~1023 주소는 기존 서버에 할당되어 있으므로 1024 이후의 주소를 사용합니다.

03 : SIZE 변수를 선언한 후, 1024 값을 가진 정수 객체를 가리키게 합니다. 10 줄에서 사용합니다.

05 : with~as 문을 이용하여 socket.socket 함수로 인터넷 통신 용 소켓을 열어 s 변수가 가리키게 합니다. 첫 번째 인자인 socket.AF_INET은 인터넷 통신 용 소켓을 의미하며, 두 번째 인자인 socket.SOCK_STREAM은 연결 지향형 소켓을 의미합니다. 일반적으로 크롬, 에지, 파이어폭스 등의 웹 브라우저를 통해 웹 페이지에 접속할 때도 연결 지향형 소켓을 사용합니다.

06 : s가 가리키는 소켓에 대해 bind 함수를 호출하여 주소를 묶어줍니다. 이렇게 하면 s가 가리키는 소켓의 주소는 ADDR 변수가 가리키는 주소가 됩니다. 소켓의 숫자 이름과 같습니다.

07 : s가 가리키는 소켓에 대해 listen 함수를 호출하여 클라이언트가 접속할 수 있도록 내부 대기 큐를 설정합니다. 내부 대기 큐는 마치 은행에 있는 대기 의자와 같은 역할을 합니다.

09 : s가 가리키는 소켓에 대해 accept 함수를 호출하여 클라이언트로부터의 통신 접속을 기다립니다. 마치 은행에서 은행원이 손님을 기다리는 것과 같습니다. 클라이언트로부터 통신 접속이 있게 되면 함수를 빠져나오면서 클라이언트와 통신할 수 있는 소켓과 클라이언트의 주소를 받습니다. c_socket 변수는 클라이언트 통신할 수 있는 소켓을 가리키고 c_addr 변수는 클라이언트 주소를 가리키게 됩니다. 4 줄에서 생성된 s 변수가 가리키는 소켓은 bind, listen, accept 함수를 호출하여 접속을 기다리는 용도의 소켓이며, 8 줄에서 생성된 c_socket 변수가 가리키는 소켓은 send, recv 함수를 호출하며 통신을 수행할 수 있는 소켓입니다. accept 함수에서 빠져 나오는 상황은 은행원 앞에 손님이 앉는 것과 같습니다.

10 : c_socket 변수가 가리키는 소켓에 대해 recv 함수를 호출하여 메시지를 받아 msg 변수가 가리키게 합니다. 메시지는 한 번에 최대 SIZE 크기만큼 받을 수 있습니다. recv 함수는 은행원이 손님으로부터 이야기를 듣는 동작과 같습니다.

11 : 포맷 문자열을 이용하여 클라이언트의 주소와 메시지의 내용을 출력합니다.

12 : c_socket 변수가 가리키는 소켓에 대해 sendall 함수를 호출하여 "Hello!" 문자열을 encode 함수로 바이트 열로 바꾸어 네트워크로 보냅니다. 통신을 할 때 데이터는 바이트 열로 주고받도록 약속 되어 있습니다. sendall 함수는 은행원이 손님에게 이야기를 하는 것과 같습니다.

13 : c_socket 변수가 가리키는 소켓에 대해 close 함수를 호출하여 통신 소켓을 닫습니다. 이 상황은 은행원이 손님과 상담을 마치는 것과 같습니다.

03 Labs 프로젝트에 _22_with_as_sio_client.py 파일을 생성합니다.

04 다음과 같이 예제를 작성합니다. 다음은 클라이언트 프로그램입니다.

```
_22_with_as_sio_client.py
01 : import socket
02 : SADDR = ("127.0.0.1", 6001)
03 : SIZE =1024
04 :
05 : with socket.socket(socket.AF_INET, socket.SOCK_STREAM) as s:
06 :     s.connect(SADDR)
07 :     s.send("Hello Server!".encode())
08 :     msg = s.recv(SIZE)
09 :     print("from : {}  message : {}".format(SADDR,msg))
10 :     s.close()
```

02 : SADDR 변수를 생성한 후, 서버의 주소를 가리키게 합니다. 6 줄에서 사용합니다.

03 : SIZE 변수를 선언한 후, 1024 값을 가진 정수 객체를 가리키게 합니다. 8 줄에서 사용합니다.

05 : with~as 문을 이용하여 socket.socket 함수로 인터넷 통신 용 소켓을 열어 s 변수가 가리키게 합니다. 서버 소켓과 같은 형태로 소켓을 엽니다.

06 : s가 가리키는 소켓에 대해 connect 함수를 호출하여 서버에 연결합니다. SADDR 변수는 서버의 주소를 가리키고 있습니다. connect 함수를 호출하는 것은 손님이 은행원 앞에 앉는 것과 같습니다.

07 : s 변수가 가리키는 소켓에 대해 send 함수를 호출하여 "Hello Server!" 문자열을 encode 함수로 바이트 열로 바꾸어 네트워크로 보냅니다. 통신을 할 때 데이터는 바이트 열로 주고받도록 약속 되어 있습니다. 여기서 send 함수는 손님이 은행원에게 이야기를 하는 것과 같습니다.

08 : s 변수가 가리키는 소켓에 대해 recv 함수를 호출하여 메시지를 받아 msg 변수가 가리키게 합니다. 메시지는 한 번에 최대 SIZE 크기만큼 받을 수 있습니다. 여기서 recv 함수는 손님이 은행원으로부터 이야기를 듣는 동작과 같습니다.

09 : 포맷 문자열을 이용하여 서버의 주소와 메시지의 내용을 출력합니다.

10 : s 변수가 가리키는 소켓에 대해 close 함수를 호출하여 통신 소켓을 닫습니다. 이 상황은 손님이 은행원과 상담을 마치는 것과 같습니다.

05 서버 예제로 이동해 프로그램을 실행시킵니다.

```python
import socket
ADDR = ("127.0.0.1", 6001)
SIZE =1024

with socket.socket(socket.AF_INET, socket.SOCK_STREAM) as s:
    s.bind(ADDR)
    s.listen()

    c_socket, c_addr = s.accept()
    msg = c_socket.recv(SIZE)
    print("from : {}  message : {}".format(c_addr,msg))
    c_socket.sendall("Hello Client!".encode())
    c_socket.close()
```

06 클라이언트 예제로 이동해 프로그램을 실행시킵니다.

```python
import socket
SADDR = ("127.0.0.1", 6001)
SIZE =1024

with socket.socket(socket.AF_INET, socket.SOCK_STREAM) as s:
    s.connect(SADDR)
    s.send("Hello Server!".encode())
    msg = s.recv(SIZE)
    print("from : {}  message : {}".format(SADDR,msg))
    s.close()
```

07 화면 하단에 Run 창에서 클라이언트 결과 화면을 확인합니다.

```
Run:    _22_with_as_sio_server ×    _22_with_as_sio_client ×
        from : ('127.0.0.1', 6001)  message : b'Hello Client!'

        Process finished with exit code 0
```

08 화면 하단에 Run 창에서 서버 결과 화면을 확인합니다.

```
Run:    _22_with_as_sio_server ×    _22_with_as_sio_client ×
        from : ('127.0.0.1', 4094)  message : b'Hello Server!'

        Process finished with exit code 0
```

05 _ 구글 speech로 음성 인식하기

- -

구글의 Speech-to-Text는 머신러닝 기반의 음성 텍스트 변환 API입니다. 사용하기 간편한 API로 강력한 신경망 모델을 적용한 Google Speech-to-Text를 사용하면 오디오를 텍스트로 변환할 수 있습니다. 여기서는 google의 Cloud Speech API 키를 발급받고, google.cloud.speech 라이브러리를 설치한 후, google.cloud.speech 라이브러리를 이용하여 녹음한 음성을 문자열로 변환해 봅니다. 또, 구글의 gTTS 라이브러리를 설치한 후, gTTS 라이브러리를 이용하여 문자열을 음성으로 변환해 봅니다.

05-1 Cloud Speech API 키 발급 받기

먼저 google의 Cloud Speech API 키를 발급받습니다. google의 음성 인식 라이브러리를 사용하기 위해서 Cloud Speech API 키가 필요합니다. Cloud Speech API 키를 발급받기 위해서는 구글 계정이 있어야 합니다. 또, 구글 클라우드 플랫폼 사용 등록을 해야 합니다. 구글 계정이 있는 상태에서 다음과 같은 순서로 Cloud Speech API 키를 발급 받도록 합니다.

❶ 구글 계정에 구글 클라우드 플랫폼 무료 사용 등록하기
❷ 구글 클라우드 플랫폼에 프로젝트 생성하기
❸ 생성한 프로젝트에 Cloud Speech-to-Text API 사용 설정하기
❹ Cloud Speech-to-Text API 사용자 인증 정보 만들기
❺ Cloud Speech-to-Text API 사용 키 만들기
※ Cloud Speech API 키 발급 과정은 구글의 사정에 따라 변경될 수 있습니다. 자세한 내용은 다음 사이트를 참고합니다.
https://cloud.google.com/

구글 계정에 구글 클라우드 플랫폼 무료 사용 등록하기

google의 음성 인식 라이브러리를 사용하기 위해서는 구글 계정에 구글 클라우드 플랫폼 사용 등록을 해야 합니다. 현재 Google Cloud Platform은 무료 체험판을 제공하며 무료 체험판에는 12개월간 사용할 수 있는 $300 크레딧을 제공합니다. 크레딧을 모두 사용하더라도 자동 결제 사용을 설정하지 않으면 요금이 청구되지 않습니다. 여기서는 무료 체험판을 이용하여 실습을 진행합니다. 지금부터 구글 클라우드 플랫폼 무료 사용 등록을 합니다.

01 다음과 같이 [구글 클라우드 플랫폼]을 검색합니다.

02 다음 사이트Google Cloud Platform(https://console.cloud.google.com)로 들어갑니다.

console.cloud.google.com › ... ▼
Google 클라우드 플랫폼

03 구글에 접속해 있지 않을 경우엔 다음과 같이 [로그인] 창이 뜹니다. 독자 여러분이 가지고 있는 Google ID로 로그인합니다.

04 다음과 같이 [Google Cloud Platform] 창이 뜹니다.

❶❷ [서비스 약관]과 ❸ [이메일 업데이트] 항목을 체크한 후, ❹ [동의 및 계속하기]를 눌러줍니다.

05 그러면 다음과 같이 [Google Cloud Platform] 창이 뜹니다.

06 가운에 다음 부분에서 [무료로 사용해 보기] 버튼을 눌러줍니다.

07 구글 클라우드 플랫폼 무료 사용 등록의 1/2단계입니다.

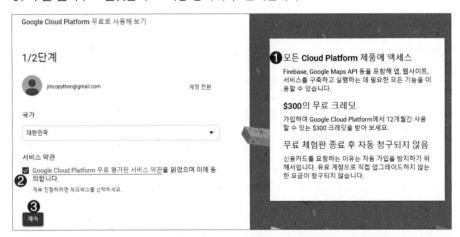

❶ Cloud Platform 설명을 살펴본 후, ❷ [서비스 약관] 체크 후, ❸ [계속] 버튼을 눌러 단음 단계로 진행합니다.

08 구글 클라우드 플랫폼 무료 사용 등록의 2/2단계입니다. 여기서는 결제관련 정보를 작성합니다. 이 책에서 진행하는 실습의 양으로는 결제가 발생하지 않습니다. [계정 유형]은 [개인]으로 설정하고, [이름 및 주소]를 입력합니다. [계속] 버튼을 누릅니다.

09 그러면 다음과 같이 [결제 옵션]으로 연결됩니다. [이름]과 [결제 수단]에서 [카드 번호]를 입력해줍니다. 그리고 [무료 평가판 시작하기] 버튼을 눌러 줍니다.

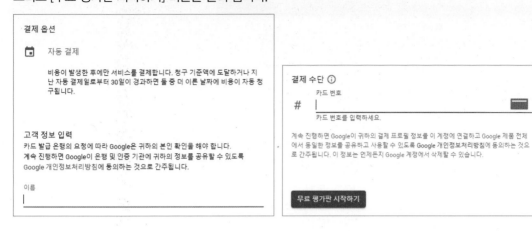

10 다음과 같이 구글 클라우드 플랫폼 무료 사용 등록이 완료됩니다. [확인] 버튼을 눌러줍니다. [확인] 링크를 눌러줍니다.

구글 클라우드 플랫폼에 프로젝트 생성하기

다음은 구글 스피치 플랫폼 프로젝트를 생성합니다. 프로젝트가 있어야 프로젝트 내에서 API 및 서비스를 사용할 수 있습니다. 다음과 같이 진행합니다.

01 좌측 메뉴 창에서 [IAM 및 관리자]를 마우스 왼쪽 버튼 클릭 후, [리소스 관리] 메뉴를 선택합니다.

02 그러면 다음과 같이 [리소스 관리] 페이지로 이동합니다. [+ 프로젝트 만들기]를 선택합니다.

03 [새 프로젝트] 창에서 [프로젝트 이름]에 적당한 프로젝트 명을 입력한 후, [만들기] 버튼을 누릅니다. 필자의 경우엔 gc-speech라고 입력했습니다. 독자 여러분도 적당한 이름을 정해서 입력합니다.

04 다음과 같이 프로젝트가 생성되는 것을 확인합니다.

※ 프로젝트 생성 시간이 1분 정도 걸립니다.

프로젝트에 Cloud Speech-to-Text API 사용 설정하기

다음은 생성한 프로젝트에 Cloud Speech-to-Text API 사용 설정을 하도록 합니다. 이렇게 해야 파이썬에서 구글 음성 인식 API를 정상적으로 사용할 수 있습니다.

01 좌측 상단에 있는 ☰ [탐색 메뉴]를 선택합니다.

02 [API 및 서비스]-[라이브러리] 메뉴를 선택합니다.

03 [API 라이브러리] 페이지로 이동합니다. 상단 화살표 부분에 프로젝트를 확인합니다. 필자의 경우엔 gc-speech로 선택되어 있습니다. 독자 여러분도 생성한 프로젝트를 선택합니다.

04 하단에서 [Cloud Speech-to-Text API] 항목을 찾아 마우스 클릭합니다.

05 [사용 설정] 버튼을 눌러줍니다.

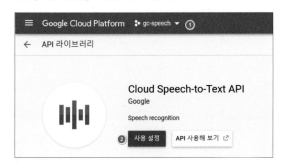

Cloud Speech-to-Text API 사용자 인증 정보 만들기

이제 사용 설정한 Cloud Speech-to-Text API에 대한 사용자 인증 정보를 만듭니다. 사용자 인증 정보가 있어야 구글 음성 인식 API를 사용할 수 있습니다.

01 [Cloud Speech-to-Text] 라이브러리에 대해 다음과 같이 [사용자 인증 정보] 메뉴를 선택합니다.

❶ API 사용을 위한 사용자 인증 정보 필요 설명을 읽어보고, ❷ 프로젝트를 확인하고, ❸ [Cloud Speech-to-Text API]에 대해 ❹ [사용자 인증 정보] 메뉴를 선택합니다.

02 [+ 사용자 인증 정보 만들기]를 선택합니다.

03 [서비스 계정]을 선택합니다.

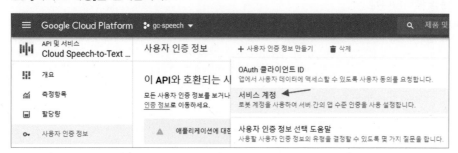

04 [서비스 계정 세부정보]에서 [서비스 계정 이름]을 적당히 입력합니다. 필자의 경우는 gc-speech로 입력했습니다. 독자 여러분도 적당한 이름을 정해서 입력합니다. [만들기] 버튼을 눌러 다음 단계로 진행합니다.

❶ [서비스 계정 이름]을 입력하면 ❷ [서비스 계정 ID]도 자동으로 입력됩니다. ❸ [만들기] 버튼을 눌러줍니다.

05 [서비스 계정 권한]에서 [역할 선택] 창을 펼쳐줍니다.

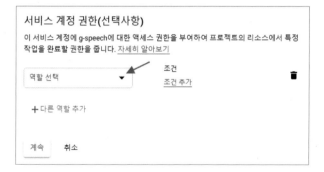

06 다음과 같이 [프로젝트]-[소유자]를 선택합니다.

07 [계속] 버튼을 눌러줍니다.

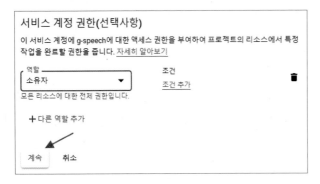

08 다음 창에서 기본 상태로 [완료] 버튼을 눌러줍니다.

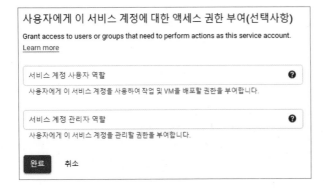

09 다음과 같이 서비스 계정이 생성된 것을 확인합니다.

Cloud Speech-to-Text API 사용 키 만들기

다음은 Cloud Speech-to-Text API 사용 키를 만들어 줍니다. 이 단계에서는 파이썬에서 사용할 키 파일인 json 파일이 만들어집니다. 이 파일이 있어야 구글 음성 인식 기능을 사용할 수 있습니다.

01 전 단계에서 생성한 [서비스 계정] 창의 오른쪽에 있는 [서비스 계정 관리] 링크를 마우스 클릭합니다.

02 그러면 다음 창으로 이동합니다. 화살표가 가리키는 서비스 계정 항목을 마우스 선택합니다.

03 중간 하단에 [키] 추가 부분이 있습니다. 다음과 같이 [키 추가]–[새 키 만들기] 항목을 선택합니다.

04 다음과 같이 표시됩니다. [키 유형]으로 [JSON]이 선택된 상태에서 [만들기] 버튼을 눌러줍니다.

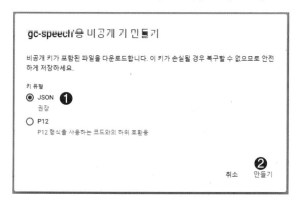

05 다음과 같이 메시지가 뜨면서 키 파일이 다운로드 됩니다. [닫기] 버튼을 눌러 메시지를 닫습니다.

06 다음과 같이 키 파일인 json 파일이 다운로드 됩니다.

07 키 파일을 프로젝트 디렉터리인 Labs로 옮깁니다.

※ 이후에 작성할 파이썬 프로그램에서 구글 음성 인식 API를 사용하기 위해서는 다음과 같이 키 파일 이름을 입력해 주어야 합니다. 독자 여러분이 받은 키 파일을 입력하도록 합니다.

05-2 구글 음성 인식 라이브러리 설치하기

google.cloud.speech 모듈은 구글 클라우드 음성 인식 모듈입니다. 또, gtts 모듈은 google text to speech의 약자로 구글에서 제공하는 문자 음성 변환 모듈입니다. 파이참의 [Terminal] 창으로 이동하여 다음과 같이 라이브러리들을 설치합니다.

```
pip install --upgrade google-auth
pip install --upgrade google-api-python-client
pip install google-cloud-speech
pip install gTTS
pip install playsound
```

google-auth는 Google authentication library for Python의 약자로 파이썬 용 구글 인증 라이브러리입니다. 이 라이브러리는 Google API에 인증 기능을 제공합니다.
google-api-python-client는 Google API에 대한 파이썬 클라이언트 라이브러리입니다.
playsound 라이브러리는 윈도우 용 녹음 파일 라이브러리입니다.

05-3 영어 음성 인식하기

여기서는 영어 음성을 듣고 구글 speech 라이브러리를 이용하여 문자열로 변환해 봅니다.

01 Labs 프로젝트에 _23_gspeech.py 파일을 생성합니다.
02 다음과 같이 예제를 작성합니다.

```python
01 : import os
02 : from google.cloud import speech
03 : from google.cloud.speech import enums
04 : from google.cloud.speech import types
05 :
06 : from micstream import MicrophoneStream
07 :
08 : os.environ["GOOGLE_APPLICATION_CREDENTIALS"] = \
09 : "g-speech-279210-cf6172674082.json" # 독자 여러분이 생성한 파일로!
10 :
11 : # Audio recording parameters
12 : RATE =44100
13 : CHUNK =int(RATE /10)   # 100ms
14 :
15 : def listen_print_loop(responses):
16 :
17 :     for response in responses:
18 :         result = response.results[0]
19 :         transcript = result.alternatives[0].transcript
20 :
21 :         print(transcript)
22 :
23 :         if 'exit'in transcript or 'quit'in transcript:
24 :             print('Exiting..')
25 :             break
26 :
27 : language_code ='en-US'   # a BCP-47 language tag
28 :
29 : client = speech.SpeechClient()
30 : config = types.RecognitionConfig(
31 :     encoding =enums.RecognitionConfig.AudioEncoding.LINEAR16,
32 :     sample_rate_hertz =RATE,
33 :     language_code =language_code)
34 : streaming_config = types.StreamingRecognitionConfig(config =config)
35 :
36 : with MicrophoneStream(RATE, CHUNK) as stream:
37 :     audio_generator = stream.generator()
38 :     requests = (types.StreamingRecognizeRequest(audio_content =content)
39 :                              for content in audio_generator)
40 :     responses = client.streaming_recognize(streaming_config, requests)
41 :
42 :     listen_print_loop(responses)
```

01 : os 모듈을 불러옵니다. os 모듈은 윈도우즈나 유닉스 등의 운영체제에서 제공하는 기능을 사용하고자 할 때 필요합니다. 여기서는 08, 09 줄에서 os.environ 변수 사용을 위해 필요합니다. os.environ 변수는 os._Environ 클래스를 가리키며 환경변수 관리를 위해 필요합니다. os._Environ 클래스는 내부적으로 환경 변수를 사전으로 관리합니다.

02 : google.cloud 모듈로부터 speech 모듈을 불러옵니다. google.cloud 모듈은 구글 클라우드 접근을 제공하는 모듈입니다. google.cloud.speech 모듈은 구글 클라우드 음성 인식 모듈입니다. 여기서는 29 줄에서 SpeechClient 객체 생성을 위해 필요합니다. 또, 40 줄에서 streaming_recognize 객체 생성을 위해 필요합니다. google.cloud.speech.SpeechClient는 구글 클라우드 음성 인식 클라이언트 클래스로 원격 음성 인식 기능을 제공하는 클래스입니다. google.cloud.speech.SpeechClient.streaming_recognize 함수는 구글 클라우드 음성 흐름 인식 함수로 구글 클라우드로 음성 흐름을 보내 인식을 수행하는 함수입니다.

03 : google.cloud.speech 모듈로부터 enums 모듈을 불러옵니다. enums 모듈은 구글 클라우드 음성 인식 설정 값을 가진 모듈입니다. 여기서는 31 줄에서 사용하고 있습니다. google.cloud.speech.enums.RecognitionConfig. AudioEncoding.LINEAR16는 압축이 안 된 16비트 정수 리틀 엔디언 추출 표본으로 Linear PCM이라고도 합니다. 리틀 엔디언은 메모리에 데이터를 저장할 때, 낮은 주소에 데이터의 낮은 바이트부터 저장하는 방식입니다.

04 : google.cloud.speech 모듈로부터 types 모듈을 불러옵니다. types 모듈은 구글 클라우드 음성 인식 설정 형식 모듈입니다. 여기서는 30, 34, 38 줄에서 사용합니다. 30 줄에서는 types.RecognitionConfig 객체를 생성합니다. types.RecognitionConfig 객체는 구글 클라우드 음성 인식 설정 기능을 갖습니다. 34 줄에서는 types.StreamingRecognitionConfig 객체를 생성합니다. types.StreamingRecognitionConfig 객체는 구글 클라우드 음성 흐름 인식 설정 기능을 갖습니다. 38 줄에서는 types.StreamingRecognizeRequest 객체를 생성합니다. types.StreamingRecognizeRequest 객체는 음성 흐름 인식 요청 기능을 갖습니다.

06 : micstream 모듈로부터 MicrophoneStream 모듈을 불러옵니다.

08, 09 : OS 환경변수의 키 값 "GOOGLE_APPLICATION_CREDENTIALS"에 대해 "g-speech-279210-cf6172674082.json"으로 설정합니다. 이 부분은 구글 음성 인식 기능을 사용하기 위한 API 인증 키 파일입니다. 독자 여러분은 여러분이 받은 키 파일을 입력하도록 합니다.

12 13 : 녹음에 필요한 매개변수를 설정합니다.

12 : RATE 변수를 생성한 후, 44100으로 초기화합니다. 초당 추출할 소리의 개수를 나타냅니다.

13 : CHUNK 변수를 생성한 후, 정수 RATE/10 = 4410로 초기화합니다. 한 번에 얻어올 소리의 개수를 나타냅니다.

15~25 : listen_print_loop 함수를 정의합니다. 이 함수는 구글 클라우드에서 얻어온 음성 인식 결과를 문자열로 출력하는 함수입니다. 매개변수 responses는 'google.api_core.grpc_helpers._StreamingResponseIterator' 클래스 형의 객체입니다.

17~25 : 응답한 결과 값들의 각 응답에서 적당한 문자열을 찾아 출력합니다.

18 : 응답의 결과 값 0번 항목을 result 변수가 가리키게 합니다.

다음 그림은 음을 처리하는 동안에 받은 응답 값의 예입니다. 그림에서 ❶에 해당하는 부분이 results[0] 항목입니다.

```
❶results {
  ❷alternatives {
    ❸transcript: " whatW's your name"
    confidence: 0.96175987
  }
  is_final: true
  result_end_time {
    seconds: 27
    nanos: 150000000
  }
}
```

19 : 응답으로 온 대체 값 0번 항목의 변환 값을 transcript 변수가 가리키게 합니다.

위 그림에서 ❷에 해당하는 부분은 alternatives[0] 항목입니다. ❸에 해당하는 부분은 transcript이며 변환된 문자열을 가지고 있습니다.

21 : transcript를 출력합니다.

23 : transcript 문자열에 exit나 quit가 포함되어 있으면

24 : 'Exiting..' 문자열을 출력하고

25 : 17 줄의 for 문을 빠져 나갑니다.

27 : language_code 변수를 생성한 후, 'en-US'로 초기화합니다. 영문 글자 변환을 위해 필요합니다. 한글 변환은 'ko-KR'로 설정하면 됩니다.

29 : speech 모듈의 SpeechClient 클래스를 이용하여 SpeechClient 객체를 생성하여 client 변수가 가리키게 합니다.

30~33 : types 모듈의 RecognitionConfig 클래스를 이용하여 RecognitionConfig 객체를 생성하여 config 변수가 가리키게 합니다. RecognitionConfig은 음성 인식 설정을 위한 클래스이며 객체 생성 시 인자로 음성 추출 방식, 초당 음성 추출 횟수, 추출 음성 언어를 넘겨줍니다. 음성 추출 방식은 압축이 안 된 16비트 정수 리틀 엔디언 추출 표본입니다. 초당 음성 추출 횟수는 44100, 추출 음성 언어는 영어입니다. 리틀 엔디언은 메모리에 데이터를 저장할 때, 낮은 주소에 데이터의 낮은 바이트부터 저장하는 방식입니다.

34 : types 모듈의 StreamingRecognitionConfig 클래스를 이용하여 StreamingRecognitionConfig 객체를 생성하여 streaming_config 변수가 가리키게 합니다. 인자로 30 줄에서 설정한 config를 줍니다.

36~42 : with 문을 수행하여 MicrophoneStream 객체를 stream이라는 이름으로 생성합니다. with 문을 수행하여 생성된 객체는 __enter__, __exit__ 함수가 자동으로 수행됩니다. __enter__ 함수는 with 문으로 들어가기 전에, __exit__ 함수는 with 문을 나오면서 수행됩니다.

37~40 : 여기서는 생성기 함수, 생성기 식, 반복자 객체가 만들어지고 서로 연결되고 있습니다. 각각 audio_generator, requests, responses 객체인데 각각 음성 데이터 생성, 음성 인식 요청 메시지 생성, 응답 문자열 메시지 생성 역할을 합니다. 즉, audio_generator는 음성 생성기, requests는 요청 생성기, responses는 응답 생성기 역할을 합니다. 이 3 객체는 다음과 같은 구조로 직접적으로 또는 간접적으로 연결되어 있습니다.

```
responses -> requests -> audio_generator
```

42 줄에 있는 listen_print_loop 함수 내에서 각각의 생성기는 다음과 같은 순서로 값을 생성해 전달해 줍니다.

```
audio_generator -> requests -> responses
```

생성기 객체 각각이 하는 역할이 있으며 생성기를 거치면서 초기의 음성 데이터는 구글 speech 라이브러리를 통해 문자열로 변환됩니다.

37 : 이 부분은 제너레이터(생성기, 발전기) 함수입니다. stream.generator() 함수를 audio_generator 변수가 가리키도록 합니다. 제너레이터 함수는 바로 수행되지 않으며, for 문에서 yield 단위로 수행됩니다.

38, 39 : 이 부분은 제너레이터(생성기, 발전기) 표현식입니다. 제너레이터는 생성기 또는 발전기라는 의미를 가지고 있습니다. 따라서 제너레이터 표현식은 생성기 표현식 또는 발전기 표현식이라고 해석될 수 있습니다. 제너레이터 표현식은 튜플과 같이 소괄호를 이용하여 표현하고 내부에 for 문을 이용하여 항목을 동적으로 생성합니다. 제너레이터 표현식은 for 문이 포함된 목록(list comprehension이라고 합니다)의 단점을 보완하기 위해 만들어졌습니다. comprehension은 포함, 함축, 내포 등으로 해석됩니다. 따라서 list comprehension은 목록 포함, 목록 함축, 목록 내포 등으로 해석할 수 있습니다. for 문이 포함된 목록이 항목을 미리 한꺼번에 생성하는 반면에 제너레이터 표현식은 for 문의 in 자리에서 항목을 하나씩 생성합니다. 따라서 미리 모든 항목을 위한 메모리를 할당할 필요가 없어 메모리를 절약할 수 있고, 한꺼번에 메모리를 할당하고 초기화하는 시간이 필요치 않기 때문에 성능을 높일 수 있습니다. 이 예제에서 제너레이터 표현식은 audio_generator가 생성하는 음성 데이터를 content로 받아 types.StreamingRecognizeRequest 객체를 하나씩 생성하는 제너레이터 표현식을 만들어 requests 변수가 가리키게 합니다. requests는 제너레이터 표현식을 가리키는 변수입니다. 제너레이터 표현식은 바로 수행되지 않고 뒤에서 for 문의 in 자리에서 항목을 동적으로 생성해주게 됩니다.

40 : client.streaming_recognize 객체를 생성하여 responses 변수가 가리키게 합니다. client.streaming_recognize 객체 생성 시, 34 줄에서 설정한 streaming_config, 38 줄에서 설정한 requests를 인자로 줍니다.

42 : listen_print_loop 함수를 호출합니다. 함수 호출 시, 40 줄에서 설정한 responses 객체를 인자로 줍니다.

03 프로그램을 실행한 후, 영어로 말해 봅니다. 예를 들어 다음과 같이 말해 봅니다.

```
How are you?
What's your name?
Where are you from?
How old are you?
Nice to meet you!
```

이 외에도 독자 여러분이 아는 영어 문장을 말해 봅니다.

다음은 결과 화면입니다.

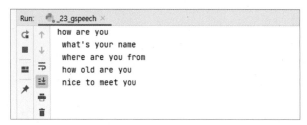

다음 버튼을 눌러 프로그램을 종료합니다.

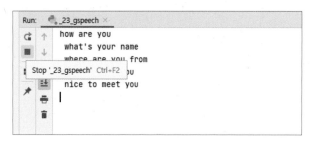

05-4 연속 생성기 이해하기

이전 예제는 3개의 생성기가 연결된 형태로 만들어진 후, listen_print_loop 함수에 전달되어 사용
됩니다. 즉, 다음과 같은 구조로 직접적으로 또는 간접적으로 연결되어 있습니다.

```
responses -> requests -> audio_generator
```

listen_print_loop 함수 내에서 각각의 생성기는 다음과 같은 순서로 값을 생성해 전달해 줍니다.

```
audio_generator -> requests -> responses
```

생성기 객체 각각이 하는 역할이 있으며 생성기를 거치면서 초기의 음성 데이터는 구글 speech 라이브러리를 통해 문자열로 변환됩니다.

여기서는 간단히 예제를 작성하여 이 부분을 문법적으로 이해해 봅니다.

연속 생성기 구조 이해하기

먼저 이전 예제와 같은 형태로 예제를 작성해 봅니다.

01 Labs 프로젝트에 _24_generator.py 파일을 생성합니다.

02 다음과 같이 예제를 작성합니다.

```
_24_generator.py
01 : class T(object):
02 :     def g(self):
03 :             n =1
04 :             while n <1:
05 :                     yield n
06 :                     n +=1
07 :
08 : class U(object):
09 :     def __init__(self, requests):
10 :             self.requests = requests
11 :     def __iter__(self):
12 :             for req in self.requests:
13 :                     yield req *req
14 :
15 : def listen_print_loop(responses):
16 :     for i in responses:
17 :             print(i)
18 :
19 : audio_generator = T().g()
20 : requests = (content*content for content in audio_generator)
21 : responses = U(requests)
22 :
23 : listen_print_loop(responses)
```

01~06 : T 클래스를 정의합니다. 이전 예제에서 MicrophoneStream과 같은 형태의 클래스입니다. object는 파이썬에서 모든 클래스가 상속하는 가장 기본적인 클래스입니다. 써 주지 않아도 기본적으로 상속하게 됩니다.

02~06 : g 함수를 정의합니다. g 함수는 05 줄에 yield 문을 포함하기 때문에 생성기 함수가 됩니다.

08~13 : U 클래스를 정의합니다. U 클래스는 __init__ 함수, __iter__ 함수를 가지고 있습니다. __iter__ 함수의 경우 U 클래스 형태로 생성된 객체를 for 문에서 사용할 수 있게 합니다. 21 번째 줄에서 생성된 U 클래스 객체는 23 번째 줄에서 listen_print_loop 함수를 호출하면서 인자로 넘겨진 후, 15 줄에서 responses 매개변수를 통해 넘겨받은 후, 16 줄에서 for 문에서 사용됩니다. 이처럼 객체를 목록처럼 for 문에서 사용할 수 있게 하기 위해서는 __iter__ 함수를 정의해 주면 됩니다.

09, 10 : __init__ 함수를 정의합니다. __init__ 함수는 생성자 함수로 self 매개변수 외에 requests 매개변수를 받습니다. requsets 매개변수는 self.requests 변수에 할당됩니다. 21 줄에서 U 객체를 생성하면서 reqeusts 인자를 넘겨줍니다.

11~13 : __iter__ 함수를 정의합니다. self.requests가 가리키는 생성기에서 값을 받아 req로 받은 후, 두 번 곱해 yield 키워드로 내어줍니다.

15~17 : listen_print_loop 함수를 정의합니다. for 문을 돌면서 responses로부터 값을 i 변수로 받아 출력합니다.

19 : T 객체를 생성한 후, T 객체의 생성기 함수 g를 audio_generator 변수로 받습니다.

20 : audio_generator 생성기 함수가 생성하는 값을 content로 받아 2번 곱해주는 값을 생성하는 생성기 식 객체를 만든 후, requests 변수로 받습니다.

21 : U 객체를 생성한 후, responses 변수로 받습니다.

23 : listen_print_loop 함수를 호출하면서 인자로 responses를 넘겨줍니다.

03 프로그램을 실행시켜 결과를 확인합니다. 다음과 같이 출력됩니다.

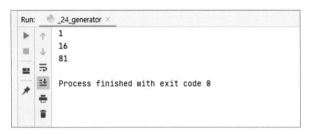

```
Run:    _24_generator ×
  ►  ↑   1
  ■  ↓   16
      ⇥  81
  ▣  ⇥
  ★  ⇥   Process finished with exit code 0
     🖶
     🗑
```

1–⟩1–⟩1, 2–⟩4–⟩16, 3–⟩9–⟩81과 같이 변환 생성된 결과가 출력됩니다.

연속 생성기 중간 과정 살펴보기

이번엔 생성기 중간 과정을 print 함수로 살펴봅니다.

01 Labs 프로젝트에 _24_generator_2.py 파일을 생성합니다.

02 다음과 같이 예제를 수정합니다.

```
_24_generator_2.py
01 : class T(object):
02 :     def g(self):
03 :             n =1
04 :             while n <4:
05 :                     print(n, '->', end ='')
06 :                     yield n
07 :                     n +=1
08 :
09 : class U(object):
10 :     def __init__(self, requests):
11 :             self.requests = requests
12 :     def __iter__(self):
```

```
13 :            for req in self.requests:
14 :                print(req, '->', end ='')
15 :                yield req *req
16 :
17 : def listen_print_loop(responses):
18 :     for i in responses:
19 :         print(i)
20 :
21 : audio_generator = T().g()
22 : requests = (content *content for content in audio_generator)
23 : responses = U(requests)
24 :
25 : listen_print_loop(responses)
```

05 : g 함수가 생성하는 값을 출력합니다. g 함수가 생성하는 값은 22 줄에서 생성된 requests 생성기에서 content 변수로 전달됩니다.

14 : 22 줄에서 생성된 requests 생성기가 생성한 값을 받아 출력합니다.

19 : U 객체가 생성하는 최종 결과 값을 출력합니다.

03 프로그램을 실행시켜 결과를 확인합니다. 다음과 같이 출력됩니다.

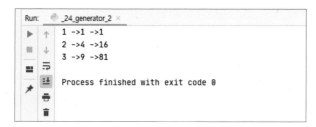

```
Run:    _24_generator_2 ×
  ▶  ↑    1 ->1 ->1
  ■  ↓    2 ->4 ->16
  ⊡  ⇥    3 ->9 ->81
  ⊡  ↧
  ✦  🖶    Process finished with exit code 0
     🗑
```

중간 과정이 출력되는 것을 확인합니다.

05-5 한국어 음성 인식하기

여기서는 한국어 음성을 듣고 구글 speech 라이브러리를 이용하여 문자열로 변환해 봅니다.

01 Labs 프로젝트에 _25_gspeech.py 파일을 생성합니다.

02 다음과 같이 예제를 수정합니다.

_25_gspeech.py

```
01 : import os
02 : from google.cloud import speech
03 : from google.cloud.speech import enums
```

```
04 : from google.cloud.speech import types
05 :
06 : from micstream import MicrophoneStream
07 :
08 : os.environ["GOOGLE_APPLICATION_CREDENTIALS"] = \
09 : "g-speech-279210-cf6172674082.json" # 독자 여러분이 생성한 파일로!
10 :
11 : # Audio recording parameters
12 : RATE =44100
13 : CHUNK =int(RATE /10)  # 100ms
14 :
15 : def listen_print_loop(responses):
16 :
17 :     for response in responses:
18 :         result = response.results[0]
19 :         transcript = result.alternatives[0].transcript
20 :
21 :         print(transcript)
22 :
23 :         if u'종료'in transcript or u'그만'in transcript:
24 :             print('종료합니다..')
25 :             break
26 :
27 : language_code ='ko-KR'  # a BCP-47 language tag
28 :
29 : client = speech.SpeechClient()
30 : config = types.RecognitionConfig(
31 :     encoding =enums.RecognitionConfig.AudioEncoding.LINEAR16,
32 :     sample_rate_hertz =RATE,
33 :     language_code =language_code)
34 : streaming_config = types.StreamingRecognitionConfig(config =config)
35 :
36 : with MicrophoneStream(RATE, CHUNK) as stream:
37 :     audio_generator = stream.generator()
38 :     requests = (types.StreamingRecognizeRequest(audio_content =content)
39 :`                                 for content in audio_generator)
40 :     responses = client.streaming_recognize(streaming_config, requests)
41 :
42 :     listen_print_loop(responses)
```

23 : transcript 문자열에 '종료'나 '그만'이 포함되어 있으면
24 : '종료합니다..' 문자열을 출력하고
25 : 17줄의 for 문을 빠져 나갑니다.
※ 한글 문자열 앞에 붙은 u는 유니코드 문자열이라는 의미입니다. 한글을 글자 깨짐 없이 사용하고자 할 때에는 유니코드 문자열을 사용합니다.

03 프로그램을 실행한 후, 한국어로 말해 봅니다. 예를 들어 다음과 같이 말해 봅니다.

> 안녕하세요?
> 이름이 뭐에요?
> 고향이 어디세요?
> 나이가 어떻게 되세요?
> 만나서 반가워요!

이 외에도 독자 여러분이 하고 싶은 한국어 문장을 말해 봅니다.

다음은 결과 화면입니다.

다음 버튼을 눌러 프로그램을 종료합니다.

05-6 한글 읽고 말하기

여기서는 gtts 라이브러리를 이용하여 한글을 한국어 음성으로 변환해 봅니다.

01 Labs 프로젝트에 _25_gspeech_2.py 파일을 생성합니다.

02 다음과 같이 예제를 작성합니다.

_25_gspeech_2.py

```
01 : import os
02 : from google.cloud import speech
03 : from google.cloud.speech import enums
04 : from google.cloud.speech import types
05 :
06 : from gtts import gTTS
```

```
07 : import playsound
08 :
09 : from micstream import MicrophoneStream
10 :
11 : os.environ["GOOGLE_APPLICATION_CREDENTIALS"] = \
12 : "g-speech-279210-cf6172674082.json" # 독자 여러분이 생성한 파일로!
13 :
14 : # Audio recording parameters
15 : RATE =44100
16 : CHUNK =int(RATE /10)  # 100ms
17 :
18 : def do_TTS(text):
19 :     tts = gTTS(text =text, lang ='ko')
20 :     a = os.path.exists('read.mp3')
21 :     if a:
22 :         os.remove('read.mp3')
23 :     tts.save('read.mp3')
24 :     playsound.playsound('read.mp3', True)
25 : def listen_print_loop(responses):
26 :
27 :
28 :     for response in responses:
29 :         result = response.results[0]
30 :         transcript = result.alternatives[0].transcript
31 :
32 :         print(transcript)
33 :
34 :         if u'종료'in transcript or u'그만'in transcript:
35 :             print('종료합니다..')
36 :             break
37 :
38 :         do_TTS(transcript)
39 :
40 : language_code ='ko-KR'  # a BCP-47 language tag
41 :
42 : client = speech.SpeechClient()
43 : config = types.RecognitionConfig(
44 :     encoding =enums.RecognitionConfig.AudioEncoding.LINEAR16,
45 :     sample_rate_hertz =RATE,
46 :     language_code =language_code)
47 : streaming_config = types.StreamingRecognitionConfig(config =config)
48 :
49 : with MicrophoneStream(RATE, CHUNK) as stream:
50 :     audio_generator = stream.generator()
51 :     requests = (types.StreamingRecognizeRequest(audio_content =content)
```

```
52 :                                 for content in audio_generator)
53 :        responses = client.streaming_recognize(streaming_config, requests)
54 :
55 :        listen_print_loop(responses)
```

06   : gtts 모듈로부터 gTTS 모듈을 불러옵니다. gtts 모듈은 google text to speech의 약자로 구글에서 제공하는 문자
           음성 변환 모듈입니다. 19, 23 줄에서 사용합니다.

07   : playsound 모듈을 불러옵니다. playsound 모듈은 윈도우 용 소리 재생 모듈입니다. 24 줄에서 사용합니다.

18~24 : do_TTS 함수를 정의합니다. 매개 변수는 음성으로 변환할 문자열을 받습니다.

19   : gTTS 객체를 생성하여 tts에 할당합니다. gTTS 객체 생성 시 음성으로 변환할 문자열과 변환 언어인 한국어를
           인자로 넘겨줍니다.

20~22 : read.mp3 파일이 존재하면 제거합니다.

23   : tts.save 함수를 호출하여 문자열을 음성 파일로 저장합니다.

24   : playsound 모듈의 playsound 함수를 호출하여 read.mp3 파일을 재생합니다.

38   : 18 줄에서 정의한 do_TTS 함수를 호출하여 변환된 문자열을 음성 파일로 저장합니다.

03 프로그램을 실행한 후, 한국어로 말해 봅니다. 예를 들어 다음과 같이 말해 봅니다.

안녕하세요?
이름이 뭐에요?
고향이 어디세요?
나이가 어떻게 되세요?
만나서 반가워요!

한국어를 구글 speech 라이브러리를 통해 한글로 변환한 후, 말을 따라하는 것을 확인합니다.

※ 스피커의 소리가 클 경우 마이크로 되먹임 되어 음성 출력이 반복될 수 있으니 스피커의 소리를 적당히 줄이도록 합니다.

■ 버튼을 눌러 프로그램을 종료합니다.

05-7 음성인식 바리스타

여기서는 커피 주문 음성을 듣고 반응하는 음성인식 바리스타 프로그램을 만들어 봅니다. 먼저 커피
주문과 관련한 몇 가지 음성 파일을 만든 후, 이 파일들을 이용해 실제 대화에 적용해 봅니다.

01 Labs 프로젝트에 _25_gspeech_3.py 파일을 생성합니다.

02 다음과 같이 예제를 작성합니다.

```
_25_gspeech_3.py
01 : from gtts import gTTS
02 : import playsound
03 :
04 : greet = gTTS(text ="어서 오세요!", lang ='ko')
05 : greet.save('greet.mp3')
06 : playsound.playsound('greet.mp3', True)
07 :
08 : order = gTTS(text ="무엇을 주문하시겠어요?", lang ='ko')
09 : order.save('order.mp3')
10 : playsound.playsound('order.mp3', True)
11 :
12 : americano = gTTS(text ="아메리카노 준비해드리겠습니다.", lang ='ko')
13 : americano.save('americano.mp3')
14 : playsound.playsound('americano.mp3', True)
15 :
16 : cafelatte = gTTS(text ="카페라떼 준비해드리겠습니다.", lang ='ko')
17 : cafelatte.save('cafelatte.mp3')
18 : playsound.playsound('cafelatte.mp3', True)
19 :
20 : espresso = gTTS(text ="에스프레소 준비해드리겠습니다.", lang ='ko')
21 : espresso.save('espresso.mp3')
22 : playsound.playsound('espresso.mp3', True)
```

04~06 : "어서 오세요!" 음성을 저장할 greet.mp3 파일을 만들고 재생합니다.
08~10 : "무엇을 주문하시겠어요?" 음성을 저장할 order.mp3 파일을 만들고 재생합니다.
12~14 : "아메리카노 준비해드리겠습니다." 음성을 저장할 americano.mp3 파일을 만들고 재생합니다.
16~18 : "카페라떼 준비해드리겠습니다." 음성을 저장할 cafelatte.mp3 파일을 만들고 재생합니다.
20~22 : "에스프레소 준비해드리겠습니다." 음성을 저장할 espresso.mp3 파일을 만들고 재생합니다.

03 프로그램을 실행합니다. 다음 음성이 들리는지 확인합니다.

어서 오세요!
무엇을 주문하시겠어요?
아메리카노 준비해드리겠습니다.
카페라떼 준비해드리겠습니다.
에스프레소 준비해드리겠습니다.

그리고 Labs 디렉터리에 다음 5개의 파일이 생성된 것을 확인합니다.

- greet.mp3
- order.mp3
- americano.mp3
- cafelatte.mp3
- espresso.mp3

04 Labs 프로젝트에 _25_gspeech_4.py 파일을 생성합니다.

05 다음과 같이 예제를 작성합니다.

```
_25_gspeech_4.py

01 : import os
02 : from google.cloud import speech
03 : from google.cloud.speech import enums
04 : from google.cloud.speech import types
05 :
06 : from gtts import gTTS
07 : import playsound
08 :
09 : from micstream import MicrophoneStream
10 :
11 : os.environ["GOOGLE_APPLICATION_CREDENTIALS"] = \
12 : "g-speech-279210-cf6172674082.json" # 독자 여러분이 생성한 파일로!
13 :
14 : # Audio recording parameters
15 : RATE =44100
16 : CHUNK =int(RATE /10)  # 100ms
17 :
18 : def respond(text):
19 :     if u'안녕'in text:
20 :             playsound.playsound('greet.mp3', True)
21 :             playsound.playsound('order.mp3', True)
22 :     elif u'아메리카노'in text:
23 :             playsound.playsound('americano.mp3', True)
24 :     elif u'카페라떼'in text:
25 :             playsound.playsound('cafelatte.mp3', True)
26 :     elif u'에스프레소'in text:
27 :             playsound.playsound('espresso.mp3', True)
28 :
29 : def listen_print_loop(responses):
30 :
31 :     for response in responses:
32 :         result = response.results[0]
33 :         transcript = result.alternatives[0].transcript
34 :
35 :         print(transcript)
36 :
37 :         if u'종료'in transcript or u'그만'in transcript:
38 :             print('종료합니다..')
39 :             break
40 :
41 :         respond(transcript)
42 :
43 : language_code ='ko-KR'  # a BCP-47 language tag
44 :
45 : client = speech.SpeechClient()
```

```
46 : config = types.RecognitionConfig(
47 :     encoding =enums.RecognitionConfig.AudioEncoding.LINEAR16,
48 :     sample_rate_hertz =RATE,
49 :     language_code =language_code)
50 : streaming_config = types.StreamingRecognitionConfig(config =config)
51 :
52 : with MicrophoneStream(RATE, CHUNK) as stream:
53 :     audio_generator = stream.generator()
54 :     requests = (types.StreamingRecognizeRequest(audio_content =content)
55 :                             for content in audio_generator)
56 :     responses = client.streaming_recognize(streaming_config, requests)
57 :
58 :     listen_print_loop(responses)
```

18~27 : respond 함수를 정의합니다. 매개 변수는 음성이 변환된 문자열을 받습니다.

19 : text에 '안녕' 문자열이 있으면

20, 21 : greet.mp3, order.mp3 파일을 재생합니다.

22 : text에 '아메리카노' 문자열이 있으면

23 : americano.mp3 파일을 재생합니다.

24 : text에 '카페라떼' 문자열이 있으면

25 : cafelatte.mp3 파일을 재생합니다.

26 : text에 '에스프레소' 문자열이 있으면

27 : espresso.mp3 파일을 재생합니다.

41 : respond 함수를 호출합니다.

06 프로그램을 실행한 후, 다음과 같이 말해 봅니다.

```
안녕하세요.
아메리카노요.
안녕하세요.
카페라떼 주세요
안녕하세요.
에스프레소 한잔요

그만...
```

음성인식 바리스타 프로그램이 대답하는 것을 확인합니다.

■ 버튼을 눌러 프로그램을 종료합니다.

01 _20_audio_5.py 프로그램을 이용하여 독자 여러분이 직접 다음과 같이 녹음합니다.

> 어서오세요!
> 무엇을 주문하시겠어요?
> 아메리카노 준비해 드리겠습니다.
> 카페라떼 준비해 드리겠습니다.
> 에스프레소 준비해 드리겠습니다.

각각의 음성 파일을 greet.wav, order.wav, americano.wav, cafelatte.wav, espresso.wav 파일로 저장합니다.

02 이전 예제 _25_gspeech_4.py 파일을 복사하여 _25_gspeech_4_2.py 파일로 저장합니다.

03 respond 함수 내부의 재생 부분을 mp3 파일에서 여러분이 녹음한 wav 파일로 변경합니다.

04 프로그램을 실행한 후, 다음과 같이 말해 봅니다.

> 안녕하세요.
> 아메리카노요.
> 안녕하세요.
> 카페라떼 주세요
> 안녕하세요.
> 에스프레소 한잔요
>
> 그만...

음성인식 바리스타 프로그램이 대답하는 것을 확인합니다.

해답 소스 파일 경로는 5쪽을 참조합니다.

05-8 영어로 대화하기

여기서는 영어로 질문하면 프로그램이 대답하도록 프로그램을 작성해 봅니다. 먼저 영어 대화를 위한 몇 가지 음성 파일을 만든 후, 이 파일들을 이용해 실제 대화에 적용해 봅니다.

01 Labs 프로젝트에 _25_gspeech_5.py 파일을 생성합니다.

02 다음과 같이 예제를 작성합니다.

```
_25_gspeech_5.py
01 : from gtts import gTTS
02 : import playsound
03 :
04 : conversations = {
05 :     "hello_hi":"Hi",
06 :     "what_is_your_name":"I am Brad",
07 :     "it_s_nice_to_meet_you":"It's nice to meet you, too",
08 :     "how_are_you":"I'm fine. Thank you",
09 :     "how_old_are_you":"I'm 10 years old",
10 :     "when_is_your_birthday":"It's March 18th",
11 :     "where_are_you_from":"I'm from Korea, Seoul",
12 :     "what_do_you_do":"I'm a student",
13 :     "what_time_is_it":"It's 5:30 pm",
14 :     "what_day_is_it":"It's Wednesday",
15 :     "how_is_the_weather_today":"It's sunny",
16 :     "what_is_this":"It's a pencil",
17 :     "who_is_this":"This is a teacher",
18 :     "what_are_you_doing":"I'm studying",
19 :     "where_is_a_pencil":"Here",
20 :     "how_much_is_this":"It's 1000 won",
21 : }
22 :
23 : for key in conversations:
24 :     respond = gTTS(text =conversations[key], lang ='en')
25 :     respond.save(key +'.mp3')
26 :     playsound.playsound(key +'.mp3', True)
27 :
28 : pardon = gTTS(text ='Pardon? Repeat Please...', lang ='en')
29 : pardon.save('pardon.mp3')
30 : playsound.playsound('pardon.mp3', True)
```

04~21 : conversations 사전을 정의합니다. 사전은 "파일이름":"녹음 문자열"로 구성됩니다. 예를 들어, 05 줄에서 키 값 "hello_hi"는 hello_hi.mp3 파일의 이름 부분이 되고, "Hi" 문자열은 hello_hi.mp3 파일에서 출력될 음성입니다. 여기서 생성되는 mp3 파일들은 다음 예제에서 사용합니다.

23 : for문을 이용하여 conversations 사전의 각각의 key에 대해서

24   : 해당 문자열을 영어 음성 데이터로 변환하여 respond 변수가 가리키도록 합니다.

25   : respond 음성을 key 값 문자열에 mp3를 붙여 저장합니다.

26   : 저장한 mp3 파일을 스피커로 출력합니다.

28~30 : "Pardon? Repeat Please..." 음성을 저장할 pardon.mp3 파일을 만들고 재생합니다.

03 프로그램을 실행합니다. 다음 음성이 들리는지 확인합니다.

```
Hi!
I am Brad.
It's nice to meet you, too.
I'm fine. Thank you!
I'm 10 years old.
It's March 18th.
I'm from Korea, Seoul.
I'm a student.
It's 5:30 pm.
It's Wednesday.
It's sunny.
It's a pencil.
This is a teacher.
I'm studying.
Here.
It's 1000 won.
Pardon? Repeat Please...
```

그리고 Labs 디렉터리에 다음 파일들이 생성된 것을 확인합니다.

```
hello_hi.mp3
what_is_your_name.mp3
it_s_nice_to_meet_you.mp3
how_are_you.mp3
how_old_are_you.mp3
when_is_your_birthday.mp3
where_are_you_from.mp3
what_do_you_do.mp3
what_time_is_it.mp3
what_day_is_it.mp3
how_is_the_weather_today.mp3
what_is_this.mp3
who_is_this.mp3
what_are_you_doing.mp3
where_is_a_pencil.mp3
how_much_is_this.mp3
pardon.mp3
```

04 Labs 프로젝트에 _25_gspeech_6.py 파일을 생성합니다.

05 다음과 같이 예제를 작성합니다.

_25_gspeech_6.py

```
01 : import os
02 : from google.cloud import speech
03 : from google.cloud.speech import enums
04 : from google.cloud.speech import types
05 :
06 : from gtts import gTTS
07 : import playsound
08 :
09 : from micstream import MicrophoneStream
10 :
11 : os.environ["GOOGLE_APPLICATION_CREDENTIALS"] = \
12 : "g-speech-279210-cf6172674082.json" # 독자 여러분이 생성한 파일로!
13 :
14 : # Audio recording parameters
15 : RATE =44100
16 : CHUNK =int(RATE /10)  # 100ms
17 :
18 : conversations = {
19 :     "hello hi":"hello_hi",
20 :     "what is your name":"what_is_your_name",
21 :     "it's nice to meet you":"it_s_nice_to_meet_you",
22 :     "how are you":"how_are_you",
23 :     "how old are you":"how_old_are_you",
24 :     "when is your birthday":"when_is_your_birthday",
25 :     "where are you from":"where_are_you_from",
26 :     "what do you do":"what_do_you_do",
27 :     "what time is it":"what_time_is_it",
28 :     "what day is it":"what_day_is_it",
29 :     "how is the weather today":"how_is_the_weather_today",
30 :     "what is this":"what_is_this",
31 :     "who is this":"who_is_this",
32 :     "what are you doing":"what_are_you_doing",
33 :     "where is a pencil":"where_is_a_pencil",
34 :     "how much is this":"how_much_is_this",
35 : }
36 :
37 : def respond(text):
38 :     for key in conversations:
39 :         if key in text:
40 :             playsound.playsound(conversations[key]+'.mp3', True)
41 :             return
42 :
43 :     playsound.playsound('pardon.mp3', True)
```

```
44 :
45 : def listen_print_loop(responses):
46 :
47 :     for response in responses:
48 :         result = response.results[0]
49 :         transcript = result.alternatives[0].transcript
50 :
51 :         print(transcript)
52 :
53 :         if 'exit'in transcript or 'quit'in transcript:
54 :             print('Exiting..')
55 :             break
56 :
57 :         respond(transcript)
58 :
59 : language_code ='en-US'  # a BCP-47 language tag
60 :
61 : client = speech.SpeechClient()
62 : config = types.RecognitionConfig(
63 :     encoding =enums.RecognitionConfig.AudioEncoding.LINEAR16,
64 :     sample_rate_hertz =RATE,
65 :     language_code =language_code)
66 : streaming_config = types.StreamingRecognitionConfig(config =config)
67 :
68 : with MicrophoneStream(RATE, CHUNK) as stream:
69 :     audio_generator = stream.generator()
70 :     requests = (types.StreamingRecognizeRequest(audio_content =content)
71 :                 for content in audio_generator)
72 :     responses = client.streaming_recognize(streaming_config, requests)
73 :
74 :     listen_print_loop(responses)
```

18~35 : 대화를 위한 사전을 생성한 후, conversations 변수가 가리키게 합니다. 예를 들어, "hello hi"에는 "hello_hi"를 대응시킵니다. "hello_hi"는 40 줄에서 '.mp3' 문자열과 합쳐져 hello_hi.mp3 파일 이름이 되어 스피커 출력에 사용됩니다. hello_hi.mp3 파일은 이전 예제에서 생성한 파일입니다.

37~43 : respond 함수를 수정합니다.

38 : conversations 사전의 키 값을 key 변수로 받아

39 : key 문자열이 text에 포함되어 있으면

40 : key 문자열에 대응되는 mp3 파일을 찾아 스피커로 출력합니다.

41 : 함수를 빠져 나갑니다.

43 : 대응되는 대답을 찾지 못할 때는 'Pardon? Repeat Please...'라고 말합니다.

59 : 언어를 영어로 설정합니다.

06 프로그램을 실행한 후, 영어로 다음과 같이 말해 봅니다.

```
Hello, hi!
What is your name?
It's nice to meet you?
How are you?
How old are you?
When is your birthday?
Where are you from?
What do you do?
What time is it?
What day is it?
How is the weather today?
What is this?
Who is this?
What are you doing?
Where is a pencil?
How much is this?

quit
```

각각에 대해서 다음과 같이 응답하는 것을 확인합니다.

```
Hi!
I am Brad.
It's nice to meet you, too.
I'm fine. Thank you!
I'm 10 years old.
It's March 18th.
I'm from Korea, Seoul.
I'm a student.
It's 5:30 pm.
It's Wednesday.
It's sunny.
It's a pencil.
This is a teacher.
I'm studying.
Here.
It's 1000 won.
Pardon? Repeat Please...
```

■ 버튼을 눌러 프로그램을 종료합니다.